四川省高等学校人文社会科学研究基地"基层司法能力研究中心"
四川理工学院法治系统工程与基层司法实践特色学科方向培育项目
四 川 理 工 学 院 质 量 工 程 项 目 （ JC-1226 ）

资助出版

侵权责任法专题研究

吴斌/缪锌/赵紫雄/冯杰　编著

知识产权出版社
全国百佳图书出版单位

图书在版编目（CIP）数据

侵权责任法专题研究 / 吴斌，缪锌，赵紫雄编著 . —北京: 知识产权出版社，2015.1
ISBN 978-7-5130-3126-4

Ⅰ.① 侵… Ⅱ.① 吴… ② 缪… ③ 赵… Ⅲ.① 侵权行为－民法－研究－中国
Ⅳ.① D923.04

中国版本图书馆CIP数据核字(2014)第255462号

责任编辑: 陆彩云　　执行编辑: 徐家春

侵权责任法专题研究
QINQUAN　ZERENFA　ZHUANTI　YANJIU

吴斌　缪锌　赵紫雄　冯杰　编著

出版发行: 知识产权出版社有限责任公司	网　　址: http://www.ipph.cn
电　话: 010-82004826	http://www.laichushu.com
社　　址: 北京市海淀区马甸南村1号	邮　　编: 100088
责编电话: 010-82000860 转 8573	责编邮箱: xujiachun625@163.com
发行电话: 010-82000860 转 8101/8029	发行传真: 010-82000893/82003279
印　　刷: 三河市国英印务有限公司	经　　销: 各大网上书店、新华书店及相关专业书店
开　　本: 720mm×1000mm 1/16	印　　张: 16.75
版　　次: 2015年1月第1版	印　　次: 2015年1月第1次印刷
字　　数: 272千字	定　　价: 42.00元

ISBN 978-7-5130-3126-4

前 言

21世纪是一个走向权利的世纪,"行使自己之权利,对于任何人,皆非不法"之古老法谚彰显着人们对于权利行使的基本态度,但同时也是人们的权利更容易受到侵害的世纪。孟德斯鸠那句古老的论断 "一切有权利的人都容易滥用权利,这是万古不变的一条经验"印证了这一事实。❶法律所要做的就是赋予人们自由地行使权利,同时又限制其"越界"。正像罗尔斯认为的,限制自由,绝不是为了达到某种功利的目的,而是为了扩大自由、实现自由。❷

古罗马法学家乌尔比安首次提出了公法和私法的划分,他认为,"公法是关于罗马国家的法律,私法是关于个人利益的法律"❸。私法是通过赋予民事主体充分的自由和权利,实现内部互动以达到自由之和谐。侵权责任法是私法,在偏重于保护受害人的民事权益的同时,又浸染着维护社会公共利益之社会关系平衡、对个人自由施加必要国家干预的现代法律精神,因为权利的发展与社会的发展是互动的。为此,我国侵权责任法立法秉承法之历史发展规律并借鉴西方两大法系积淀的先进侵权立法和判例经验的同时,立足于我国国情、社情、民意的现实需求,在充分研判的基础上进行制度设计,体现了侵权责任法鲜明的中国色彩,构建了现代侵权法体系,突出反映了"以保护受害人为中心"的立法精神,提高法律制度的人

---

❶ [法]孟德斯鸠.论法的精神[M].商务印书馆,1998:156.
❷ 公丕祥.法制现代化的理论逻辑[M].北京:中国政法大学出版社,1999:273.
❸ [古罗马]优士丁尼.学说汇编.罗冠男,译.北京:中国政法大学出版社,2013.

文情怀。因为尊重人权以及为侵犯人权案件提供有效的救济不仅是国家的义务，也是社会的义务，更是个人的义务，无论人权侵犯是由于政府行为、企业行为还是个人行为。与此同时，在"风险社会"之侵权事件频发的现实中，以潜在的"风险源"之责任制度设计来最大限度地防止现实损害的发生，达到"防患于未然"的效果。正如张铁薇所言，"侵权责任法一直扮演着社会冲突的'雷达'角色，成为正在显现的危险得以早期发现和预警的一种探测机制，进而成为更能有效解除社会冲突和社会危机的社会法的低级伙伴"[1]。侵权责任法通过对发生在侵权（或可能侵权）双方当事人之间的各种利益进行表达、争论、协调和平衡，设计出更具有正义性的法律原则、制度和规范，以调整侵权案件当事人之间的人身和财产关系，实现人们的一般行为自由与受害人民事权益保护（救济）的宏观平衡，同时实现侵权个案中当事人之间微观财产利益的平衡。[2]正是基于这一立法理念与实践，侵权责任法没有要求以违法性作为责任构成要件，符合侵权法发展的新趋势，使侵权法更具有包容性和开放性。正是基于此，为学界和实务界研究侵权责任法之宏大内容提供了宏观与维度相结合的研究空间。

本成果，是致力于法律教育教学与研究工作的同仁在实际工作中思考的总结并在广泛摄取学界与实务界研究成果的基础上而作，以专题的方式面世，便于"天马行空"而少些羁绊，以案例举隅而提出问题进而展开论述则伸缩自如，以归责原则内涵之厘定进而达到认定侵权事实并追究侵权责任的目的。本书各章写作分工如下：第一、二、三、九、十章，吴斌；第四、五、六、七、八、十一章，缪锌；第十三、十四、十五、十六章，冯杰；第十二、十七章，赵紫雄。全书由缪锌、李芽、肖文渊统稿，最后由吴斌教授统纂定稿。虽便于此，愧于学识与智识之不丰而仅仅对侵权责任法规

---

[1] 张铁薇.侵权责任法与社会法关系研究[J].中国法学,2011(2):48.
[2] 张新宝.权责任法立法的利益衡量[J].中国法学,2009(4):176.

范之内容作的理论与实务上的解读，恳请同仁指正；参阅学习学界和实务界既有之成果以促成本成果之封笔，诚表谢意；学生吴亮、叶娟、王娜、张蕊等为本成果资料收集整理做出了积极贡献；知识产权出版社特别是徐家春编辑为本成果之付梓给予指导与帮助而付出了辛劳，衷心感谢。

吴　斌

2014 年春于南国灯城

目　录

导论：侵权责任法律规范的
立法路径及其价值选择

任何国家的立法都是有价值和功能的，任何法律的制定和实施都是为追求一定的价值目标和达到一定的秩序。作为一部与每个民事主体切身利益都息息相关的重要法律，《侵权责任法》既是民事权益保护法，也是行为规制法，还是责任证成法，具有其独特的价值理念。最为重要的是，侵权责任法的性质是权利保护法，充分地反映出由国家本位到社会本位、个人本位的法本位观的转变，体现了"以人为本"的现代侵权责任法的重要价值取向。此外，在主张维护合法权利的同时，《侵权责任法》科学合理地规定了社会关系各方的法定责任与义务，以实现社会公平。但是，我们清楚地知道，侵权责任法只是私法的一个组成部分，我们必须在宏观的法体系中思考其制度功能，促成这种思考的深层动因绝非逻辑的自洽，而是社会发展、政治压力或文化形态等外部因素影响下的真切感受。侵权责任法"活在体系的复杂的'事实性'中，并在其中得到理解"❶。然而，在具体法律实践中，该法的价值理念不可避免地发生了偏移，因此，探索侵权责任法立法路径，研究其立法的价值选择，找出阻碍侵权责任法价值实现的症结所在，提出相关解决路径，达到立法者立法意图的良性实现，使得侵权责任法的适用更加科学合理，以促进社会和谐发展。

---

❶ 张铁薇.侵权责任法与社会法关系研究[J].国法学,2011(2):48.

一、回顾：我国侵权责任法的历史发展

在中国古代，长期以来实行的是一种自给自足的自然经济，在经济上贯彻重农抑商的政策，政治上实行封建专制主义，社会上实行宗法等级制度，导致民事法律关系未能得到发展。以维护权利为目的的侵权法并不发达，涉及民事侵权的，主要以刑事方法予以制裁，侵权损害赔偿的性质以补偿损失为主，但也强调其惩罚作用，体现出古代法的制裁性和惩罚性。❶

历史演进到近代社会，鸦片战争的爆发，刺激了中国救亡图存运动的兴起，腐败的清政府为形势所逼，于 20 世纪初实行法制变革。1911 年，在沈家本的主持下完成了第一次民律草案，采纳了德国法的经验，专门规定了侵权法的基本规则。1925 年的第二次民律草案修订与第一次草案的内容基本相同。1929 年南京国民政府颁布的民法债编之侵权行为法，从内容到结构基本上仍旧是继受德国模式。

新中国建立以后，由于计划经济体制的建立，在改革开放以前，私人权利并没有得到充分的尊重和保护，包括侵权责任法在内的私法并不发达。1986 年的《民法通则》是我国第一部调整民事关系的基本法律，继受苏联模式，为侵权责任法的制定奠定了基础。

二、路径：我国侵权责任法的构建

2009 年 12 月 26 日第十一届全国人民代表大会常务委员会第十二次会议通过的《中华人民共和国侵权责任法》（以下简称《侵权责任法》）为我国丰富多彩的民事生活、社会实践及经济发展提供了一部基础性的制度安排。

对国外立法经验的借鉴。"法律并不是社会科学中一个自给自足的独立领域，能够被封闭起来或者可以与人类努力的其他分支学科相脱离。"❷《侵权责任法》借鉴了大陆法系和英美法系侵权法的立法经验，体现了"大陆法系为

---

❶ 王利明.侵权行为法[M].中国人民大学出版社,1993:70.

❷ [美] E.博登海默.法理学：法哲学与法律方法[M].邓正来,译.中国政法大学出版社,1999:491.

体，英美法系为用"的立法指导思想，适当融合了两大法系侵权法的优势，形成了比较合理的侵权责任规则。在立法形式上，既有大陆法系侵权法的成文法的特点，又有英美法系侵权法相对独立的特点，是一部具有相对独立性的成文侵权法。在立法模式上，既借鉴了大陆法系侵权法的一般化立法模式，又借鉴了英美侵权法的类型化立法经验❶，确立了一个能够展开侵权行为类型化的一般条款，从而使侵权责任法具有更大的弹性和包容性。在立法结构上，借鉴了两大法系的立法结构，采取总则—分则结构，总则之一般性规定与分则之类型化规定相结合，构成了侵权责任法的完整体系。❷在立法内容上，对侵权损害赔偿原则，一方面坚持了大陆法系侵权损害赔偿的填补损害原则，同时有条件地吸收了英美侵权法的惩罚性赔偿金制度，以填补损害原则为基本原则，以惩罚性赔偿为个别适用，从而构成了我国特有的损害赔偿责任制度。对侵权责任形态的规定，借鉴了英美法系的责任分担规则。

侵权责任立法的中国特色。侵权责任法不仅批判性地借鉴了两大法系在法制发展史中形成的先进经验，更是对我国近几十年来侵权立法、司法和理论发展经验的总结和发展，彰显了鲜明的中国特色。❸一是侵权责任法立足于国情、社情、民情，充分考虑我国的社会体制、文化传统和习俗及社会转型时期的特点，框架结构和制度设计彰显了其纠纷解决与秩序构建的中国特性。二是总结我国长期以来的立法和司法实践经验，彰显了独具中国特色的司法实践经验和智慧。❹

---

❶ 大陆法系侵权法一般化的立法模式就是首先确立一个侵权行为一般条款，使侵权法的内容特别简明，具有高度的概括性，可以充分发挥法官的创造性。在英美法系的侵权法中，对侵权行为的规定都是类型化的规定，没有抽象规定，更没有一般化规定。叶孝信.中国民法史[M].中国法制出版社,2009:287-290.

❷ 大陆法系的立法结构比较简单，通常都是一般规定，除了特殊侵权行为的规定外，实际上是一个总则性的规定，从某种意义上说，大陆法系侵权法只有总则而没有分则。而英美法系侵权法都是对侵权行为类型的具体规定，很少有抽象性规定，其更像一个侵权法分则，基本内容属于分则性规定。

❸ 王利明.侵权责任法的中国特色[J].法学家,2010(2).

❹ 《侵权责任法》对现实生活中公民、法人受到医疗损害、环境污染、网络侵权、产品缺陷损害等方面的侵权时，既充分保护其合法权益，同时又考虑我国现阶段经济社会发展水平，公平合理地确定赔偿范围和赔偿标准，使填补损害与防止、制裁违法保持合理的限度与平衡。《侵权责任法》第22条规定精神损害赔偿范围限定在人身严重损害才能适用，目的就是防止精神损害赔偿滥用，过于限制人的行为自由从而抑制人的创造性和社会的生机与活力。再如，《侵权责任法》第20条和第25条关于损害赔偿可以通过协商确定数额的规定，不仅体现了法律对当事人意思自治的尊重，而且体现了社会和谐的价值追求，为人民法院运用调解等多种方式方法解决纠纷提供了法律依据。因此，人民法院在适用侵权责任法过程中，要充分理解和把握侵权责任的和谐价值追求，坚持法律效果和社会效果的统一原则，采取"调解优先，调判结合"的方针，实现案结事了，促进社会和谐。参见:罗东川,袁春湘.人民法院实施《侵权责任法》若干问题的思考[J].中国审判,2010(2).

合理构建侵权责任法体系。针对散见于《民法通则》《消费者权益保护法》《产品质量法》《环境保护法》《道路交通安全法》等单行法律中的侵权责任的规定，《侵权责任法》构建了完善的侵权责任法律制度，勾勒出了一条清晰的法律路径。《侵权责任法》共十二章，分为总则、分则和附则三个部分，总则规定了侵权责任的一般性原则，分则规定的是特殊侵权责任，包括产品责任、机动车交通事故责任等。这种结构，既有逻辑性，又有可操作性。

三、价值：侵权责任法之选择

作为一部与每个民事主体的切身利益都息息相关的重要法律，侵权责任法既是民事权益保护法，也是行为规制法，也是责任证成法，具有其独特的价值理念。

强调权利保护，彰显人权进步。侵权责任法是权利保护法。侵权责任法的内容和每一个人的生活息息相关，不仅规定了侵犯人身和财产权利的一般法律责任，更对产品责任、机动车交通事故责任、医疗损害责任、环境污染责任、高度危险责任、网络侵权责任、学校和幼儿园的责任、雇主责任、动物致人损害责任等特殊侵权行为做出明确规范。❶"有权利就有救济""有损害就有赔偿"。侵权责任法尽可能地救济当事人的合法权益，突破了传统侵权法主要保护物权的局限，重在保护人权，而且涉及精神层面，规定受害人可以请求精神损害赔偿。当同一侵权行为应当承担民事责任、行政责任、刑事责任，而侵权人的财产不足以承担所有责任时，"民事责任优先"之规定，充分地反映出由国家本位到社会本位、个人本位的法本位观的转变，体现了"以人为本"的价值取向。

强化责任意识，实现社会公平。凡是主张权利，必定有人承担义务，权利与义务相辅相成，不可或缺。在主张维护合法权利的同时，侵权责任法科学合理地规定了社会关系各方的法定责任与义务。"有过错才承担责任"是追究侵权责任的一般归责原则。近年来，随着一些领域安全事故不断发生，受害人权

---

❶ 胡晴欣.《侵权责任法（草案）》的价值取向探析[J].法制与社会,2009(14):23-24.

益难以有效保护，无过错责任原则、过错推定原则等进入法律条文，使责任确定更为科学、更为合理。在规定侵权责任形态方面，根据侵权行为人的行为性质及过错大小的不同，分别规定了自己责任和替代责任、单方责任和双方责任，双方责任又分连带责任、按份责任、不真正连带责任等，明确了侵权行为人尤其是共同侵权人之间的责任划分，避免其相互推诿。同时还可以约束受害人毫无依据地主张权利，在自己有过错时，同样也要付出代价。在没有规定公平原则的情况下，实现了社会公平。❶

平衡各方利益，追求社会和谐。在当代社会中，利益平衡已成为法律制定、实施中的重要原则，其基本要领在于法律的制定或实施需要全面考虑其所调整的各方面利益关系，使相关各方的利益在共存和相容的基础上达到合理的优化状态，同时将牺牲和摩擦限制到最低程度。在法的利益平衡机制中，法律通过对一系列权利义务的有效分配而使其调整的利益关系中不同主体追求的利益得以实现。当代的侵权法只保留了传统的外壳，它的内部已经发生了重大变化。特别是随着企业责任理论的发展及其在实践中的普遍运用，侵权法不再专注于矫正过往，转而强调社会福利的实现，如公共安全保障问题等。一些具有规制性特征的无过错侵权责任将损失内化，进而通过责任保险将损失分配于投保人的团体之间，最终实现的是社会的分配正义。于是，侵权责任法进入了一个"存在规制与保险"的"后侵权时代"。❷虽然侵权责任法的性质定位于权利保护法，但纵观法律全文，不难看出该法的立法宗旨在于事前预防和事后惩罚的结合，目的不仅仅限于对受害人进行救济，更在于通过法律规范平衡社会关系中各方的利益，确定最佳的侵权法则，使之各得其所，均衡发展，妥善保护，实现社会和谐以至于人与自然的和谐。❸

---

❶ 《侵权责任法》通过扩大权益保护范围、建立多元化的归责体系等方式，初步回答了侵权法在现代风险社会如何更好地为受害人提供救济的问题。参见：张俊岩.风险社会与侵权损害救济途径多元化[J].法学家,2011(2):95.

❷ 张铁薇.侵权责任法与社会关系法研究[J].中国法学,2011(2):50.

❸ 侵权责任法规定了诊疗过程中医患双方的权利义务，药品、消毒药剂、医疗器械缺陷造成患者损害时医疗机构与生产者和患者间的权利义务，生产者和消费者间的关系，工伤事故中用人单位和劳动者之间的关系，网络侵权中网民和网络服务提供者之间的关系……这些规定力图加强社会活动各方的相互理解、配合和信任，保护社会主体的合法权益。参见:刘士国.制定侵权责任法的方法论思考[J].法学论坛.2009(1):12-18.

融汇域外精华，致力创新。在吸收中国司法实践经验的同时，融汇各国侵权法的优点，致力于立法创新。借鉴英美法系侵权法的立法模式，扩展了侵权法的调整空间，表明我国的民法体系有了新的突破。在具体内容上，吸纳各国侵权法中优秀规则的同时，侵权责任法针对现行民事法律存在的不足，第一次全面规定侵权责任的四个构成要件和侵权责任形态体系以及具体侵权责任规则；首次以民事立法的形式，对精神损害赔偿做出了具体规定；确立了"同命同价"赔偿原则；网络侵权首次被纳入，强化了对个人隐私权的保护；保护见义勇为，使英雄流血不流泪等，填补了现行法律在这些问题上的空白，凸显了侵权责任法的时代性和前瞻性。

四、障碍：侵权责任法价值之实现

虽然侵权责任法的立法价值取向清晰明确，然而与其社会效用之间仍然存在着无法忽视的障碍与偏差。

社会保障制度不完善，责任分配机制不协调。侵权责任法的目的在于通过避免具有伤害性危险活动产生的激励作用而最大化社会福利。[1]受害人一方的权益保护（主要是绝对权性质的民事权利和利益）与可能的加害人一方的行为自由（包括实施行为的自由与表达自由等）之间的矛盾，是侵权责任法所调整的一对基本矛盾，这一矛盾的消极结果则为损害事实的存在。侵权法律制度作为一项以损害的填补、转嫁为直接目的的法律设计，其首要目的在于转移或分散社会上发生的各种损害。[2]社会民众对于损害赔偿的迫切需要在无法得到相应国家保障的情况下，只好寻取侵权责任法作为替代品，侵权责任法承担了损害赔偿的功能。然而，侵权责任法毕竟是私法，其调整的对象为私主体之间的民事关系，一个受害人的损失得到了弥补，就必然意味着造就了另一个"受害人"，损害的赔偿只是将一个私主体的财产转移到另一个私主体处，而被造就的"受害人"基于避免赔偿损害风险的利益衡量，必然采取减少风险活动的举措。[3]因

---

[1] 张铁薇.侵权法危机的伦理诊断[J].法学家,2012(1):122.

[2] 姚辉.侵权法危机：带入新时代的旧问题[J].人大法律评论,2002(4):209-234.

[3] 谢望钦.应然与实然：侵权责任立法价值取向的实现[J].金华职业技术学院学报,2012(4):64.

此，在缺乏较为完善的社会保险和责任分配的社会环境中，过分强调侵权责任法的损害赔偿功能，对于衡平价值和社会责任的过分诉求，会导致私主体采取消极活动的反应，其一定程度上抑制了主体自由行动的倾向性。受害人民事权益的救济和他人行为自由的维护与平衡中，应当选择民事权益保护优先、兼顾行为自由的立法精神。❶

法治发展的渐进性。我国由于法治进程起步较晚，仍处于一个向法治社会过渡的阶段，形式平等在诸多方面还未得到完全的实现与保障，却急于追赶世界侵权法律体系的脚步，过分强调实质平等，容易造成我们对于平等的错误理解，城乡结构二元化等社会不公问题在此处有所放大。❷

文化认同感的缺乏。作为文化的法律如果得不到有关主体的认同，那么，即便它形式上被移植到一种土壤，也很可能沦为一种"死制度"。侵权责任法在一定程度上属于"舶来品"。东西方文化的迥别使得侵权责任法在中国社会的嵌入并没有如同立法者所期待的那般顺利。东西文化有根本不同之处，西方文化以分析的思维模式为基础，对事物分析、分析再分析，把"一分为二"的思维方法推到了无休止的境界。因此，对于习惯非错即对的西方社会来说，立法者需要用法律明文规定"因防止、制止他人民事权益被侵害而使自己受到损害的，由侵权人承担责任。侵权人逃逸或者无力承担责任，被侵权人请求补偿的，受益人应当给予适当补偿"。❸而对于习惯中庸和辩证思考、讲究道义的中国社会文化而言，这种规定的作用只不过是将道义降低为法律上的义务，从而引起了中国社会民众本能的反感。这种反感不仅没有使中国社会接纳这种法律义务的论调，甚至还开始诘难其作为法律义务的根据。

五、对策：侵权责任法价值良性实现的举措

可以说，在"立法价值取向——侵权责任法——立法价值取向实现"的线

---

❶ 侵权法律制度在面对不断涌现的新型侵权行为以及灾难性的，甚至是大规模的人身损害事故时，仍然存在局限性。参见：张铁薇."风险社会"与侵权法的新理念[N].光明日报,2007-4-17.

❷ 刘敏.基本法律价值[M].山东人民出版社,2000:18.

❸ 吴占英,尹士国.我国立法的价值取向初探[J].甘肃政法学院学报,2009(3):11-15.

性发展过程中，社会保障制度、文化认同与法治进程等外部因素成了阻碍立法价值取向实现的主要因素。为了克服这些阻碍，创造侵权责任法立法价值取向的良性实现的条件，需要寻求解决措施。

完善相应的社会保障体系。完善的社会保障体系与侵权责任法是相辅相成的，企业、社会团体甚至个人只有在其行为风险通过社会保险等制度因素被控制在一定限度内，主体的创造性才会被激发，而不至于为了规避行为风险而畏首畏尾。尽管依照我国目前的经济发展状况，在短期内建立一个完善的社会保障体系较为困难，然而针对侵权责任法的要求，制定相应的责任分配机制仍然是切实可行的。对于被侵权责任法重点规制的医院、学校等机构，合理的风险分担制度显得尤为重要；对于较为容易遭受侵权损害的未成年人、消费者等群体，基本的社会保障和社会救济需要特别关注。❶

通过法律解释加强侵权责任法的确定性。在司法资源相对匮乏的今天，法律解释侵权责任的确定性和可预测性显得尤其重要。一是可以减少民事主体对于不平等对待的强烈反感，二是可以减少司法者具体情况具体分析的主观臆断。

寻求侵权责任法与社会文化的契合点。法律与文化的关系一直是法学理论中的热点问题。如何让带有比较鲜明的西方思维模式的侵权法律更好地融入中国社会，这不仅是一个法律移植的问题，更关系到文化冲突的融合。❷

---

❶ 通过社会保障机制，不需要进行侵权诉讼，也不需要适用侵权法，这种脱侵权法的现象在某些领域特别是人身损害赔偿领域逐渐占据了主导地位，一些国家的侵权法在这一领域已居于次要地位。为此侵权法需要与社会保障制度衔接，这至少表现在以下两个方面：第一，社会保障制度所体现的分配正义使其在实现救济功能时存在局限性，社会保障在创造、维护并促进社会公平过程中，仍要受经济发展水平等诸多因素制约，容易出现保障水过低的问题。侵权赔偿采取全面赔偿的原则，使受害人恢复到损害发生前的状态，而社会保障性救济则是为了保证每个社会成员最基本的生活条件，通常低于侵权赔偿的水平。如果脱离侵权责任，单纯依靠这样低的补偿水平补偿受害人，很难为社会所接受。第二，当受害人可以从不止一个途径接受金钱给付时，他获得的金钱将可能超过在任何一种制度当初所设计的补偿目的所必需的数额。如果社会保障与侵权法和商业保险协调不好，很容易出现超损失补偿，这是一种对救济途径的浪费性使用。参见:张俊岩.风险社会与侵权损害救济途径多元化[J].法学家,2011(2):101.

❷ 张铁薇.侵权法的文化意蕴——兼论侵权法与文化的关系[J].求实学刊,2011(6):70-74.

第一章　侵权行为论

　　侵权行为是一个迄今为止还没有达成共识的概念，而侵权行为概念的剖析是进一步研究侵权责任法的前提和基础。侵权行为的概念涉及对侵权行为侵害对象的判断、侵权责任法所保障的权益范围的界定以及侵权责任的构成要件等多方面的问题，因此如何准确界定侵权行为的概念就显得特别重要。[❶]侵权行为的概念界定需要和侵权责任相联系，也需要和侵权责任有一定的区分，因为侵权行为的构成要件和影响因素不同于侵权责任的构成要件和影响因素。现有侵权行为的研究大多试图一次性就给侵权行为定性，而忽视了侵权行为的概念界定是对侵权行为的一种法律评价，这种法律评价应该综合各种因素，而各种因素的参与阶段却是不一样的。按照侵权行为各因素的参与阶段，法律评价应该遵循三步走的评价思路。从侵权行为的角度来看，现有的侵权法立法模式没有形成清晰的侵权行为立法模式，一般化模式和类型化模式既有结合又有区分，在立法上结合不紧密，区分上不是很清晰。加之侵权责任法和其他相关侵权法律没有有效衔接，并没有形成系统的侵权法的法律系统，使得司法实践中适用侵权责任法出现了混乱，侵权责任法并没有在司法实务中得到合理适用。所以，理清侵权行为的概念是理论和实践都亟待解决的问题。

一、案例举隅及问题的提出

（一）案情简介

　　刘露等407人均为某小学学生,该校东南面是某塑料化工实业有限公司,二

---

❶ 王利明.侵权行为概念之研究[J].法学家,2003(3):62.

单位相距不远。某日，该公司因职工违章操作，发生苯乙烯泄漏事故，导致刘露等 407 位学生相继出现头痛、头昏、恶心、腹痛、咳嗽等症状。事故发生后，当地环保、卫生、教委等部门迅速组织调查，责令该公司立即停产，并将部分反应明显的学生送到医院检查。部分家长对该医院的检查结果持怀疑态度，随后自发带学生到其他医院检查，几家医院诊断结果不统一。后来，某省、市两级疾病预防控制中心专家经过认真调查作出结论：本次小学师生出现的头痛、头昏、恶心、腹痛、咳嗽等症状，系由某塑料化工实业有限公司苯乙烯气体泄漏所引起的一次性刺激反应，但没有苯乙烯的急、慢性中毒诊断依据。随后，市政府召集有关部门进行了行政处理，某塑料化工实业有限公司根据处理意见，分两批共支付医疗等费用合计 13 万余元。后刘露等 407 位受害人认为，某塑料化工实业有限公司的泄漏事故已严重侵害并继续威胁其人身和财产权益，造成了精神损害。鉴此，刘露等 407 人正式向法院提起诉讼，要求某塑料化工实业有限公司赔偿其因其泄漏事故所受到的人身伤害、财产损失及精神损害，共计人民币 766 万元。法院依法受理了此案。法院查明，当地环保局颁发给某塑料化工实业有限公司（第 0064 号）排污许可证，准予该公司废水排放量为每月 876 吨。环境监测站对某塑料化工实业有限公司的工业废水经现场突击检查，并取水样分析，废水达到标准排放。❶

　　法院认为，某塑料化工实业有限公司因职工违章操作，发生苯乙烯泄漏事故，所散发的气体使周围的环境受到危害，应属违反相关法律的污染环境行为。该行为致使刘露等 407 人出现头痛、头昏、恶心、腹痛、咳嗽等一次性刺激反应，对刘露等 407 人身体造成一定程度的损害，符合构成环境污染损害赔偿责任所应具备的有违反法律的污染环境行为、客观的损害事实及两者之间有因果关系等要件。某塑料化工实业有限公司对刘露等 407 人的环境侵权成立，应依法承担侵权赔偿责任。尽管某塑料化工实业有限公司的环境侵权行为尚未对刘露等 407 人的身体健康造成严重损害，但考虑到其污染环境的行为侵害的对象人数众多，并在一定程度上影响了刘露等 407 人在当地正常的学习、生活秩

---

❶ 宋彪.环境保护法典型案例[M].北京:中国人民大学出版社,2003:138.

序，故应视为其侵权行为已构成较为严重的后果。因此，某塑料化工实业有限公司承担相应的精神损害赔偿责任。

（二）问题的提出

环境污染致人损害属于侵权行为，然而对于侵权行为应当如何界定呢？侵权行为的构成要件包括哪些呢？侵权行为在什么情形下导致侵权赔偿责任？这首先要依赖于界定清楚侵权行为，因为它是侵权责任的承担和追究侵权责任的前提和基础。❶

二、侵权行为概念界定应遵循的思路

侵权行为概念的界定不同于侵权责任的界定。不少学者根据《侵权责任法》第 2 条的规定认为侵权行为就是指侵害民事权益依法应当承担侵权责任的行为。❷这种观点是把侵权责任作为侵权行为界定的主要因素，而我们知道侵权行为是侵权责任的构成要件，如果在界定侵权行为的时候就事先把侵权责任的因素考虑在内，那在确定了侵权行为之后再用侵权行为去确定侵权责任的构成要件就没有了意义。侵权行为和侵权责任应该形成两个层次，第一个层次是损害等因素构成侵权行为，第二个层次是在侵权行为、过错、因果关系、损害事实等构成侵权责任。没有第一步侵权行为的构成就无法进入第二个层次评价侵权责任，也就是说，侵权行为是侵权责任的前提。

❶ 本案在对环境污染的受害者给予精神损害赔偿时，推理的过程似乎有欠严密。杭州市中级人民法院判决给予精神损害赔偿的法律依据是《最高人民法院关于确定民事侵权精神损害赔偿责任若干问题的解释》第 8 条第（2）款的规定："因侵权致人精神损害，造成严重后果的，人民法院除判令侵权人承担停止侵害、恢复名誉、消除影响、赔礼道歉等民事责任外，可以根据受害人一方的请求判令其赔偿相应的精神损害抚慰金。"表明给予精神损害赔偿的条件是：第一，有侵权行为；第二，致人精神损害；第三，造成严重后果。化工公司的行为显然致受害人的健康遭受了损害，也造成了一定的精神损害。但是在损害是否造成"严重后果"这一问题上，法院是如何论证的呢？法院在判决书中写道："尽管被告建德市新安江塑化工实业有限公司的侵权行为尚未对原告的身体健康造成较为严重的损害，但考虑到其污染环境的行为侵害的人数众多，并在一定程度上，其行为影响了原告刘露等 407 人在当地的学习、生活秩序，故应视为其侵权行为已构成了较为严重的后果。"也就是说，本案给予原告精神损害赔偿的原因不是由于"对原告的身体健康造成较为严重的损害"而是由于"侵害的人数众多"，并在一定程度上，其行为影响了原告刘露等 407 人在当地的学习、生活秩序。那么，"学习、生活秩序"的侵害能够作为精神损害赔偿的依据吗？精神损害赔偿的目的是弥补受害人心理、精神上所受到的伤害，"侵害的人数众多"是否与受害人的心理、精神上的损害有关？再者，原告提出精神损害抚慰金 610.50 万元，而法院最终判决被告向原告刘露等 407 人支付精神损害抚慰金共计 20.35 万元，法院计算精神损害抚慰金的标准是什么？没有说明。

❷ 张民安.替代责任的比较研究[J].甘肃政法学院学报,2009(4):50-51.

是否是侵权行为，是否构成侵权责任，均是一种法律评价。这种法律评价，我们认为应该遵循"三步走"的法律评价思路。所谓"三步走"的法律评价是指从一个非法律的朴素的感知和评价到法律范畴，法律评价应该在法律框架中分三步进行而不是一次性的没有步骤的评价。具体来说，第一步评价是不是侵权行为，是否是侵权，就是前述的第一个层次；第二步是在第一步的基础上评价是不是构成侵权责任，即前述第二个层次；第三步是在第二步的基础上评价怎样追究或者怎么承担侵权责任。当然在第一步之前还有一个非法律的朴素的评价，最接近个人第一反应的评价。不管是什么法律关系的评价最先都不是直接进行的法律评价，而是在初步的朴素的感性感知之后才进入理性的法律评价。"三步走"的评价不能够缺少其中的任何一步，也不能改变其中的顺序，否则对于侵权的法律评价就会陷入逻辑的混乱。

三、侵权行为构成要件分析

分析侵权行为需要考虑的构成要件分别有违法性、过错、损害，还要注意把握侵权行为和违约行为、侵权行为、犯罪行为的区别。分析侵权行为的构成要件主要侧重对侵权行为概念的确定，而对侵权行为与违约行为和犯罪行为的区分则主要是侧重司法实践中对法律的适用。

（一）关于违法性构成要件的分析

就侵权行为这个词语的角度来看，英文"tort"和拉丁文"tortus"以及法语中对于这个词语的表示"delit"，其中都包含有不法的因素，从词语起源的角度上来说，侵权行为本身就包括违法性的构成要件。所以有学者认为"违法性概念所包含的利益衡量因素也体现了社会一般的价值判断因素：认为某种行为缺乏正当性而被赋予了'侵害'的性质，故是侵权行为"[❶]。把违法性作为侵权行为的构成要件，但是，对于侵权行为的概念界定过多探讨他国对于侵权行为词语本身的表达，以此来判断侵权行为的构成要件实有不妥，况且那些概念的移植，并没有进行充分的实证论证，是否适合中国特色社会主义法律实际还不

---

❶ 孙启河.侵权行为含义探讨[J].河南司法警官职业学院学报,2009(9):86.

得而知。"tort"与其说包含了违法性的构成要件，还不如说从词源上更体现了损害的构成要件，其愿意为"扭曲、扭坏"，是对原本性质的一种改变和破坏，所以从原意上来说，损害体现得更加明显。

在我国现有的法律体系中存在着一种相反的情况，紧急避险中存在侵权行为，但是这种侵权行为并不违法。或许有人会说，紧急避险本来就不是一种侵权行为。那是把紧急避险中的侵权行为混合在了紧急避险中进行了评价，否认了其中的侵权行为。紧急避险中行为的合法与否的评价是紧急避险是否被法律追究责任的主要因素，而不是作为侵权行为的要素。所以，在我国法律体系中，紧急避险包括侵权的行为不违法。

从"三步走"法律评价的角度来说，侵权行为是第一步评价解决的问题，而是否违法、是否合法则应该是第二步评价的问题。因为违法性直接相连的是责任，应该是第二步侵权责任的构成要件，提前对违法性进行评价会使得第二步是否归责缺少构成要件而陷入逻辑混乱，故侵权行为的构成要件不应包括违法性。

（二）关于过错构成要件的分析

我国《侵权责任法》第 6 条规定："行为人因过错侵害他人民事权益，应当承担侵权责任。"因此不少学者认为过错应该是侵权行为的构成要件，对此我们持不同观点。

侵权行为是一种事实行为 ❶，事实行为无需考虑行为人主观上的意图，不考虑行为人是否想产生、变更法律关系，主观心态不影响事实行为的定性。过错是一种主观心态，分为故意和过失，而这种主观心态在进行侵权行为的定性和界定的时候不应该作为一种因素参与其中，否则侵权行为就不是一种事实行为。

过错衡量的不仅仅是侵权人的侵权责任，还衡量了被侵权人的过错因素在侵权责任中的影响作用。对于被侵权人的过错在一定程度上影响侵权人侵权责任的情况，如果是被侵权人故意造成侵权人的侵权行为，则侵权人在一定情况

---

❶ 刘珊.侵权行为一般条款研究[D].郑州大学,2005:22.

下就可以免除侵权责任，也就是说这里侵权责任的范围就出现了。所以，这里的过错作为侵权责任的一个影响因素是合理的。

从法律评价"三步走"的思路来看，过错的因素属于"三步走"的第二步。如果将过错因素提前到第一步评价会丧失侵权行为的逻辑基础，就违反了有侵权行为才会有侵权责任，有侵权责任才会被追究责任承担的逻辑体系。

（三）关于损害构成要件的分析

仅有行为而无损害，不构成侵权行为。[1]虽然侵权行为的损害有大有小，有容易看见的，有不容易看见的，但都是事实上的一种损害。甚至我国部分学者因为侵权行为和损害后果的紧密联系将侵权行为直接称为侵权损害。对于损害是否是侵权行为的构成要件值得商榷。

有学者认为，损害不是侵权行为的构成要件而应该是侵权责任的构成要件。有例子认为当物权等绝对权受到侵害或有被侵害之虞时，权利人就有权要求侵权人停止侵害、排除妨碍、消除危险等。可见，没有损害结果的侵权行为是存在的，并非没有损害事实就构不成侵权行为。[2]这种观点没有看到损害形态的多样性。前面已指出，损害包括容易看见的损害，损害的形态不能仅仅看作承担侵权责任的形态来断定，不能因为承担责任的形式是停止侵害、排除妨害就认为没有损害，简单用侵权责任承担的方式来倒推侵权损害的有无是不严谨的。

从法律评价"三步走"的思路来看，只有存在损害才会通过朴素的评价进入法律评价，才会用侵权法的观点来评价。损害的形式是多种多样的，而且损害的对象也不仅仅是身体和财产的损害，甚至还包括思维观念和价值的破坏所产生的心理和生理的不适。当然从朴素的观点来看，损害社会秩序也应该算作一种损害，至于那种损害是不是进入侵权法的法律评价就不一定了，或许是进入刑法犯罪的法律评价。当朴素的评价觉得损害需要得到修复的时候，人们就会进入到法律评价的第一步，用法律的观点来审视这种损害，这时候这种损害

---

❶ 王利明.侵权行为概念之研究[J].法学家,2003(3):64.
❷ 沈岿天.侵权行为之概念研究[J].四川理工学院学报（人文社科版）,2011(5):42.

就成了法律意义上的损害，成为法律评价第一步的核心组成要素，也就是侵权行为的核心构成要件。当然这种朴素的评价或许会进入其他的法律评价系统，但是这里仅讨论进入侵权责任法评价的这部分损害。

四、侵权行为概念厘定

通过对侵权行为构成要件、侵权责任构成要件的分析，以及运用法律评价三步走的思路。我们认为侵权行为是指行为人损害他人人身和财产权益的民事行为。

侵权行为是行为人侵害了他人民事权益的行为。侵权责任法是民法的重要组成部分，侵权责任法和民法一样是保护民事权益的。我国现有的立法模式在侵权行为侵害的客体方面选择的是列举的方式。《侵权责任法》第2条规定："本法所称民事权益，包括生命权、健康权、姓名权、名誉权、荣誉权、肖像权、隐私权、婚姻自主权、监护权、所有权、用益物权、担保物权、著作权、专利权、商标专用权、发现权、股权、继承权等人身、财产权益。"随着现代社会的不断发展，侵权行为侵害的客体和对象也变得日益多样。列举不可能呈现所有的侵权行为侵害的客体，对于其客体要用一种开放的评价标准，即保护可保护的权益。立法既应开放而又要有体系，更应成为一个开放的体系。

侵权行为包括作为的侵权行为和不作为的侵权行为，也包括准侵权行为。❶侵权行为的表现应为由于损害形态的多样而出现多样的形态。准侵权行为也是侵权行为。准侵权行为简单说就是隐藏在行为或者事件中的侵权行为，有时候不对其进行侵权行为的评价，而是混淆在另一个侵权行为中进行评价。比如监护人承担被监护人的责任，就是把监护人的侵权行为混淆到了被监护人的侵权行为中进行评价。而进行侵权行为评价的时候我们应该准确认识到其中有两个侵权行为在里面进行评价，至于在司法实践中怎么操作又是另外一种技术性的问题了。林木致人损害侵权，动物致人损害侵权等里面的管理不善的不作为就是作为侵权行为来评价的。

---

❶ 罗结珍.法国民法典规定的侵权行为辨析[J].法学杂志,2012(1):64-65.

侵权行为损害的形态多样性。损害不仅仅是财产上的损害，也包括精神上的损害；既包括对物的损害，也包括对人的损害；既包括表象的损害，也包含隐藏的可转换的损害。财产上的损害可以用金钱的方式来衡量，其大小是比较好界定的，根据民法的补偿性原则，比较容易进行判定。而精神上的损害因为涉及个体的差异，故其具体的损害无法确定，虽然在司法解释中也对各地的精神损害赔偿设定了一个基础的标准，但是看似公正的标准是把人作为一个抽象整体来衡量的，并没有考虑到具体的人和具体的个体差异。精神损害的标准在今后的立法中应该进一步细化衡量的标准，争取尽量考虑到个体的差异，实现实质公正。有些损害的形式是比较好判定的，是比较容易看到损害的，比如对人身的伤害，在实际中也是比较好处理的。但是有些案例中的损害却是不容易看到的。比如行为人损坏了他人的电脑，而他人的电脑正在操作一个项目，因电脑的损害而导致这个项目没有办法进行，产生项目损失数万元。按照一般的观点，这里的损失就只有一台电脑的损失，行为人的侵权行为也只是侵害了电脑的物权。这样的评价看似公正，但却在实际上使得受害人的损失没有办法得到实际的补偿，引发受害者与侵权人和法院之间的更进一步的矛盾，不利于社会的和谐稳定。所以在归纳侵权行为的时候不能够仅仅只看显而易见的损害，还应该把实际的损失一起衡量在损害之中。但是从证据法的角度来看，损害（包括隐藏的实际损害）的证明责任应该划归到被侵权人。

五、侵权行为与相关行为的比较分析

（一）侵权行为与违约行为的联系和区别

侵权行为受到侵权责任法调整，而违约行为受到合同法的调整。侵权行为和违约行为并称为民法的两大行为。在界定侵权行为的时候需要和违约行为相联系。我们认为，在某种意义上，违约行为也是一种侵权行为。从上面对侵权行为的概念厘定看，侵权行为是指损害他人人身和财产权益的民事行为，而违约行为也会损害他人的财产权益。或许会有人说，你的这个厘定既适合侵权行为又适合违约行为，岂不是没有了意义？这种看法，仅仅是看到了侵权行为和违约行为的联系。我们还是用法律评价"三步走"的思路来对违约行为和侵权行为进行分析。

侵权行为法律评价"三步走"思路，首先是评价侵权行为，然后在侵权行为、过错、因果关系、违法等因素的参与下评价侵权责任，在构成侵权责任后进入第三步追究侵权责任。我们来看看违约行为是怎样和侵权行为联系起来的。违约行为还是要经历法律评价的第一步评价，因为违约行为也造成了损害，在第一步评价的时候被称为侵权行为，但是走到第二步"违约责任"就加入了"相对应的人""约定的对方""特定的义务（约定或者法定）"等因素，构成了违约责任，然后进入法律评价第三步的追究违约责任。从违约行为和侵权行为法律评价的过程中不难看出，违约也是一种侵权，但是至于为什么没有被追究侵权责任那是因为在第二步的时候违约责任和侵权责任的构成要件是不同的。从第二步来反过来看，构成违约责任的行为就从侵权行为中被剥离出去成为违约行为。

有学者认为在侵权行为的概念中加入"违反法定义务"❶就能让违约行为和侵权行为相区别，他们认为侵权行为主要违反的是法律规定的义务，而违约行为主要违反的是约定的义务。笔者认为这种说法有一定的可取性，但是在中国的立法中违反法定义务的缔约过失、违反诚实信用是受合同法调整的，是违约行为。显然这样的说法是存在一定的缺陷的。为了应对这种理论上的缺陷，有人认为那是因为缔约过失应该归入侵权责任法调整，不应该归入合同法调整。对于这种说法，我们认为理论研究要立足于法律和司法的实践，不能因为理论上概念的区别就去要求立法体例的修改。把自己不能解决的理论问题推给实务，这样的研究是对法律实务的不了解，关起门来研究是不合理的。而且就现在的共识，缔约过失行为作为违约行为是比较合理的。把合同法中违反法定义务的内容从合同法中剥离出来，就会导致合同法体系的不完整，为了一个概念区分而这样做是不值得的。

---

❶ 王利民.违约责任和侵权责任的区分标准[J].法学,2002(5):45.

（二）侵权行为和犯罪行为的联系和区别

一个行为发生后刑法对这个行为进行评价，符合犯罪的构成要件则被评价为犯罪行为，追究刑事责任。但是刑法在对一个行为进行评价的时候并不影响侵权法对一个行为的评价，侵权责任法的评价也不会因为刑法的评价而中止。对一行为构成犯罪行为并不影响其在侵权责任法的角度同时构成侵权行为。《侵权责任法》第 4 条规定，"侵权人因同一行为应承担行政责任和刑事责任的，不影响依法承担侵权责任"。

有人认为犯罪行为也是侵权行为。[❶]笔者认为，这是一种理论认识的角度，把犯罪也当作严重的侵权。这是把民事侵权中的相似点和犯罪行为中的相似点有意夸大并忽视其他因素。如果把刑法中的犯罪行为纳入民法中，这其中的原则必然会产生冲突，导致整个法律体系的"崩盘"。

另外，就侵权责任法这个名字也有争论。我们在实证研究中访问某法官，他认为这个名称很奇怪，为什么要把责任放在名称里面，因为没有哪部法律不追究责任。也有人认为侵权责任法没有包括刑事侵权和行政侵权，不完整。我们认为这种看法是仅仅把这个名称作为一个攻击的点，而没有注意到这部法的内容，从内容上看就是民事侵权的法律，并不包括行政侵权和刑事侵权，不应该对这个名称过于苛责。毕竟一部法最重要的不是名称而是其中的内容。

六、侵权法立法模式及实践适用

现在的侵权责任法在实践中的运用没有想象中的那么普遍，比如医疗损害、机动车事故所适用的并不是侵权责任法而是其他的法律或者相关的司法解释。究其原因，在于侵权责任法没有形成明显的立法体系，和其他相关的侵权法律法规没有形成一个分工明确的法的适用的整个大侵权法的系统。

其实，有些法律没有实际的适用，没有在判决书中或者司法实践中适用，并不是这部法没有用，只是这部法的性质并不是一种写在判决书中的法律。我们认为法的渊源有很多种，宪法、法律、行政法规等，从某种程度上对法律渊源

---

❶ 李沙沙.侵权责任与刑事责任竞合关系研究[D].江西财经大学,2010:30.

或许可以分为概念性的法、引用性的法、技术性的法这样几种形式。所谓概念性的法就是指具有象征意义和基本指导思想，决定总体思路的法，在我国基本表现为宪法。概念性的法站在比较宏观的高度，对大的方向进行把握，基本不涉及具体的违法行为。引用性的法是指涉及每个领域具体的规定，在一个领域进行把握，基本涵盖这个领域的绝大多数原则、行为、责任追究等内容。在我国比较典型的就是刑法、合同法等法。技术性的法是指指导具体实务操作的法，对具体的案件提出比较明确的处理方法，在我国多表现为司法解释甚至包括一些指导性的案例。就像一个行为是否违法要首先在概念性的法中寻找渊源，然后在引用性的法中寻找内容的规定，然后根据技术性的法的要求进行操作。比如从《宪法》第 13 条规定的"公民的合法的私有财产不受侵犯"到引用性法的层面就表现为物权法的所有权、用益物权等的具体规定，当建筑物的区分不明确具体指导处理案件的时候又会运用到技术性的司法解释《关于审理建筑物区分所有权纠纷案件具体应用法律若干问题的解释》。

　　侵权责任法在现有的法律体系中既有引用性法的特色，比如《侵权责任法》第 64 条规定，"医疗机构及其医务人员的合法权益受到法律保护。干扰医疗秩序，妨害医务人员工作、生活的，应当依法承担法律责任"。也有技术性法的特色，比如《侵权责任法》第 61 条规定，"医疗机构及其医务人员应当按照规定填写并妥善保管住院志、医嘱单、检验报告、手术及麻醉记录、病理资料、护理记录、医疗费用等病历资料。患者要求查阅、复制前款规定的病历资料的，医疗机构应当提供"。侵权责任法中有各种形式的规定，实践中都是寻求最具有实际操作意义的来进行案件的处理，比如在《侵权责任法》第 64 条和《维护医疗机构正常秩序、做好医院安全保卫工作通知》相遇的时候，人们自然会选择后者去具体操作案件，但是也会象征性地引用《侵权责任法》中的条文。

　　从侵权行为的角度来看这样的情况是因为立法模式在侵权行为一般化和类型化结合不合理造成的。侵权责任法相关司法解释没有及时制定，和其他相关法律的衔接还有不到位，还没有形成侵权责任法完整的法律体系。在我国侵权责任法中既有一般化条款也有类型化条款。一般化条款是指概括一般侵权行为的特点和构成要件的侵权行为法条款，它将一般侵权行为的基本构成要件和基本特征进行概括，作为一般侵权行为请求权的基本条款。❶比较认可的侵权行为一般化的条款是《侵权责任法》的第 2 条，但是该条并没有对侵权行为的基本构成要件和构成特征概括得比较清楚，不利于统领具体的类型化条款。类型化条款规定了比较多的不同的侵权行为类型，但是没有穷尽也不可能穷尽所有的侵权行为类型。一般化条款不明确，类型化条款和其他法有冲突，因而导致了侵权责任法的适用困境。

在今后的立法和司法中应该尽量明确一般化的条款，明确了一般化的条款，就能在没有具体类型规定的情况下去适用侵权责任法，适应社会的需求。尽量完善具体的侵权行为类型，并且注意和其他法的区别和重叠。加快整合其他零散的侵权法，使其尽快归入侵权责任法中，形成统一的整体。加快制定侵权责任法的相关司法解释，从技术的角度指导具体案例的操作。当然在现在不可能进行如此之大的修改的情况下，制定的司法解释可能要更多地规定各种法之间的冲突和协调，待到以后制定民法典或者大修改的时候再统一协调形成完善的可操作的侵权法法律体系。

七、结语

侵权行为一词虽源于西法，绵延之发展历程，涵盖了丰富的内容，已经颇具中国特色。立法上之不细定侵权行为之意，有其自身的考量，我们不必细究。司法实务中针对个案之侵权行为的判断，不可回避。虽然根据相应法律、法规可窥见一斑，那毕竟不具有法律上之意义，仅具有司法上之目的。在我国法治化过程中，特别是我国民法典制定过程中，明确侵权行为概念的含义，是理论和实践中首先应当解决的问题，它对准确把握侵权行为的范围至关重要。在规定侵权行为时，必须明确其适用范围，立法时应对侵害行为进行筛

---

❶ 杨立新.论侵权行为一般化和类型化及其我国侵权行为法立法模式选择[J].河南省政法管理干部学院学报,2003(1):3.

选，而不能把侵权行为当作一个可以任意伸缩的、任何侵害行为都可以往里装的"大箩筐"。❶

---

❶ 尹志强.侵权行为概念分析[J].比较法研究,2005(4):48-56.

第二章 侵权责任法适用范围

——以民事侵权赔偿与工伤保险赔偿之竞合为例

《侵权责任法》第5条规定："其他法律对侵权责任另有特别规定的，依照其规定。"这条看似简单的条文在实际适用中出现很多问题。在《侵权责任法》出台前，有关侵权责任的法律规范分布在《民法通则》和一些特别法中，如《产品质量法》《医疗事故处理条例》《道路交通安全法》《环境保护法》及许多司法解释中。这就造成许多情形在《侵权责任法》中有规定，在其他法律规范中也有规定的局面，导致法规竞合问题。

当《侵权责任法》与《民法通则》之规定相冲突时，这时，我们便会机械地想到《立法法》第83条的规定："同一机关制定的法律、行政法规、地方性法规、自治条例和单行条例、规章，特别规定与一般规定不一致的，适用特别规定；新的规定与旧的规定不一致的，适用新的规定。"据此，似应适用《侵权责任法》，但是特别法优于普通法的适用前提是制定法律的是同一机关，而《侵权责任法》的制定机关是全国人民代表大会常务委员会，而《民法通则》的制定机关却是全国人民代表大会，它们并不是同一个机关。根据宪法规定，全国人民代表大会有权改变或撤销全国人民代表大会常务委员会不适当的决定，但是没有对全国人民代表大会和全国人民代表大会常务委员会的地位作规定。❶对此，学术界有分歧。若认为全国人民代表大会常务委员会地位低于全国人民代表大会，那么它们所制定法律之间的竞合、冲突问题不能依照《立法

---

❶ 曹险峰.论侵权责任法规范的适用[J].社会科学战线,2012(1):26-30.

法》第83条规定的"新法优于旧法""特别法优于一般法"的原则予以解决。在《侵权责任法》颁布以前，医疗损害纠纷在法律适用上实行的是双轨制，对于医疗事故适用《医疗事故处理条例》的规定，一般的医疗损害纠纷适用《民法通则》有关侵权的规定。而2003年12月4日颁布的《最高人民法院关于审理人身损害赔偿案件适用法律若干问题的解释》（以下简称《人身损害赔偿司法解释》）规定的人身伤害的赔偿标准要高于《医疗事故处理条例》的标准，这就造成了医疗事故的受害者得到的赔偿可能会低于一般医疗损害纠纷的受害者获得的赔偿。而根据《侵权责任法》的规定，医疗事故与一般的医疗损害统一适用《侵权责任法》的规定。又如《侵权责任法》第47条关于食品类产品的惩罚性赔偿的规定与《食品安全法》第45条第（2）款的规定不同，如果认为《食品安全法》是《侵权责任法》的特别法，从而适用《食品安全法》的规定，就会导致《侵权责任法》的立法初衷无法实现。在我国《侵权责任法》颁布之前，在侵权责任方面存在大量的司法解释，如《人身损害赔偿司法解释》等。这些司法解释在司法实践中发挥了重要作用，为法官提供了易于操作的规则，统一了评判标准。

但是司法解释与《侵权责任法》的许多规定存在差异，在待决案件中，适用哪条规定，法官将无所适从，将出现侵权法律适用的混乱。如何适用这些竞合的法律规范，明确《侵权责任法》的适用范围，对保护民事权利、惩罚侵权行为、保障社会和谐稳定将发挥重要作用，也事关法律的权威和法制的统一。我们从侵权责任法与工伤保险条例发生冲突这一角度出发，通过案例和理论分析，提出在法律上的适用问题，并通过比较与分析国内外一些学者专家的观点，探讨出一种适合我国国情的法律适用模式。

一、案例举隅及问题的提出

（一）交通事故与工伤事故竞合之赔偿问题

2011年5月10日22时左右，李某骑自行车去某新材料有限公司上班，行至红光路时不慎被一辆由西向东的车撞倒，后又被一辆由东向西的车辆拖带数米，李某经现场抢救无效死亡。某市某区交警大队道路交通事故认定：李某对此次事故负同等责任。后李某近亲属与肇事车辆一方达成民事赔偿协议，获得民事赔偿30万元。2011年7月26日，某市某区人力资源和社会保障局接受李某近亲属工伤认定申请，于2011年8月4日做出工伤决定书，认定李某为工亡。后李某近亲属向李某生前工作的单位提出享受工亡待遇。用人单位认为李某近亲属已经获得了30万元的交通事故赔偿款，坚持"补差"赔偿，只愿意支付3万~5万元，拒绝全额支付工亡待遇。双方因"兼得"和"补差"观点不同无法调和，以致发生纠纷。李某近亲属委托律师提起劳动仲裁，劳动仲裁委员会依据《某市工伤保险实施办法》第32条的规定，仅裁决用人单位支付李某近亲属3.5万元。李某近亲属不服，起诉至人民法院，要求依法裁决用人单位支付申请人丧葬补助金、一次性工亡补助金、供养亲属抚恤金等费用。人民法院查明事实后，认为李某近亲属主张工伤待遇事实明确，证据确凿，于法有据；用人单位之辩解无事实和法律依据，支持了李某近亲属的所有诉讼请求，并于2012年5月25日下发了正式判决书。❶

（二）工伤赔偿与民事侵权赔偿之竞合问题

申诉人贾某于2005年11月进入被诉人某环保科技公司工作，双方一直没有签订书面劳动合同，直到2007年3月双方才签订书面劳动合同。贾某于2006年1月23日17时45分，在骑自行车上班途中，与一辆轿车相撞，发生交通事故，事后贾某向某区人民法院起诉，将轿车司机、车主以及保险公司告上法庭，要求各被告人依法承担民事侵权责任。后经贾某请求，单位为其申请工伤认定，区劳动和社会保障局于2006年8月21日做出工伤认定书，认定贾某为因工负伤；市劳动能力鉴定委员会于2007年9月26日做出劳动能力鉴定通知书，认定贾某的工伤等级为九级。由于自2005年11月至2007年3月，用人单位一直没有依法为申诉人办理社会保险，没有缴纳包括工伤保险费在内的各项社会保险费，贾某无法申请工伤待遇，遂将用人单位诉至仲裁机关。经过仲

---

❶ 工伤与交通事故竞合可获双重赔偿，转自"中国劳动争议网"，http://www.btophr.com/v2/b_mart/22162.shtml，最后访问日期：2014年2月4日。

裁，用人单位认为贾某已经向侵权第三人提起诉讼，已经得到了救济，只同意赔偿工伤待遇与民事侵权赔偿之间的差额，案件最后由双方当事人以调解结案。❶

（三）案例分析及问题的提出

案例一中，李某的亲属既有权向某新材料有限公司主张工伤赔偿，又有权向肇事车辆一方主张人身损害赔偿，理由是：

1）李某与某新材料有限公司构成劳动关系，有权向公司提出工伤赔偿。根据我国《工伤保险条例》第14条第（6）款规定，在上下班途中，受到机动车事故伤害的，应当认定为工伤。李某在上班途中发生交通事故，属于应当认定为工伤的情形，因此李某有权获得工伤赔偿。

2）李某与肇事车辆的车主形成侵权关系，李某有权向肇事者主张人身损害赔偿。依据《人身损害赔偿司法解释》第12条第（2）款规定，因用人单位以外的第三人侵权造成劳动者人身损害，赔偿权利人请求第三人承担民事赔偿责任的，人民法院应予支持。李某有权获得民事侵权赔偿。

3）本案中工伤赔偿与民事侵权赔偿，法院采取的是兼用模式。根据《人身损害赔偿司法解释》第12条第（2）款的规定来看，因用人单位以外的第三人侵权造成劳动者人身损害的，可以要求第三人承担民事赔偿责任。从理论上讲李某家属能得到的赔偿有两种，一是某新材料有限公司的工伤赔偿，二是肇事者的民事侵权赔偿。某新材料有限公司的工伤赔偿是基于劳动关系而发生的，属于用人单位应当承担的法定义务。而肇事者民事侵权赔偿是基于肇事司机的侵权行为而导致，是根据肇事者的过错大小来作出的民事赔偿。

案例二中，劳动者发生工伤后享有工伤待遇是法律赋予的权利，也是保险机构和用人单位应承担的法定义务。工伤保险实行用人单位无过错责任，且不考虑劳动者是否有过失，《劳动法》和《工伤保险条例》是其主要法律依据。如果劳动者发生工伤事故并依法认定为工伤的，那么工伤保险经办机构和用人单

---

❶ 第三人交通肇事侵权致工伤案件的赔偿请求权竞合问题，转自"中国劳动法律援助网"http://www.labourlaw.org.cn/detail_show_c_fydt_136.aspx,最后访问日期：2014年2月4日。

位就应当按照《工伤保险条例》第五章的规定给付相应的工伤保险待遇。案例中区劳动和社会保障局对贾某做出职工工伤认定书，认定贾某为因工负伤；先不考虑贾某与公司的劳动合同问题，单就仲裁机关最后做出的裁决结果，明确了贾某所获得的补偿是一种补充补偿，与案例一的双重赔偿是不一样的。

综上分析，主要问题是：①同样是第三人侵权造成的工伤，为何却有不同的赔偿标准？②从中国现行立法来看，发生工伤事故时，劳动者是否能获得工伤保险赔偿与民事赔偿的双重赔偿？③在中国司法实践中，有的地区实现双赔，而有的地区实现差额补偿，这样的不同标准，会给我们造成怎样的司法困扰？

二、法理分析

（一）对同样是第三人侵权造成工伤的赔偿标准不同之法理分析

在第三人侵权引起工伤事故的情形下，会产生两种赔偿请求权：一是工伤职工的工伤保险赔偿请求权，二是工伤职工向第三人提起的侵权损害赔偿请求权。两种请求权的权利基础和归责原则不同，工伤赔偿请求权基础是劳动者因发生工伤事故获得的一种社会保险利益。工伤保险损害赔偿实行无过错责任原则，不考虑劳动者是否存在过错，具有社会保险性质。第三人侵权损害赔偿请求权基础是劳动者因第三人侵权致害而取得。侵权损害赔偿实行的是民法的填平原则、过错原则和过失相抵原则。侵权损害赔偿的损失包括财产性损失及非财产性损失，其性质属于私法领域的赔偿。[1]如果劳动者因第三人侵权而遭受工伤，却不能向侵权人主张民事赔偿的话，被侵权人的因侵权人的侵权行为而损失的合法权益，将得不到补偿。侵权人将不会受到任何处罚，对侵权人来说也是一种放纵。

两种请求权是基于不同的法律关系而产生的，且赔偿原则也不一样，事实上各地法院做法也是不一样的。一些法院支持了工伤职工双重赔偿的请求，如

---

[1] 曾祥生.论独立的侵权责任法与相邻法域的冲突域协调[J].武汉大学学报（哲学社会科学版）,2010(6):904-910.

《广东省工伤保险条例》第 13 条规定："同一工伤事故兼有民事赔偿或商业性人身、人寿保险赔偿的，按民事赔偿或商业赔偿、社会工伤保险补偿的顺序处理。除医疗费和丧葬费不重复支付，本条例规定的其他工伤保险待遇照发。"即除了医疗费和丧葬费等直接损失不能双重赔偿外，其他项目可以重复计算。而上海法院系统也明确规定，一次交通事故能获得两种赔偿。但有的地方却制定了单种赔偿的规定，如重庆市高院发布的《关于审理工伤赔偿若干问题的意见》中规定："对第三人侵权造成的工伤赔偿案件规定赔偿金先由保险机构垫付，当受伤职工已经获得肇事者支付的足额的民事赔偿时，工伤保险机构及用人单位不再支付保险待遇。"而江苏省法院系统是根据江苏省高院民一庭关于《劳动争议案件若干法律适用问题》的解答来处理相关问题，即"因用人单位以外的第三者侵权造成遭受工伤的，劳动者可以向第三人请求侵权损害赔偿，也可以请求工伤保险赔偿，劳动者在获得其中一种赔偿后，还可以就其与另一种赔偿之间的差额另行主张，工伤保险机构或用人单位先行给付工伤保险赔偿后，可在给付金额范围内向第三者主张代位求偿。"

（二）劳动者发生工伤事故时能否获得工伤保险赔偿与民事侵权赔偿的双重赔偿之法理分析

目前，我国有关工伤与侵权的法律竞合处理规定模糊不清。2003 年 4 月 27 日国务院颁布的《工伤保险条例》（2010 年修订），对工伤保险与人身损害赔偿竞合时的关系处理没有规定。《最高人民法院关于审理人身损害赔偿案件适用法律若干问题的解释》（以下简称《人身损害赔偿解释》）对工伤保险赔偿与普通人身损害赔偿的关系做出了解释，该司法解释第 12 条第（1）款规定："依法应当参加工伤保险统筹的用人单位的劳动者，因工伤事故遭受人身伤害，劳动者或者其近亲属向人民法院起诉请求用人单位承担民事赔偿责任的，告知其按《工伤保险条例》的规定处理。"第（2）款规定："因用人单位以外的第三人侵权造成劳动者人身损害，赔偿权利人请求第三人承担民事赔偿责任的，人民法院应予以支持。"但是，人们对于该司法解释的上述规定也存在不同理解。最高人民法院陈现杰认为，该司法解释"对工伤保险与民事损害赔偿的关系按照混合模式予以规范。混合模式的实质，就是在用人单位责任范围内，以完全的工伤保险取代民事损害赔偿。但如果劳动者遭受工伤，是由于第三人的侵权行为造成，第三人不能免除民事赔偿责任"❶。但是张新宝认为，在第三人加害行为致害的场合，该司法解释用语不明，从语义来看解释为兼得模式和选择模式均可，但此处采用兼得模式显然违背公平原则。因此，对这一规定的正确理解应该是选择模式，即在第三人加害行为的场合，权利人可以选择请求工伤保险给付，也可以选择请求普通人身损害赔偿，此时发生两种请求权的竞合。❷2004 年 1 月 1 日起施行的《工伤保险条例》取代了《企业职工工伤保险试行办法》，但是上述补充模式并没有被《工伤保险条例》所继承。该法对工伤保险与人身损害赔偿竞合时如何处理也没有做出具体规定。为解决工伤保险与民事侵权赔偿竞合问题，一些地方通过地方性法规或政府规章的形式明确了工伤职工的权利救济方案，但各有殊异，未达成共识。❸

（三）司法实践中不同赔偿标准带来的问题分析

在实践中，劳动者的工伤保险赔偿主要是以维护劳动者的生命权为其基本立意，旨在保障职工的最低必要之生活，使工伤职工能及时得到救治、经济补偿和职业康复，却不能使受害人的全部损失得到填补。而侵权损害赔偿是以分配正义为其指导原则，标准是使受害人因此受到的损失按其价值恢复填平。将我国立法中关于工伤保险赔偿与人身损害赔偿的项目和标准比较分析，可以发现工伤保险赔偿在项目和赔偿标准上，都不如人身损害赔偿。人身损害赔偿在项目上多了营养费和精神损害赔偿费，并且补偿数额和标准都比较高。工伤损害赔偿的数额比较具体，弹力比较小，赔偿项目和数目都比较确定，可是人身

---

❶ 陈现杰.《最高人民法院关于审理人身损害赔偿案件适用法律若干问题的解释》的若干理论与实务问题解析[J].法律适用,2004(2):3-8.

❷ 张新宝.工伤保险赔偿请求权与普通人身损害赔偿请求权的关系[J].中国法学,2007(2):52-66.

❸ （1）2004 年 7 月 1 日起施行的《上海市工伤保险实施办法》第 44 条规定："因机动车事故或者其他第三方民事侵权引起工伤，用人单位或者工伤保险基金按照本办法规定的工伤保险待遇先期支付的，工伤人员或者其直系亲属在获得机动车事故等民事赔偿后，应当予以相应偿还。"（2）《四川省人民政府关于贯彻〈工伤保险条例〉的实施意见》(川府发［2003］42 号）第 10 条规定："职工上下班途中受到交通机动车事故伤害，或者履行工作职责和完成工作任务过程中遭受意外伤害，按《条例》规定认定为工伤和视同工伤的，如第三方责任赔偿的相关待遇已经达到工伤保险相关待遇标准的，用人单位或社会保险经办机构不再支付相关待遇；如第三方责任赔偿低于工伤保险相关待遇，或因其他原因使工伤职工未获得赔偿的，用人单位或社会保险经办机构应按照规定补足工伤保险相关待遇。"

损害赔偿的弹力大，往往人身损害赔偿的数额比工伤损害赔偿的数额要高。因此，导致司法实践部门可能会就同一系列的案件，因为理解不同，采取的赔偿模式不同，而出现赔偿数额相差巨大，出现不正义、不公平的判决结果，出现"同命不同价"的结果，这将不利于社会的稳定和我国社会主义和谐社会的构建，也不利于维护司法的权威性。

三、法律适用

如何解决上述各种问题，明确工伤赔偿与民事赔偿竞合时处理的方式，对切实保护劳动者合法权益，维护法律权威和实现法律价值具有重要意义。

（一）工伤保险赔偿与民事侵权赔偿发生竞合之法律适用模式评析

在其他国家和地区，当工伤保险赔偿与民事侵权赔偿发生竞合时，通常采用的是四种模式：一是选择模式，即工伤事故发生后，工伤职工可以选择获得工伤保险赔偿或者民事侵权赔偿，选择了工伤保险赔偿，就不能再请求民事侵权赔偿，反之，选择了民事侵权赔偿就不能再选择工伤保险赔偿。英国和其他英联邦国家早期的雇员赔偿法曾采用此种模式，但后来均已废止，因为其存在很大缺陷。二是补充模式，又称差额互补模式或者有限双重赔偿模式，即指发生工伤事故以后，受害职工可同时主张民事侵权赔偿和工伤保险赔偿，但其最终所获得的赔偿或补偿，不得超过其实际遭受之损害。采用这一模式的国家有日本、智利等。三是兼得模式，即发生工伤后，工伤雇员既可以享有工伤保险待遇，也可以同时获得民事侵权赔偿，实行双重保护。这种模式主要在英国和我国台湾地区适用。四是取代模式，即工伤保险赔偿完全取代民事侵权赔偿，这种模式让职工没有选择的权利，在赔偿中职工的损害得不到有效的补偿，这种模式主要在德国、挪威、法国等地方适用。❶

我国司法实践中通常选择补充模式和兼得模式这两种。❷兼得模式的优点在于能最大限度地保护工伤者的合法权益。用人单位为职工缴纳工伤保险费

---

❶ 杨立新,朱呈义.侵权法篇[M].北京:中国人民大学出版社,2006:71-76.

❷ 王秉瑞.论民事侵权赔偿与工伤赔偿的关系[J].科学之友,2011(2):144-145.

用，职工发生工伤事故后理应得到工伤保险待遇。而侵权第三人也必须为自己的过错承担责任。但这种模式也存在诸多问题：第一，该模式完全背离了工伤保险创设的目的，工伤保险制度的设立是为了减轻雇主责任并使责任社会化，而兼得模式不仅没有使雇主免责，反而加重了雇主的负担。第二，在此种模式下，受害人可以获得双份补偿，这样会导致受害人所得赔偿款总额可能会超过其实际所受损害，从而违背了"受害人不应因遭受侵害获得额外收益"的准则，也违背了民法的公平原则。

补充模式是工伤赔偿的现代规则，已经为众多国家的立法和理论所接受。建立补充模式的目的在于：一方面避免受害人获得双份利益，减轻雇主的工伤负担，节约有限的社会资源；另一方面又可以保证受害人获得完全的赔偿，维持相关法律制度的惩戒和预防功能。它是现代侵权责任制度与工伤保险制度长期磨合的产物，相对其他三种模式逻辑更为严密，也更符合社会公平正义的观念。

（二）我国工伤保险赔偿与民事侵权赔偿发生竞合之法律适用模式选择

针对兼得与补充模式，我们认为我国应选择补充模式更为合适。

首先，符合工伤保险制度和人身损害赔偿立法创设的目的。采取补充模式，则以工伤保险为主要赔偿机制，民事侵权赔偿只是作为补充，体现部分替代的思想，比较符合公平、公正的原则，这与工伤保险创设的目的相符合。同时，这样既可以对侵权人的行为予以制裁，又能确保工伤职工得到应有的保障，也不致导致工伤职工与非职工自然人因被侵权而得到的赔偿不同，符合人身损害赔偿立法创设的目的。[1]

其次，符合保护弱者的立法宗旨。职工相对于用人单位或工伤保险机构来说是弱者，为了使其利益能够得到及时有效的补偿，应允许职工有权先向保险机构申请工伤赔偿，不足部分再向侵权第三人提出赔偿。因为侵权第三人可能无能力赔偿，或者侵权第三人逃逸、下落不明实际上得不到赔偿，而且请求侵权第三人赔偿的时间较长，耗费精力较大，成本较高，不能使职工及时迅速得

---

❶ 杨立新,袁雪石.侵权法行为法[M].中国法制出版社,2008:386-389.

到赔偿，所以应允许受害职工可同时主张工伤保险给付和侵权损害赔偿。受害职工可以选择先请求保险机构按工伤保险予以赔偿，社会保险机构在赔偿后即取得对侵权第三人的追偿权，该追偿权应仅限于社会保险机构支付给职工部分的待遇，如果社会保险机构的赔偿少于侵权损害的赔偿，则职工有权再向侵权人请求赔偿。受害职工也可以先选择向侵权第三人要求侵权损害赔偿，如赔偿不足或得不到实际赔偿时，受害人还有权向保险机构要求赔偿其差额部分。

最后，从合理有效地分配社会资源的视角考察，若采取兼得模式，允许工伤职工就同一伤害获得双份补偿，是对有限社会资源的浪费，而且各国立法例多数明令禁止这种做法。相反，在补充模式下，工伤职工获得的赔偿虽然可同时来源于工伤保险给付和民事侵权赔偿，但其获得赔偿的总额不超过其实际损失，不会发生所谓的"意外收益"，造成社会资源的不合理分配。❶

从侵权责任法颁布实施后出台的法律法规来看，对职工的工伤保险赔偿和民事侵权赔偿问题，仍在不断的探索与修改中。《江苏省高级人民法院适用〈侵权责任法〉指导意见》第 15 条规定："劳动者被认定为工伤，劳动者依照《工伤保险条例》获得工伤保险待遇后要求用人单位或者第三人赔偿有关差额部分损失的，应予支持。但是，劳动者请求第三人赔偿其全部损失的，不予支持。劳动者在执行职务中受到第三人的侵害，用人单位在工伤赔偿之后，向第三人追偿的，应予支持。"另一种意见：劳动者在执行职务中受到第三人的侵害，既主张给予工伤保险待遇又向第三人主张赔偿的，应予支持。2011 年 7 月 1 日开始施行的《社会保险法》第 42 条规定："由于第三人的原因造成工伤，第三人不支付工伤医疗费用或者无法确定第三人的，由工伤保险基金先行支付。工伤保险基金先行支付后，有权向第三人追偿。"2011 年最高人民法院在杭州召开的全国民事审判工作会议上明确，"职工因用人单位的侵权行为遭受人身损害的，赔偿权利人请求用人单位承担民事赔偿责任的，工伤保险已经支付的数额应在用人单位的赔偿数额中扣除。职工因第三人侵权遭受人身损害的，赔偿权利人请求侵权人承担民事赔偿责任的，在侵权人的赔偿数额中不予扣除工伤保

---

❶ 吕惠琴.工伤保险与民事侵权赔偿适用关系立法模式选择[J].广东行政学院学报,2010(3):69-72.

险已经支付的数额"。第（2）款另一种意见："职工因第三人侵权遭受人身损害的，赔偿权利人请求侵权人承担民事赔偿责任的，在侵权人的赔偿数额中应扣除工伤保险已经支付的数额。"最高人民法院 2011 年 11 月 23 日关于对"统一第三人侵权工伤赔偿案件裁判标准"问题的答复中指出："《最高人民法院关于审理人身损害赔偿案件适用法律若干问题的解释》第 12 条和《关于审理劳动争议案件适用法律若干问题的解释（二）》第 6 条中规定，均认可了第三人侵权工伤赔偿，受害人可获得双份赔偿的原则。"在最高人民法院有关此问题的解释出台以后，学界持有不同意见，由于各方观点分歧较大，立法机关在社会保险法和修改后的《工伤保险条例》中均未明确该问题。最高人民法院目前正在起草《关于审理工伤认定行政案件若干问题的规定》，有望解决这一问题。

中国人民大学法学院民商事法律科学研究中心起草的《民法典建议稿》第 1995 条规定："劳动者执行职务过程中非因第三人的行为受到人身伤害，可以请求工伤保险赔偿的，应当先向保险人要求补偿，再就工伤补偿与实际财产损失之间的差额以及精神损害，请求用人者承担侵权损害赔偿责任。"第 1996 条规定："劳动者执行职务过程中因第三人的行为受到人身伤害，应当先请求工伤保险赔偿，再就工伤补偿与实际财产损失之间的差额以及精神损害不足部分请求行为人承担侵权损害赔偿责任。"❶可见，该草案采取的也是补充模式。

从国家着力构建工伤事故保险赔偿制度的出发点来看，实行工伤保险制度是为了能够有效地保护好劳动者的合法利益，又能平衡各种利益之间的矛盾，同时也体现着国家承担政府责任，维护了社会的公平正义。基于社会保险制度的性质和功能来看，我国在处理第三人侵权致工伤案件赔偿请求权竞合时原则上应该采取补充模式。在我国现行法律规定不明确的情况下，确立一种适合我国国情的赔偿模式，不仅有利于我国司法制度的完善，也更加有利于维护受害人的合法权益。补充模式无论是从立法目的、立法宗旨，还是从资源优化配置方面来讲，无疑是最适合现阶段我国的国情的。当然，补充模式也存在它的不足，如对一个损害请求的救济需要提起两次救济程序，增加了当事人的求

---

❶ 张宝新.侵权责任法立法研究[M].中国人民大学出版社,2009:302-320.

偿难度，也浪费了司法资源。当申请工伤赔偿已经过了诉讼时效时应该怎么来处理？任何一种制度都会存在一些弊端，制度的制定和选择应该结合自身的国情和特点尽量趋利避害。

四、对《侵权责任法》第5条的检视

《侵权责任法》第 5 条规定："其他法律对侵权责任另有特别规定的，依照其规定。"该条规定看起来很简单，即特别法优于一般法。但如果这样规定，势必会造成人民法院适用法律上的两大困难：第一，《侵权责任法》与《民法通则》是否属于同一位阶的法律？从全国人大常委会通过《侵权责任法》的事实来看，似乎二者不属于同一位阶，那为何可以适用"特别法优于一般法"之原则？第二，新法与旧法谁更优先？我国《民法通则》《产品质量法》《环境保护法》等法律中都存在侵权责任规范，且这些法律规范势必在将来一定时期内与侵权责任法同为有效的法律。那么，《侵权责任法》生效后，人民法院面对这些法律，是应当按照"新法优于旧法"的原则适用侵权责任法，还是应当按照"特别法优于普通法的原则"适用其他法律呢？于此学界颇有争议。

有学者认为，本条规定旨在调整《侵权责任法》与其他涉及侵权责任的相关法律的关系，适用的基本规则是，特别法优于普通法，新法优于旧法。具体而言，要注意三个方面的问题：第一，与《民法通则》的关系。《侵权责任法》是在《民法通则》等法律的基础上制定的，是对《民法通则》等法律的细化、补充和完善，在适用规则时，如有不一致的应当优先适用《侵权责任法》。第二，与其他特别法的关系。这些单行法对侵权责任作出了规定，主要涉及物权法和农村土地承包法规定的侵害物权责任，婚姻法和继承法规定的侵害婚姻自主权和继承权责任，专利法、商标法和著作权法规定的侵害知识产权责任，公司法、海商法、票据法、保险法、证券法和信托法规定的商事侵权责任，道路交通安全法、铁路法和民用航空法规定的交通事故责任，产品质量法、药品管理法、消费者权益保护法规定的产品责任，环境保护法、水污染防治法、大气污染防治法、固体废物污染环境防治法规定的环境污染责任，安全生产法、建筑法、电力法和煤炭法规定的生产事故责任，食品安全法、传染病防治法、献血法规定的食品安全和传染病传播责任，人民防空法、公路法规定的其他侵权责任等，这些单行法对侵权责任有特别规定的，依照《侵权责任法》规定应优先适用这些特别法。当然，如果《侵权责任法》中规定了一些特别法中没有的侵权规则，则应当优先适用《侵权责任法》的相关规定。第三，《侵权责任法》第 5 条中的"法律"仅指全国人大及其常委会通过的法律，不包括行政法规，更不包括地方法规等其他规范性文件，所以，《侵权责任法》的效力自然高于行政法规和地方法规等。

有学者指出，首先，在法理上，侵权责任法属于普通法，大量的单行法律和法规中有关侵权行为的规定，仅适用于特定区域和特定事项，因而侵权特别法优先于侵权普通法。当然，这一适用规则也只是一般的原则，在例外的情况下，如果特别法为前法，而普通法为后法，就有可能适用侵权普通法，这就是新法优于旧法规则适用的结果。其次，在法律适用中，上位法优先于下位法，法律应当优先于司法解释。在《侵权责任法》颁布前出台的众多的下位法和司法解释，若与《侵权责任法》规定不同的，应当优先适用侵权责任法。只有侵权责任法中没有规定的，或者下位法、司法解释中的规定与该规定不相冲突的，才能适用下位法、司法解释。❶

有学者认为，对于《侵权责任法》的适用问题，首先，《侵权责任法》与当时的法律规定并存。2010 年 6 月 30 日发布的《最高人民法院关于适用〈中华人民共和国侵权责任法〉若干问题的通知（法发〔2010〕23 号）》中明确指出：①《侵权责任法》施行后发生的侵权行为引起的民事纠纷案件，适用《侵权责任法》的规定。《侵权责任法》施行前发生的侵权行为引起的民事纠纷案件，适用当时的法律规定。②侵权行为发生在《侵权责任法》施行前，但损害后果出现在《侵权责任法》施行后的民事纠纷案件，适用《侵权责任法》的规定。其次，其他含有侵权责任规定的法律可能被优先适用。依据《侵权责任法》第 5 条规定，本法与其他含有侵权责任规定的法律，构成一般法与特别法的关

---

❶ 王利明.侵权责任法研究（上）[M].中国人民大学出版社,2011:143-145.

系，人民法院应当优先适用特别法关于侵权责任的具体规定。❶即便我们把其他法律严格限定于全国人民代表大会及全国人民代表大会常务委员会制定的法律，不包括国务院制定的行政法规，也至少还有《献血法》《执业医师法》《传染病防治法》《药品管理法》《食品安全法》《产品质量法》《国家赔偿法》等可能被优先适用。最后，可能有国际公约优先于《侵权责任法》适用。根据国际法上的条约必须信守原则，对于一个国家签署或加入的国际条约，除非做出保留等，一般即在该国发生效力，国家有义务使其国内法与依国际法承担的义务相一致，这就是一般意义上的国际法高于国内法规则。

有学者指出，其他法律规定的侵权法规范具有侵权特别法的效力，应当具备两个条件：一是"另有"规定，即侵权责任法之外的其他法律对侵权责任另有规定；二是"特别"规定，即补充侵权责任法立法或者对侵权责任法的规定作出特别规定的特别法。其他法律另有特别规定的范围，不仅包括侵权责任法实施之前的侵权特别法，而且包括侵权责任法实施之后新公布的新的侵权特别法。其判断的标准是相同的。❷

有学者指出，判断另有特别规定，要考虑两个因素：一是考虑规定的事项是否相同。如果规定的是同一事项，而规定不同，原则上就按照新法优先于旧法的规则，应当适用侵权责任法。因为侵权责任法的条文很多就是对单行法规定的修改，此时如果再适用单行法，则侵权责任法的条文规定便失去了意义。另有特别规定，是指特别法就不同事项所做的规定。二是考虑适用的对象是否相同。如果单行法的规定和侵权责任法所规定的事项并不相同，当然应当适用单行法的规定。如果单行法的规定与侵权责任法没有冲突和矛盾，这些规定都可以适用，但是，如果这些规定与侵权责任法的规定不一致，则必须要适用侵权责任法的规则。

从上面的分析，《侵权责任法》从基本法的角度对普遍适用的共同规则、典型的侵权类型的基本规则、单行法不可能涉及的特殊规则三个层次对侵权责任作出了规定，因而《侵权责任法》第5条规定："其他法律对侵权责任另有

---

❶ 梁慧星.中国民事立法评说——民法典、物权法、侵权责任法[M].法律出版社,2010:351.
❷ 杨立新.侵权责任法的适用效力诸问题研究[N].人民法院报,2010-7-7.

规定的，依照其规定。"这就不能简单地适用"特别法优于普通法，新法优于旧法"的基本规则，因为《侵权责任法》是侵权责任规范中的基础性法律，相关单行法律中的侵权责任规定在《侵权责任法》中没有涉及，或者仅是做出了原则性规定时，应在不违背《侵权责任法》原则性规定的基础上，适用单行法中的相关侵权责任规定。❶

五、结语

侵权行为是产生债的主要因素之一，在我国经济社会发展中占据着十分重要的地位。在《侵权责任法》颁布之前，涉及经济社会生活领域的诸多方面都颁布了相应的法律、法规对侵权行为进行规范、对侵权纠纷之解决予以规制、对侵权行为导致的损失予以救济，但是那只是涉及某一领域某一方面的法律规范。《侵权责任法》的颁布实施则弥补了之前法律法规之不足，起到了基础性、指导性的作用。但是由于现行法律体系本身之间的原因，我们不能用简单的法律适用规则来处理《侵权责任法》与以前颁布的相应法律的关系，而应本着《侵权责任法》之立法旨意和精神与相应领域之法律规定进行具体分析，切不可"一刀切"，方可理清其关系，准确适用法律，达到法律实施之本意与作用。

---

❶ 梅夏英.侵权责任法讲座[M].中国法制出版社,2010:19.

第三章　责任聚合下的侵权责任优先

在从义务本位向权利本位转变的今天，民事主体的合法权益随着权利本位观念的增强而提高到了一个比较高的保护程度，社会利益之平衡呼声日渐高涨。在我国现行的法律体系和司法实践中，侵权责任法律规则在不断地完善中，但目前的侵权责任法律的规定比较宽泛，因此在司法实践中，侵权责任法律往往是很少真正被适用的。当然，因为法律规范的不完善及多方面的原因，对于侵权责任聚合的研究也就相应较少，继而无法全面维护当事人的利益，造成了部分当事人利益受损。对在责任聚合情况下的侵权责任优先进行研究和探讨，完善侵权责任法律规范，以期在司法实践中能产生一定的作用，更好地保障当事人的合法权益。

一、案例举隅及问题的提出

（一）案情简介

某日，钱某驾驶小轿车右转弯向北时，与骑电动自行车直行的杨某发生碰撞，致杨某跌倒受伤，经送医院抢救无效死亡。事故发生后，交警认定钱某承担事故的主要责任，杨某承担事故的次要责任。杨某亲属向法院起诉要求钱某赔偿杨某因交通事故造成死亡后的经济损失。法院经审理认为：公民的生命健康权利和财产权利受法律保护，侵害公民身体造成伤害，损害公民财产的，应当依法承担相应的民事责任，支持了杨某亲属的诉讼请求。后来，该县人民检察院向该县人民法院提起公诉，指控钱某犯交通肇事罪。法院经审理认为，钱某违反交通运输管理法规，致一人死亡，且负事故的主要责任，其行为已构成

交通肇事罪，判处有期徒刑一年，缓刑一年六个月。**❶**

（二）问题的提出

这是一起因道路交通事故而引起的民事与刑事案件，从理论和现有法律看，民事侵权责任与刑事责任互不排斥，二者的关系是责任的聚合。如果钱某一方面要承担杨某物质赔偿，又要承担司法机关的物质处罚，这就出现了民事侵权赔偿和刑罚谁优先的问题。

二、责任聚合概述

（一）责任聚合厘定

关于责任聚合之认识，学界的表述是多样性的。有的学者认为，所谓责任聚合也可以称为请求权聚合，是指同一法律事实基于法律的规定以及损害后果的多重性，而应当使责任人向权利人承担多种内容不同的法律责任的形态。**❷**有的学者却认为，责任聚合，亦称责任重合，是指行为人的同一行为同时违反两个或两个以上不同性质的法律规范，符合两个或两个以上不同性质的法律责任之构成要件，依法应当承担多种不同性质的法律责任之制度。**❸**

从前面的概念分析，不同的定义均体现出了一个核心的内容：即在加害给付理论之双重性特征下采用责任聚合理论更符合公平正义，即权利人对数种以不同的给付为内容的请求权，可以同时主张。在诉讼中，不同请求权表现不同请求标的，权利人可以同时提起诉讼，而诉讼请求也都可以得到实现。**❹**

《侵权责任法》第 4 条规定：侵权人因同一行为应当承担行政责任或刑事责任的，不影响依法承担侵权责任。因同一行为应当承担侵权责任和行政责任、刑事责任，侵权人的财产不足以支付的，先承担侵权责任。这一条款是关于侵权责任优先的原则。

责任聚合有别于责任竞合。责任竞合是指由于某一法律事实的出现，导致

---

❶ 钱某交通肇事案，转自"车祸网"，http://www.chehuo.com/article-2535-1.html,最后访问日期：2014 年 1 月 23 日。

❷ 杨立新.侵权行为法[M].复旦大学出版社,2005:143.

❸ 张新宝.侵权责任法[M].第 2 版.中国人民大学出版社,2010:60.

❹ [德]卡尔·拉伦茨.德国民法通论（上）.王晓晔,等,译.法律出版社,2003:348-351.

产生两种或两种以上的民事责任，这些民事责任被数个法律规范调整，彼此之间相互冲突的现象。相对于责任聚合，在受害人的合法权益受到多种伤害时，只能对其一种损害进行弥补，即享有一种请求权。责任聚合是享有多种请求权。但责任竞合的适用，难免会导致受害人的合法权益不能得到及时足够的弥补。责任聚合则在平衡受害人利益、最大限度地保护受害人利益上作出了努力。《侵权责任法》之立法目的就在于补偿损失、平衡社会利益。

（二）责任聚合的特点

责任聚合可以具体分为两种情况，第一种是将侵权责任归为民事责任后，不同法律部门之间的责任聚合，第二种是作为民事责任内部的一种责任与其他的民事责任产生的责任聚合。与之相对，责任聚合的特点也有两种。

1. 不同法律部门之间责任聚合的特点

1）同一法律事实侵害了不同法律部门所保护的对象。比如故意杀人行为，既侵害了侵权责任法所保护的生命权，又侵害了刑法所保护的社会关系。

2）同一法律事实违反了不同的法律部门规定的义务，符合两个和两个以上的责任构成要件。在实际生活中，许多活动往往不只违反了一个法律部门的规定，而是违反了多个法律部门的规定。所以，中国现行的各单行法大都规定：违反行政法，依法追究行政责任；构成犯罪的，依法承担刑事责任；侵犯他人合法权益的，也应当依法承担相应的民事责任。这实际上就确认了同一行为产生多种性质法律责任的可能性。

3）不同法律部门的责任是同时并存的，但在实现时，民事责任应当优先于行政责任或刑事责任。如《刑法》第36条第（2）款规定，承担民事赔偿责任的犯罪分子，同时被判处罚金，其财产不足以全部支付的，或者被判处没收财产的，应当先承担对被害人的民事赔偿责任。确立民事责任优先的原则，实际上是注重对公民权益的优先保护。

2. 民事法律部门之责任聚合的特点

1）责任聚合是由于同一法律事实而产生的。在实践中通常表现为一种违法行为违反了多种民事义务，造成了多种损害后果。

2）责任聚合是基于法律的规定或者损害结果的多重性而产生的，这种聚合是指一个行为承担了多种责任后果，或行为人承担了多种责任形式。

3）责任聚合只是一个行为人对一个受害人的责任，而不是一个行为人对多个受害人的责任，或多个行为人对一个受害人的责任。

（三）责任聚合产生的原因

1）法律是调整社会关系的，由于不同法律侵部门调整范围有所重叠、立法技术不成熟等原因，必然会产生同一法律行为侵犯多个社会关系，进而违反多部法律，导致不同属性和不同类型、不同内容的法律责任的产生，呈现出法律责任聚合的现象。❶

2）法律从不同角度规范社会生活，制裁违法行为，救济被侵害主体的法律权利，在维护法律关系稳定、保护法律关系主体合法权利这一功效层面上，各种责任机制显现的价值基本一致。然而，法制度设计或制度安排之异，现实生活的多样性，不免使得不同部门法之间甚至同一部门法内部将出现对同一行为的交叉或重叠规定。据此，权利救济便可通过多元渠道得以实现。❷

3）一种违法行为造成了多个损害后果。损害事实作为确定责任的一个因素，是民事责任构成的前提。由于侵权责任的主要功能在于对受害人进行补偿，因而它应以损害赔偿为主要形式，而此种形式的适用是以损害的确定为前提的。损害是决定责任和救济的根本要素，是给予受害人一个或数个救济，不在于加害人是实施了一个或多个行为，而在于受害人遭受了多个损害，给予其多个救济，使其受到的损害得到救济，则需要责任之聚合。

4）同一非法行为产生后，法律规定了多种法律责任形式，这些责任形式可以并存。例如侵害名誉权，导致损害赔偿、恢复名誉、赔礼道歉等责任聚合。

三、不同法律部门之责任聚合的法律适用

作为同一责任主体的自然人、法人或其他组织既因为同一个行为而导致民

---

❶ 张旭.民事责任、行政责任和刑事责任——三者关系的梳理与探究[J].吉林大学社会科学学报,2012(2):57.

❷ 胡肖华,徐靖.行政主体行政责任与民事责任竞合的数理分析[J].行政法学研究,2007(2):20.

事赔偿,需要用个人财产承担民事赔偿责任,又因为其同一个行为被处以罚款、没收非法所得等财产罚,还可能因同一个行为而被依法判处罚金、没收财产等财产刑,《民法通则》第110条规定,"对承担民事责任的公民、法人需要追究行政责任的,应当追究行政责任;构成犯罪的,对公民、法人的法定代表人应当依法追究刑事责任"。《侵权责任法》第4条作出了更加明确的规定。这样,在法院或行政机关依法执行生效法律文书,而同一责任主体的财产不足以同时支付时,不可避免地就承担多种法律责任的先后顺序发生聚合。❶

（一）民事侵权责任与刑事责任聚合的法律适用

我国 1997 年《刑法》增设了民事责任优先原则,具体体现为《刑法》第36条第（2）款所规定的被害人民事赔偿优先执行❷和第60条所规定的民事债务优先履行❸两项制度。它既是一种重要的被害人人权保障机制,又是对"刑事先于民事"这一传统刑事法观点的重大突破。首先,犯罪人因其犯罪行为造成被害人损害而负有赔偿损失的责任。其次,必须是依法被判处刑罚的犯罪人。再次,必须是存在法律责任聚合的场合。最后,当犯罪人被处以罚金和（或）罚款,而其个人财产不足以全部支付罚金和（或）罚款额,或者没收犯罪人的全部财产或没收非法所得时,应当将犯罪人对被害人的损害全部予以赔偿之后,再以其剩余的财产作为罚金、罚款或者没收财产、没收非法所得的执行对象。即使所剩财产无几甚至没有,也应先执行对被害人的民事赔偿责任。

刑法的直接目的是惩罚犯罪,最终目的是预防犯罪。而侵权责任法的目的是补偿损失,平衡社会利益,保护民事主体的合法权益。此二者所保护的对象是不同的。在刑事司法实践中,往往通过提起刑事附带民事诉讼来解决民事侵权责任与刑事责任之聚合问题。但是,刑事诉讼一般都由人民检察院提起,那么必然会站在整个社会的高度提出诉讼请求,达到预防和惩罚犯罪的目的,从

---

❶ 兰跃军.论被害人民事赔偿优先执行[J].甘肃政法学院学报,2010(4):90.

❷《刑法》第36条规定,由于犯罪行为而使被害人遭受经济损失的,对犯罪分子除依法给予刑事处罚外,并应根据情况判处赔偿经济损失。承担民事赔偿责任的犯罪分子,同时被判处罚金,其财产不足以全部支付的,或者被判处没收财产的,应当先承担对被害人的民事赔偿责任。

❸《刑法》第60条规定,没收财产以前犯罪分子所负的正当债务,需要以没收的财产偿还的,经债权人请求,应当偿还。

而容易忽略对民事主体合法权益的保护。对民事主体合法权益损害的补偿往往都是法官予以考虑后做出的，并且所进行的赔偿一般都是直接赔偿，而达不到全面保护受害人的合法权益的目的。❶而在民事诉讼中，是由当事人或其家属针对行为人提起的诉讼，相对于刑事附带民事诉讼，必然更能保护其合法权益。鉴于刑事附带民事诉讼的缺陷❷，应该赋予受害人更为自由的诉讼程序选择权，在刑事审判的同时提起附带民事诉讼，也可以另行提起民事诉讼，另外，还可以申请刑事经径判决。刑事径行判决，是刑事法庭在审理刑事犯罪案件过程中，可以依据职权或者根据被害人的申请，对因犯罪行为所导致被害人遭受的物质损失，直接依被告人的赔偿能力判决赔偿申请人经济损失。应该进一步通过立法规定，被害人可以申请先予执行，如果被害人认为刑事径行判决不足以补偿其全部经济损失，可以再向民事法庭主张赔偿之诉。❸

（二）民事侵权责任与行政责任聚合的法律适用

在行为人基于同一个行为既违反了侵权责任法而应当承担民事侵权责任的同时，又违反了行政法律的规定，依法应当承担行政责任。二者聚合的主要表现是行政主体侵害行政相对人人身权、财产权以外的合法权利及因公共设施管理不善致人损害案件中行政违法、不当，形成行政责任与民事侵权责任的竞合。❹

对于民事侵权责任与行政责任聚合的法律适用问题，我国现有法律没有明确的规定，在学界和司法实务界存在争议。张新宝教授认为，一是民事诉讼或仲裁、调解、和解程序与行政诉讼或行政处罚程序分别进行，二者不直接相互影响或牵制。二是行政诉讼附带民事诉讼。三是行政处理的结果对侵权人的过错之认定、损害范围之确定等具有重要意义。四是被侵权人首先必须请求行政

---

❶ 《刑事诉讼法》第 102 条规定："附带民事诉讼应当同刑事案件一并审判，只有为了防止刑事案件审判的过分迟延，才可以在刑事案件审判后，由同一审判组织继续审理附带民事诉讼。"

❷ 刑事附带民事诉讼制度存在四个方面的缺陷：第一，刑事诉讼程序和民事诉讼程序存在一定的紧张关系，影响被害人获得程序正义。第二，刑事附带民事诉讼受案范围过窄，尤其是精神损害赔偿未纳入刑事附带民事诉讼受案范围，影响被害人获得实体正义。第三，刑、民兼顾给法官裁判增加难度，被害人的权益可能得不到足够的保护。第四，刑事附带民事判决欠缺有效执行，被害人的权益得不到充分的保障。

❸ 卢玉红.我国刑事附带民事诉讼制度的完善——以被害人权益保护为视角[D].吉林大学,2012:8.

❹ 胡肖华,徐靖.行政主体行政责任与民事责任竞合的数理分析[J].行政法学研究,2007(2):23.

处理，只是在不服行政处理时方可向法院提起诉讼。^❶从域外立法例来看，有三种立法模式：一是美国法中，法律践行侵权责任和行政责任聚合原则，受害人可根据自身情况在这两种法律责任之间作出选择。二是法国采取禁止责任聚合的立法模式，不承认责任聚合问题，当然不允许受害人进行选择。三是英国法原则上承认责任聚合，认为解决责任聚合问题，主要是程序法上诉讼形式选择，对选择之诉作了较为严格的限制。^❷胡肖华教授为此从我国实际出发，提出了有限地适用民法相关理论来解决责任聚合等法律适用问题。他认为，"由于行政主体在行政契约活动中的许多行为本身即具有多重性质且能够产生责任竞合，因此在违法行为发生后，应当允许受害人选择适当的请求权。这样既有利于保护受害人和制裁不法行为人，又符合《行政诉讼法》保障行政相对人合法权益的立法宗旨"，因而在立法上应尽快确立有限选择诉讼的责任聚合处理模式。^❸

鉴于此，为了解决民事侵权责任与行政责任之聚合问题，我们认为应采取受害人选择适当的请求权。因为"随着行政契约理论的引入，行政法与私法在利益协调机制方面的共同性与交叉性日益增多，这为二者的相互渗透、融合奠定了基础，并使得行政法与私法完全有相互借鉴与吸收之可能"^❹。在行政权与私权之博弈的今天，化解公权与私权冲突的基本原则应是私权优先。倡导私权优先，是针对公权与私权关系的现状、平衡两者关系做出的选择，把私权绝对化同样无异于社会和谐的实现。《侵权责任法》第 4 条之立法则充分反映了这一基本思路和要求。

（三）民事侵权责任、刑事责任和行政责任并存的法律适用

《侵权责任法》第 4 条第（1）款就规定了侵权人因同一行为应当承担行政责任或刑事责任的，不影响依法承担侵权责任。同时，同条第（2）款也规定了因同一行为应当承担侵权责任和行政责任、刑事责任，侵权人的财产不足以

---

❶ 张新宝.中国侵权行为法[M].中国社会科学出版社,1998:215-216.
❷ 王利明.违约责任论[M].中国政法大学出版社,1996:294-299.
❸ 胡肖华,徐靖.行政主体行政责任与民事责任竞合的数理分析[J].行政法学研究,2007(2):19-23.
❹ 杨解君.论行政法自由意志理念——法律下的行政自由裁量、参与及合意[J].中国法学,2003(2):173-184.

支付的，先承担侵权责任。那么，在三种责任并存的情况下，又如何保障民事侵权责任的优先适用呢？

首先，民事侵权责任的优先是实现法的价值的需要。民法之侵权责任法、行政法、刑法虽然是三个不同的法律部门，各自有调整范围，但是保护自然人、法人和其他社会组织的合法权益却是其共同的目标和责任。在同一主体的财产不足以同时承担民事侵权责任和缴纳罚款（含没收财产）以及罚金等行政、刑事责任时，如果先执行罚款、罚金等行政、刑事责任，权利人的合法权益难以得到有效的保障。国家和个人承受财产损失的能力差别很大，在不足以承担两种以上的责任时，不缴纳罚款、罚金，基本上不会使国家发生经济上的困难，但如果不承担民事侵权责任却可能使个人陷入困境乃至于绝境。民事侵权责任优先原则，体现了三个法律部门在保护自然人、法人和其他社会组织合法权益方面的一致性。在这些责任无法兼顾时，民事侵权责任优先可以取得良好的社会效益，也更能体现法律的人道和正义。人道和正义是法的社会功能的体现，也是法所追求的主要价值所在。❶

其次，民事侵权责任的优先是维护市场经济秩序和保护交易安全的需要。民事主体在民事活动中依法取得的权利，应具有法律的保障性。如果一方当事人对另一方当事人依法享有债权，但却因其承担财产性的行政、刑事责任后丧失清偿债务的能力而无法实现，必然造成当事人在以后的民事活动中会对对方当事人的财产等各方面进行考察，这样必然会影响到市场经济交易的速度和秩序，也不符合市场经济秩序和交易安全应具有法律保障性的要求。民事侵权责任优先，就可以有效地避免这种情况的发生。

再次，罚款（没收财产）、罚金等行政责任、刑事责任体现的是国家对行为人的惩罚。民事侵权责任主要是平等主体之间发生的一方依法向另一方承担的责任，目的在于弥补权利人因他人的民事侵权行为而造成的经济损失，补偿性是民事责任的显著特征。这种补偿性的责任一旦遭到破坏，权利人的权利则难以实现。

---

❶ 王利民.民法的精神构造:民法哲学的思考[M].法律出版社,2010:69.

最后，民事侵权责任和行政责任、刑事责任的目的和功能不同。民事侵权责任的主要目的是给受害人以补偿损失、恢复权利；刑事责任和行政责任具有惩罚行为人、维护社会秩序的目的。在责任人的财产不足以承担两种以上的责任时，不承担民事侵权责任，民事侵权责任的目的就无法实现。行政责任和刑事责任的责任形式涉及人身和财产，除了罚金、罚款外还可以对责任主体进行人身制裁。与民事侵权责任单一的财产性特征相比，行政、刑事责任具有人身性和财产性的双重特征。在三者聚合的情况下，即使优先承担了民事侵权责任，造成了罚金、罚款等刑事、行政方面的制裁难以实现，但并不影响责任人承担人身方面的责任。在一定程度上，刑事、行政责任通过对人身实施制裁，也可以达到其最终的目的。

因此，在民事侵权责任、刑事责任和行政责任发生责任聚合时，应优先考虑民事责任，以达到对自然人、法人和其他社会组织合法权益的保护。

四、民事法律部门之责任聚合的法律适用

侵权责任作为民事法律责任的一种责任形态，发生责任聚合在所难免。所谓民事责任内部的责任聚合，是指同一法律事实产生了多种民事责任形式，各种责任同时并存的现象。从请求权角度，是指同一法律事实产生了多项请求权并存的现象。这种聚合只是民事责任内部的聚合，不涉及与其他法律部门的关系问题。例如，某人的行为构成对他人名誉权的侵害，行为人应承担消除影响、恢复名誉、赔礼道歉、赔偿损失等多种责任形式。在责任聚合的情况下，使行为人承担多种法律责任形式，乃是法律为保护受害人的利益、制裁不法行为人而特别作出的规定。承担多种责任形式，是行为人实施不法行为的结果。

（一）违约责任与侵权责任聚合之法律适用

违约责任是指当事人一方不履行合同义务或者履行合同义务不符合约定条件的行为，当事人可以根据自己实际的损害，对行为人提出诉讼请求。比如双方当事人订立合同后，因一方违反合同约定的义务，而给对方当事人造成了财产上的损失，并且使其名誉等受到损害，那么此时受害人就可以基于违约责

任请求赔偿，但是违约责任所承担的一般都是物质上的补偿、赔偿，并不能请求对其精神上的抚慰。但是作为侵权责任，它的覆盖面积明显要宽很多。不仅可以要求赔偿损失，还可以要求行为人赔礼道歉，恢复名誉等。因此我们认为在违约责任和侵权责任聚合的情况下，可以优先考虑侵权责任，对受害人的损害进行全方位的弥补，达到最大限度地补偿受害人，保护当事人合法权益的目的。❶

（二）无因管理与侵权责任聚合之法律适用

无因管理，是指没有法定或者约定义务，为避免造成损失（损失既包括自己也包括他人，或者仅为他人），主动管理他人事务或为他人提供服务的行为。这样就可以看出，无因管理一般都是合法行为，一般不可能和其他责任方式产生聚合。但是这种情况也有例外，比如行为人基于无因管理的管理行为，不仅支付了管理费用，而且还因为无因管理导致了自身的损害，这时候就产生了二者的聚合。那么此时基于自身的损害，就可以对物的所有人提出侵权责任请求权，以此来保护自己的合法权益。

（三）不当得利返还责任和侵权责任聚合之法律适用

非法处分他人的财产，从中获得一定的利益，我们采用责任聚合的方式。因为毕竟在此种情况中存在着多重损害，如果优先采用不当得利返还责任，那么能够被弥补的损害是很少一部分。因为非法处分他人的财产不仅构成对他人财产的损害，而且所有权被非法转让本身就是侵权造成的后果。另外，因为非法转让获得财产而获得的利益实际上已经是一种不当得利。对受害人来说，这种不当得利实际上是侵权之外的另一种损害。因为存在着多种损害，因此可以采用责任聚合下对侵权责任的优先适用，允许受害人首先主张侵权责任后，再主张不当得利责任来要求返还财产以及不法转让人所获得的利益。

民事侵权责任最重要的社会功能是补偿受害人遭受的损失，通过损害赔偿、恢复原状等责任方式使受害人遭受损害的财产或人身尽可能恢复到受害前的状况。民事侵权责任在发挥对受害人进行补偿的同时，也在一定程度上具有

---

❶ 丁建文.从案件实务看违约责任与侵权责任的竞合[D].兰州大学,2012:14-17.

惩戒不法行为人的作用。同时，民事侵权责任虽然着眼于民事主体法定民事权利之保护和补救，但在客观上却能够起到平衡社会利益之功效。这种功效是通过赔偿以及确定赔偿数额的方式实现的。因此，民事侵权责任在某种程度上是平衡当事人利益关系的一个杠杆，一方面，应当给予受害人必要的、充分的保护，以使其受到损害的法定财产权或人身权得到补偿；另一方面，又要考虑到巨额赔偿对社会经济所可能产生的消极作用，以达到平衡社会利益的作用。由此可见，侵权责任在民事责任中的重要作用。

五、结语

对于责任聚合下民事侵权责任优先的研究，不难看出民事侵权责任在保护自然人、法人和其他社会组织合法权益方面的重要性，但就实践而言，民事侵权责任却犹如鸡肋。这不仅仅和司法工作者及权利人自身对于民事侵权责任的忽视有关，更是由于我国《侵权责任法》自身规定简单、比较原则、没有较强的实际操作性有关。侵权责任法在司法实践中要起到其应有的作用，还有很长的路要走。

第四章　侵权责任的归责原则

侵权责任的归责原则解决的是责任根据问题。归责原则，是指行为人因其行为或者物件致他人损害的事实发生后，以何种根据确认和追究侵权人的侵权责任，它所解决的是侵权责任的伦理和正义性基础问题。侵权责任法上的"归责原则"突出强调行为人承担责任的根据与基础，确定了不同的责任构成要件，确定了不同的免责事由，体现了平等、公平、诚实信用的原则。注重归责原则的综合运用，使每一类侵权责任按照一定的归责原则来确定，各种归责原则相互补充。我国侵权责任法所确立的归责原则体系具有层次性和逻辑性。侵权责任法根据各项归责原则在侵权责任法中的不同地位进行了具有逻辑层次和逻辑性的规定，构建了侵权责任法的归责原则体系。侵权责任法几乎涵盖了所有的侵权行为，同时，针对今后的发展，侵权责任法又通过一般条款来予以规范，从而使其具有开放性。

一、过错责任原则

（一）过错责任原则概念的厘定

过错责任原则是侵权责任中适用范围最为广泛的归责原则，其基本含义是：行为人因过错侵害他人民事权益应当承担的侵权责任。如果侵权人在主观上不存在过错，就当然不承担民事责任，即使其他的责任要件具备，也不承担侵权责任。过错责任包括以下几个要素：

第一，以过错为责任的要件，即"有过错方有责任""无过错则无责任"。而过错总是表现为行为人主观上的故意或过失两种情形。

第二，以过错为归责基础，因此证明行为人的过错之有无便成为确定与追究侵权责任的一个重要环节。

第三，以过错表明行为人过错之大小对责任范围具有决定性的作用。证明行为人过错的程度、证明行为人与第三人的共同过错或证明被侵权人的过错等，对于责任范围之确定，具有十分重要的意义。

（二）过错责任的特点

我国侵权责任法中规定的过错责任原则具有如下特点：

第一，普遍适用性。过错责任广泛适用于一般的侵权责任形态，在我国侵权责任法中，过错责任是以一般条款的形式确立的。各种责任形式都可以适用过错责任的一般条款。这就是说，只要有侵害事实，就可能要承担侵权责任。因此，行为人造成受害人不利后果的，都可以承担过错责任。此种不利后果既包括行为人实际给受害人造成的现实损害，也包括给受害人造成损害的潜在危险，即未来可能发生的损害。这里所说的侵权责任形式并不限于损害赔偿，还包括停止侵害、排除妨碍、消除危险。

第二，高度抽象和概括性。我国侵权责任法在关于特殊侵权的章节中的部分情形下也具体规定了过错责任，这主要是为了维护相关类型特殊侵权责任判断规则的完整性。相反，大量的过错侵权未一一具体规定，而是由一般条款加以概括调整。一般条款既要发挥统领现有具体规范的作用，也要在欠缺具体规范时提供指引的作用，从而使法律保持较高的适应性，并且具有开放性，能够适应未来社会发展的需要。

第三，具有开放性。一般条款的功能就是具有开放性。也就是说，无论今后社会如何发展，新权益都可以获得保护。本来一般条款就具有开放性，这使得《侵权责任法》更能够不断适应社会发展的需要。

（三）适用过错责任原则的特殊情形

1）医疗行为引起的侵权诉讼。医疗机构不承担侵权责任，则需证明：第一，不存在医疗过错；第二，医疗行为与损害结果不存在因果关系。

2）道路交通事故致人损害引起的侵权诉讼。机动车发生交通事故造成人身伤亡、财产损失的，由保险公司在机动车第三者责任强制保险责任限额范围内予以赔偿，不足部分，按照下列规定承担赔偿责任。①机动车之间发生交通事故的：由有过错方承担赔偿责任；双方都有过错的，按照各自过错的比例分担责任。②机动车与非机动车驾驶人、行人之间发生交通事故：非机动车驾驶人、行人没有过错的，由机动车方承担赔偿责任；有证据证明非机动车驾驶人、行人有过错的，根据过错程度适当减轻机动车方的赔偿责任；机动车方没有过错的，承担不超过10%的赔偿责任；交通事故的损失是由非机动车驾驶人、行人故意碰撞机动车造成的，机动车方不承担赔偿责任。

3）教育机构作为责任主体引起的侵权诉讼。此类侵权责任可划分为：①教育机构未尽职责范围内的相关义务致使未成年人遭受人身损害，或未成年人致他人人身损害，应当承担与其过错相应的赔偿责任；②第三人侵权致未成年人遭受人身损害的，第三人应承担赔偿责任；教育机构有过错的，应承担相应的补充赔偿责任。具体到在校学生受到伤害时，又分为四种情形。第一，校内意外事故致损：由监护人承担，学校不负赔偿责任。第二，校方致损：校方应当承担与其过错相应的赔偿责任。第三，校内学生致损：由有过错方监护人承担责任双方均有过错的，则由双方监护人承担；校方有过错的，则应承担与其过错相应的赔偿责任。第四，第三人致损：应由加害人赔偿，校方有过错的，应承担相应的补充赔偿责任。校方承担责任后可向第三人追偿。

4）安全保障义务人作为责任主体引起的侵权诉讼。安全保障义务人的安全保障义务是一种法定义务。第三人致使受害人损害的，应由第三人赔偿；若是第三人侵权，安保义务人有过错的，应在其能防止或制止损害的范围内承担相应的补充赔偿责任。安保义务人承担责任后可向第三人追偿。诉讼时，受害人起诉安保义务人的，应追加第三人为共同被告；受害人只起诉第三人的，不列安保人为共同被告。

（四）过错责任原则的法律适用

过错责任原则有两种适用方法：一是谁主张，谁举证，通常是由被侵权人一方对侵权人一方的过错进行举证和证明，而侵权人一方无须证明自己没有过错。二是过错推定中举证责任的倒置，推定侵权人一方有过错，而由侵权人一方承担证明自己没有过错的责任。

根据《民法通则》第 106 条和《侵权责任法》第 6 条的规定，过错责任原则适用于一般侵权行为。只有在法律特别规定适用无过错责任原则的情形下，才不适用过错责任原则。但是，推定过错的，需要由法律作出特别规定。

二、关于过错推定

过错推定是过错责任原则适用中的特殊情形，不少学者认为过错推定也是一种归责原则，但笔者对此，持否定态度。过错推定固然以侵权人一方的过错为责任认定的根据或标准，但不可与过错责任原则等同，更不可将其作为我国侵权责任法的归责原则之一。

（一）过错推定概念的厘定

过错推定，即受害人证明加害人违法行为与损害事实之间存在因果关系的情况下，如果加害人不能证明对于损害的发生自己无过错，那么就从损害事实本身推定加害人在致人损害的行为中有过错，并为此承担赔偿责任。

（二）适用过错推定的特殊情形

1）地面施工致人损害引起的侵权诉讼。在公共场所、道路或通道上挖坑、修缮安装地下设施的地面施工方未设置明显标志、也未采取安全措施，即法定警示义务不作为。施工方不能有效证明尽了法定警示义务，并足以使人以通常注意即可避免的，推定其有过错。施工方的免责事由：施工人举证其已尽到警示义务，设置了明显标志和采取了安全措施，并足以使普通人以通常注意就可避免损害发生。

2）物件致人损害引起的侵权诉讼。此处的物件，是指建筑物或其他设施以及建筑物上的搁置物、悬挂物，堆放物品，树木及其果实等。物件所有人或管理人的免责事由包括：不可抗力引起损害；受害人过错引起损害；第三人过错引起损害。否则推定有过错。

（三）过错推定的法律适用

《侵权责任法》第 6 条第（2）款规定："根据法律规定推定行为人有过错，行为人不能证明自己没有过错的，应当承担侵权责任。"过错推定的基本方法是法律推定侵权人有过错，从而实现举证责任的倒置——由侵权人一方证明自己没有过错。如果侵权人不证明或不能证明自己不存在过错，则认定其有过错并结合其他构成要件而承担相应的侵权责任；如果侵权人一方能够证明自己没有过错则不承担民事责任。

三、严格责任原则

（一）严格责任原则概念的厘定

严格责任，是指行为人的行为造成对他人的损害，不论该行为人是否具有过错，如不存在法定的免责事由，都应当承担侵权责任。

（二）严格责任原则的特点

我国《侵权责任法》第 7 条规定："行为人损害他人民事权益，不论行为人有无过错，法律规定应当承担侵权责任的，依照其规定。"根据该规定，严格责任的特点主要在于：

第一，法律对其适用对象、构成要件和免责事由、减轻责任予以特别规定，以与过错责任原则的适用范围区别开来。不过，立法不可能对诸多适用严格责任的具体情形作全面准确的预测并加以规定。例如，《侵权责任法》第 69 条关于高度危险责任的规定就属于法律没有具体规定。

第二，严格责任不考虑行为人的过错。我国《侵权责任法》第 7 条修改了《民法通则》第 106 条第（3）款的规定。《民法通则》该条款规定："没有过错，但法律规定承担民事责任的，应当承担民事责任。"而《侵权责任法》第 7 条改为"不论行为人有无过错"，此种修改使严格责任的表述更为准确。它准确地表达了严格责任的归责依据，不是行为人的过错。因为一方面，"没有过错"既表明行为人没有过错，也可能表明受害人没有过错。这两种过错的性质是不同的，不能混淆。另一方面，即使行为人没有过错，可能指严格责任，也可能指公平责任。所以,《民法通则》仅规定"没有过错",必然在适用中引发争议。有鉴于此,侵权责任法对其作出了必要的修改。《侵权责任法》第 7 条不要求考虑行为人的过错,所以,虽然受害人的过错可以导致责任的减轻或者免除,但是,行为人的过错不应成为责任认定的基础。当然,行为人有无过错,只是不影响责任的成立,在特殊情况下,有可能影响到责任的范围。例如,侵权责任法就监护人的责任明确规定,监护人尽到监护职责的,可以减轻其责任。这就是说,如果其没有过错,可以减轻其责任。

(三)适用严格责任原则的特殊情形

1)高危作业致人损害引起的侵权诉讼。高危作业,即高空高压高速运输工具、易燃易爆、剧毒放射性作业活动。行为人的高度危险作业对周围环境有影响,同时,造成他人人身财产损失,高危作业与损害后果有因果关系。高危作业的免责事由仅限于受害人故意导致的侵害发生。当然,若受害人一般过失,则仍由侵害人全部赔偿;若受害人重大过失,则减轻侵害人责任。

2)环境污染致人损害引起的侵权诉讼。此类侵权必须存在污染环境的行为,并由此造成损害,环污行为与损害后果之间存在因果关系。侵害人若要免责,则需证明:①损害完全是由不可抗拒的自然灾害引起,并及时采取合理措施仍不能避免的;②受害人自己的过错造成的损害;③第三人过错造成的损害。

3)产品缺陷致人损害引起的侵权诉讼。生产者生产的产品不合格或存在缺陷;该产品造成他人人身、财产损害;产品缺陷与损害后果之间有因果关系。生产者若要免责,则需证明:①产品未投入流通;②投入流通时,引起损害的缺陷尚不存在;③投入流通时,科技尚不能发现缺陷。

4)饲养动物致人损害引起的侵权诉讼。此类侵权必须是,饲养的动物基于动物本能的行为,造成他人人身、财产损害,饲养动物的行为与损害后果之间有因果关系。动物饲养人或管理人若要免责,则需证明:该损害的发生是由①受害人的过错造成;②第三人的过错造成。

5)国家机关及其工作人员执行职务侵权引起的侵权诉讼。

6)法人或其他组织的法定代表人、负责人、工作人员执行职务致人损害引起的侵权诉讼。

7）无民事行为能力人或限制民事行为能力人致人损害引起的侵权诉讼。此类侵权具体表现为：①监护人适用无过错责任，由监护人赔偿，但监护人尽了监护职责的，可以适当减轻责任；②单位作监护人尽了监护职责的，单位不赔偿；③父母离婚后，则首先由与该子女共同生活的一方独立承担，只有在一方独立承担确有困难时，另一方再承担余额；④监护人将监护职责委托给他人期间，责任仍由监护人承担，但受委托人未尽监护职责，确有过错的，受托人与监护人承担连带责任；⑤监护人不明时，由顺序在前的有监护能力的人承担赔偿责任；⑥擅自变更监护人的，由变更前的监护人承担监护责任。

8）雇佣关系中引起损害的侵权诉讼。雇佣制适用于私营企业、三资企业、个体工商户、个人合伙、个人雇工、承包经营户。雇佣时，雇员在从事雇佣活动中遭受人身损害，雇主应当直接承担赔偿责任；雇佣关系以外的第三人造成雇员人身损害的，雇员可请求第三人或雇主承担赔偿责任，雇主赔偿后可向第三人追偿；雇员在从事雇佣活动中因安全生产事故遭受人身损害，发包人、分包人知道或应当知道雇主无相应资质或安全生产条件的，应当与雇主承担连带责任。

9）雇员在雇佣活动中致人损害的侵权诉讼。雇主应当负赔偿责任，雇员因故意或重大过失致人损害的，雇员与雇主对受害人承担连带责任。

10）无偿帮工人致人损害的侵权诉讼。此类侵权具体划分为：①为他人无偿提供劳务帮工的人，在从事帮工活动中致人损害的，被帮工人应当承担赔偿责任；②帮工人存在故意或重大过失的，帮工人与被帮工人承担连带责任；③被帮工人明确拒绝帮工的，不承担赔偿责任。

11）帮工人因帮工活动受损引起的侵权诉讼。此类侵权具体划分为：①帮工人因帮工活动而遭受人身损害的，被帮工人应当承担赔偿责任。被帮工人明确拒绝帮工的，不承担责任，但可在受益范围内适当补偿。②帮工人因第三人侵权遭受人身损害的，由第三人赔偿。第三人不能确定或无赔偿能力的，可以由被帮工人适当补偿。

（四）严格责任原则的法律适用

《侵权责任法》第 7 条规定，"行为人损害他人民事权益，不论行为人有无过错，法律规定应当承担侵权责任的，依照其规定"。因此，适用严格责任的前提还是行为人损害他人的民事权益，此处所谓的损害权益既包括形成实际损害后果，也包括没有造成损害后果仅造成危险即未来的损害的情况，此时也可能承担严格责任。同时，严格责任一般不考虑行为人的违法性要件。《侵权责任法》第 7 条中的"行为人损害他人民事权益"，这里实际上是与"侵害"相区别的。立法者使用"侵害"就暗含了违法性的意思，而使用"损害"则表明不考虑行为的违法性。这是因为现代社会中大量的具有"合法性"的事故损害给传统侵权法带来了极大的压力和严峻的挑战。特别是，火车和汽车驾驶员承担责任并不是因为他们在行车过程中有特定的过失，而是他们的活动所固有的危险性质，会产生不可避免的后果。❶

《侵权责任法》第 7 条中的"不论行为人有无过错"如何理解？所谓"不论行为人有无过错"，一方面，是指严格责任归责的基础不是过错，因此，不能以行为人的过错作为确定过错责任的依据。"不论"的含义并不是说不存在过错，事实上，在严格责任中，很多情况下行为人也可能具有过错。正是从这个意义上，《侵权责任法》第 7 条不要求考虑行为人的过错。所以，虽然受害人的过错可以导致责任的减轻或免除，但是，行为人的过错不应成为责任认定的基础。

在通常情况下，严格责任一般是加重责任，很难被免除，但是如果存在法律规定的免责事由，则可能依法减轻或免除责任。需要指出的是，考虑法定事由通常需要依据法律关于特定案件事实类型的具体规定来确认，不同严格责任的事实类型可能存在不同程度的免责事由，但是，这并不是说，在严格责任的事实类型中没有法定免责事由就不能免责。

---

❶ [美]伯纳德·施瓦茨.美国法律史[M].王军,等,译.北京:中国政法大学出版社,1990:218.

四、公平责任原则

（一）公平责任原则概念的厘定

公平责任，就是指在法律规定的情形下，根据当事人双方的财产状况等因素，由双方公平合理地分担损失。

（二）公平责任原则的特点

公平责任原则的特点表现在如下几个方面：

1）公平责任归责的基础是对损失的公平分担。公平责任不以过错为归责基础，其主要适用于当事人没有过错的情况。原则上，公平责任适用于既不能适用过错责任，又不能适用过错推定和严格责任的情形。公平责任归责的依据是公平分担，而不是根据过错来考虑。如果损害的发生归因于加害人或第三人的过错时，则应由加害人或者第三人承担民事责任。如果损害的发生归因于受害人自己的过错时，则应由他自己负责。若各方均有过错，则应依据他们的过错程度和原因力分配责任。

2）公平责任主要考虑财产状况。公平责任也被称为因财产而产生的责任，或者说，它是因分担能力而产生的责任，其实质是通过考虑分担能力，而使责任承担成为公平分担损失的方式。

3）公平责任是基于公平观念进行的补偿。这就是说，一方面，公平责任的承担方式是"补偿"，而不是赔偿。我国侵权责任法在多个条款中使用了"补偿"的表述，而没有采用"赔偿"，这就是关于公平责任的规定。另一方面，公平责任必须以公平观念作为价值判断标准来确定责任。当然，这里所说的公平，绝不是指平均，而是要依据法律的规定，综合考虑当事人的经济状况等具体情况，在当事人之间合情合理地分担民事责任。公平也不是说要对当事人的行为准确地作出道德评价，而只是意味着要使司法审判人员内心的道德观念在归责时发挥作用。

4）公平责任适用于法律规定的特殊情况。公平责任只能适用于法律特别规定的情形，我国法律只对特定情况作了规定。在这些情形以外，不能适用公平责任，否则就会对过错责任形成冲击。应当将《侵权责任法》第 24 条理解为对公平责任适用条件的规定，而不能理解为是普遍适用于一般情况的公平责任的归责。

（三）适用公平责任原则的特殊情形

1）无民事行为能力人、限制民事行为能力人致人损害，监护人已尽监护责任的。

2）紧急避险造成损害，危险是由自然原因引起，且避险人采取的措施又无不当的。

3）行为人见义勇为而遭受损害的。

4）堆放物品倒塌致人损害，当事人均无过错的。

5）当事人对造成损害均无过错，但一方是在为对方的利益或共同利益进行活动的过程中受到损害的。

（四）公平责任原则的法律适用

《侵权责任法》第 24 条规定："受害人和行为人对损害的发生都没有过错的。可以根据实际情况，由双方分担损失。"公平分担的前提是存在损害，而且是现实的损害，不是可能的损害。一般来说，由于公平分担的损失主要是财产损失，公平责任主要适用于侵害人身、财产而造成财产损失的案件。公平责任的目的是衡平当事人之间的财产状况和财产损失，并对不幸的损失在当事人之间进行合理分配，努力恢复被破坏的财产利益的平衡。

《侵权责任法）第24条中"受害人和行为人对损害的发生都没有过错的"，所谓"没有过错"包括加害人和受害人均没有任何过错。没有过错是公平责任适用的重要前提条件，具体表现为：不能确定行为人有过错，不能找到有过错的当事人，确定当事人一方或双方的过错，显失公平。

《侵权责任法》第24条中规定："可以根据实际情况，由双方分担损失"。所谓"实际情况"，主要是指经济负担能力和受害人所遭受的损失情况。经济状况具体包括：当事人的实际经济收入、必要的经济支出与应对家庭和社会承担的经济负担等。尤其是这里所说的经济情况是当事人双方的实际情况，而不仅仅指一方的经济情况。[1]因为公平责任实际上就是主要考虑财产状况的责任，其具有社会法的特点，因此，它主要根据当事人双方的分担能力来确定具体的责任。所谓受害人遭受的实际损失，主要是指受害人因财产、人身遭受侵害，所实际遭受的损失。受害人遭受的损失越大，则公平责任就越重。

五、结语

侵权行为的归责原则是侵权责任法的核心，决定着侵权行为的分类、侵权责任的构成要件、举证责任的负担、免责事由等重要内容。把握侵权责任归责原则，有助于认定侵权构成，具体到司法实践，能指导侵权损害赔偿的适用，促成侵权纠纷的解决。

---

[1] 奚晓明.《中华人民共和国侵权责任法》条文理解与适用[M].人民法院出版社,2010:185.

第五章　共同侵权行为

共同侵权行为人由于"共同过错"致使其成为统一体，因而承担连带责任。每个人都是为自己的行为负责，承担相应的责任。基于共同侵权行为的复杂性与对受害人保护的考虑，《侵权责任法》对共同侵权作出了明确规定，能够使较为复杂的数人侵权问题变得更加明晰，这有利于司法实践中正确地认定并解决数人侵权问题，同时对于维护受害人和加害人的正当权益，具有相当重要的意义。

一、案例举隅及问题的提出

（一）梁满超诉鲁山县农村公路管理所等共同侵权纠纷案

原告梁满超诉称，2011 年 2 月 2 日下午 5 时许，原告和同村的郑艳磊各骑一辆摩托车从本县熊背乡交口村沿交口至茶庵村的农村公路回家，快到雁鸣庄村外一断桥处，突然发现公路上横卧一条浇水用钢管，钢管上面有一尺多高的土埂，原告刹车不及，摩托车腾空而起，原告从车上摔下致伤，经诊断为重度颅脑损伤。现原告认为，被告鲁山县农村公路管理所作为农村公路管理部门，没有能够做到公路畅通，被告史山高、张春阳为浇木耳随意在公路上埋管，共同导致此次事故发生，造成原告身体损害，应承担共同赔偿责任。

被告鲁山县农村公路管理所辩称，事发路段属于乡村道路，依据《河南省农村公路管理条例》第 4 条第（3）款、平顶山市政府平政〔2007〕第 67 号文、鲁政〔2008〕第 53 号文的有关规定，因乡镇道路不属于被告农村公路管理所的管理范围，故原告之损伤与被告无关。被告史山高辩称，原告的起诉缺乏事实和法律依据。原告家在熊背乡茶庵村，当日原告从交口村返家，故此前经过该路段，不存在"突然发现"之说，该土埂仅 10 多厘米高，坡度比较平缓，并非原告所诉的有一尺多高。另外原审中查实原告系酒后、无证、超速驾驶摩托车，再有，原审过程中原告方出庭的证人郑艳磊，与原告之间存在亲属关系，其证言不应采信。被告张春阳辩称，被告并无种植木耳，公路上所埋钢管与被告无关，原告损伤与被告毫无关系。被告鲁山县熊背乡人民政府辩称，原告是否是因为交通事故引起的伤害，熊背乡政府一概不知，原告也从未向被告熊背乡政府索赔过。另外，熊背乡政府不是农村公路的管理者，因此请求法庭驳回原告对被告熊背乡政府的诉讼请求。

鲁山县法院认定：2011 年 2 月 2 日下午 5 时许，原告梁满超和同村的郑艳磊酒后各骑一辆摩托车从本县熊背乡交口村沿交口至茶庵村的农村公路回家，因车速较快，将到雁鸣庄村外一断桥处时，因公路上面有一土埂，土埂下面有被告史山高铺设的一条浇水用的钢管，原告刹车不及，越过土埂后从摩托车上摔下致伤。经诊断为重度颅脑损伤，原告受伤后花费医疗费 38 479.36 元，支出交通费 200 元。

另查明：①事故发生时原告梁满超驾驶摩托车时未取得机动车驾驶证，且酒后高速驾驶；②庭审过程中，原告自愿放弃对被告张春阳的诉讼请求，本院予以准许；③根据《最高人民法院关于审理人身损害赔偿案件适用法律若干问题的解释》的相关规定，核实原告梁满超受到的各项损失共计 40 787.36 元。

本院认为，被告史山高为自己浇木耳流水方便，私自在农村乡间道路上铺设管道，并在上面形成土埂，给车辆安全通行造成隐患，因此被告铺设管道的行为与原告梁满超的伤情之间存在一定的关系，对此被告史山高应当就原告损害承担相应的民事赔偿责任。对于被告史山高辩称，原审过程中原告方出庭的证人郑艳磊，与原告之间存在亲属关系，其证言不应采信的问题。虽然庭审中被告史山高亦有证人史文学、程小延出庭，但二人均未直接有效证明原审过程中原告方出庭的证人郑艳磊与原告之间存在亲属关系。故被告史山高的该辩解理由，本院不予采信。另外，根据《河南省农村公路管理条例》第 23 条，《中华人民共和国公路管理条例》第 4 条，明确了乡道、村道是由乡镇人民政府负责养护和管理。因此，被告鲁山县熊背乡人民政府作为农村乡村道路的管理者，未能及时发现，并清除被告史山高所铺设的管道，未尽到安全保障义务，造成他人身体损害，故其应在被告史山高责任承担不能时，对原告的损失承担补充责任。而原告梁满超作为一个具有完全民事行为能力的成年人，驾驶机动车通过熟悉路段时未尽安全驾驶义务，且未取得机动车驾驶证，酒后高速驾驶机动车，安全防范措施不够，以致造成此次事故的发生，自身存在重大过错。结合本案具体情况及原告和被告史山高的过错程度，被告史山高对原告医疗费等各项损失共计 40 787.36 元承担 30%的赔偿责任为宜，即 12 236.21 元。被告鲁山县熊背乡人民政府应在被告史山高对上述款项承担不能时，对原告的损失承担补充责任。❶

（二）问题的提出

共同侵权行为在侵权事件中屡见不鲜。明确共同侵权的概念和特点、构成要件，掌握共同侵权行为的分类和主要形态，辨别共同侵权行为与相关类似行为的区别，把握其责任承担方式，有助于对侵权行为的实质性理解，同时对于司法实例的解决有一定指导意义。

二、法理分析

（一）共同侵权行为的概念

共同侵权行为也称为共同过错、共同致人损害，是指数人基于共同过错而侵害他人的合法权益，依法应当承担连带赔偿责任的侵权行为。在侵权责任法领域，单个的责任主体对某一损害后果单独承担侵权责任为常态；而数个独立的责任主体对同一损害后果承担不同类型的共同责任，则为例外，需要有法律加以特别规定。共同侵权行为导致的共同侵权责任有广义与狭义之分，前者与后者最大的区别在于，行为是分别实施的，客观结果是共同的，但主观上没有共同性。

---

❶ 梁满超诉鲁山县农村公路管理所等共同侵权纠纷案，河南省鲁山县人民法院民事判决书，［2012］鲁民初字第 569 号。

（二）共同侵权行为的特征

共同侵权行为与单独的侵权行为相比较，具有如下特征：

1）加害主体的复数性。《侵权责任法》第8条规定，共同侵权是二人以上共同实施侵权行为。这就是说，共同侵权行为中的加害人必须是两人或两人以上，当然，数人中的人可以是自然人，也可以是法人。数人致损害是侵权行为中比较常见的现象，但数人侵权的类型非常复杂，法律根据不同的侵权形态，分别作出规定，确定不同的法律后果。

2）主观过错的共同性，即共同侵权人具有共同致人损害的故意或过失。《侵权责任法》第8条规定："二人以上共同实施侵权行为，造成他人损害的，应当承担连带责任。"如前所述，将第8条的规定与《侵权责任法》第11条和12条的规定相比较，可以看出，侵权责任法关于狭义的共同侵权的规定，其基本的特征是强调主观的共同。

3）行为的共同性。一方面，在共同侵权行为情况下，数人的行为相互联系，构成为一个统一的致人损害的原因。共同致害行为既可能是共同的作为，也可能是共同的不作为。另一方面，从因果关系上来看，任何一个共同侵权人的行为都对结果的产生发挥了作用，即各种行为交织在一起，共同发生了作用，因而由各个侵权人承担连带责任是合理的。

4）损害结果的同一性。根据《侵权责任法》第8条的规定，共同侵权是二人以上共同实施侵权行为，造成他人损害的。此处所说的造成他人损害，就是指数人的侵权行为造成了同一损害结果。共同侵权中损害结果的同一性主要表现为如下几种情形：一是指在狭义的共同侵权中，数人的侵权行为造成了同一损害结果。共同侵权行为的特点就在于数个侵权行为造成了同一的损害后果。❶二是指在无意思联络的共同侵权中，各行为人的行为偶然结合造成受害人的同一损害。《侵权责任法》第11条和第12条都规定，无意思联络的共同侵权是二人以上分别实施侵权行为造成同一损害。当然，这里的同一损害是数个行为偶然结合的结果。三是指在共同危险行为中，虽然数个行为人都从事了危

---

❶ 张新宝.中国侵权行为法[M].中国社会科学出版社,1995:89.

险行为，但是最终只是造成了一个损害结果。四是指在教唆和帮助侵权中，其结果也表现为同一个损害结果的发生。

5）责任的连带性。《侵权责任法》第 8 条规定："二人以上共同实施侵权行为，造成他人损害的，应当承担连带责任。"因此，共同侵权行为人应当承担连带责任。连带责任大多是基于约定产生的，但共同侵权行为的连带责任是基于法律的规定而产生的。

（三）共同侵权行为的构成要件

关于构成要件，过错归责原则下的四要件，包括侵害行为、损害结果、行为与结果之间存在法律上的因果关系、过错。

1）侵害行为。即行为人实施了致人损害的行为，这种方式既包括作为，行为人实施了法律所禁止的或其他不应实施的行为，也包括不作为，即行为人本应履行某种作为义务，却未履行而导致结果的发生。一般情况下侵害人行为具有不法性，众多侵害行为是由于行为的不当所造成的，不属于"不法"的范围。法律未细致规范任何社会生产、生活、工作中所有行为，由此"不当行为"的范围大于"不法行为"的范围。具体在不法侵害行为的情况下，法律提倡并鼓励当事人做"正当防卫""紧急避险"，正当防卫是对不法侵害人的损害和合法权益之间的取舍，紧急避险则衡量两种合法权益的价值，对两种权益进行选择性取舍。就实质而言，正当防卫和紧急避险的属性具正当性。从某种程度而言，由于法律规范的非细致性，很多情况下不当行为不会从表层上明显违背具体条文的规定，这样对受害人是不公平的。

2）损害结果。《侵权责任法》一个很重要的作用是防止侵害、救济损害、恢复权利。若行为人的侵害行为并未对相对人造成损害，这种情况下不构成侵权责任。一般而言，有侵害即有损失，但在某些特殊场合，例如不当得利、无因管理等行为，这些特例下行为人有占有他人利益、侵犯他人所有权的情况，导致相对人利益的减少或损失的减少。因此，没有造成损害的侵害行为是不需要承担侵权责任的。

同时，损害包括财产方面和人身方面的权益。同一损害既可能造成财产、人身权益的单独损害，也可能造成双重损害。有人认为损害结果一般专指财产损失，但是扩大其概念范围即可包括因各种权益和利益侵害所造成的后果。张新宝教授认为，侵权责任法所救济的损害是指受害人人身或者财产方面的不利后果，这种不利性表现在财产的减少、利益的丧失以及名誉的毁损、精神痛苦或疼痛、生命丧失（死亡）、身体损害（残疾）、健康损害、自由损害、知识产权损害等。❶我们认为，损害针对的对象应当是合法权益，包括人身性质的和财产性质的。某些特殊对象既有人身属性，又有财产属性，如知识产权。有时人身属性和财产属性的利益在同一事件中被同时侵害，例如常见常发的道路交通事故，事故致使一方或双方车辆受损，人员受伤。《物权法》第 241 条至第 245 条都是对占有的保护，当占有受到侵害时，原占有人（无论是有权占有还是无权占有）可行使占有回复请求权和损害赔偿请求权。占有不是权利，而是一种事实，是一种典型的利益。因此不能将损害仅定义为对合法权利的侵害，而应定义为对合法权益的侵害。关于损害赔偿的范围，诉讼中大多受害人的赔偿请求得不到完全支持，除了没有把握程序法上证据等的影响，还有受害人主张损失范围过大这一原因。《侵权责任法》对损害的评价控制在让人能够把握的范围，至少是通常能够认识的范围之内。因此，理解损害应该在一个合理范围之内。

3）因果关系。德国学者冯·巴尔认为，一个事件的每个原因都必须是条件，但每个条件不能都叫原因。❷法律上的因果关系不同于哲学上的因果关系以及一般社会观念上的因果关系。从侵权责任法发展的历史来看，受害人举证能力以及举证的困难程度的发展推动了无过错责任原则的产生。一般归责原则即过错责任的情况下，过错是对行为人的侵害行为的定性或认识，很显然是由于行为导致的某一损害结果的发生，对侵害行为的评价包含了对过错的评价，所以无须讨论过错对结果的原因力。在采取无过错责任归责原则的情况下，若采用过错与损害结果之间的关系，会导致整个过程又去评价过错，然而受害人在这种情况下是无须证明侵害人存在过错的。在分析侵害行为和损害后果之间的因果关系的前提下，学界又存在以下两种学说。第一，必然因果关系理论学

---

❶ 张新宝.侵权责任法原理[M].中国人民大学出版社,2005:53.

❷ [德]克雷斯蒂安·冯·巴尔.欧洲比较侵权行为法（下卷）[M].焦美华,译.法律出版社,2004:210.

说。该学说主张：因果关系是各个客观现象之间的必然联系，即某一现象的出现是在一定条件下必然由另一已经存在的现象所引起的。这前一现象称为原因而后一现象称为结果，它们之间存在的这种客观的必然联系就是因果关系。❶该学说虽有一定合理性，但招致了不少非议，其一，必然因果关系说否认间接的因果关系和偶然的因果关系造成的侵权责任是不正确的；其二，必然因果关系说混淆了哲学上的因果关系与法律上的因果关系，以哲学因果关系概念代替法律因果关系概念。梁慧星认为："必然因果关系说貌似符合唯物辩证法，实际上是形而上学。依唯物辩证法，客观事物的必然联系，即客观规律，可以认知的，但这种认识有待于整个人类的实践活动，而人类的活动是不断发展的历史过程。要求法官处理每一个具体案件，均能准确掌握其必然性因果联系，恰恰是违背唯物辩证法的，并且，这一学说违背法律之本质。法律的任务在于协调社会生活中的各种利益冲突，维护社会的公平正义。法官在裁决案件时，主要是依循社会生活的共同准则、公平正义观念及善良风俗和人之常情。"❷第二，相当因果关系理论。相当因果关系理论不同于必然因果关系理论之处在于只要求原因事实与损害结果之间在通常情形下存在可能性，而不是必然性，这种可能性可以通过考察行为人是否增加了损害发生的危险。❸通过刑法上的因果关系"是否增加了他人在刑法所不允许的风险"，考虑行为人的行为增加了何种危险，这种风险是否被民法所容忍，进而认识通常情况下是否可能造成损害结果即可。通常情况下的认定不以行为人的主观认识为标准，而以当时社会所达到的知识和经验水平以及行为人所处的客观环境来确定。相比于必然因果关系理论，此理论排除了受害人经常无法对"必然性"举证的尴尬。❹

4）过错。过错包括故意和过失。故意包括直接故意和间接故意，过失包括过于自信的过失和疏忽大意的过失。我们认为，共同过错的本质特征在于数人致人损害，无论行为人是否具有主观上还是客观上的共同过错，没有共同过错，数人的行为不可能联结成一个整体，也不可能使数人致人损害的行为承担责任。

---

❶ 佟柔,赵中孚,郑立.民法概论[M].中国人民大学出版社,1982:308.
❷ 梁慧星.民法学说判例与立法研究[M].法律出版社,2003:273.
❸ 史尚宽.债法总论[M].台北荣泰印书馆,1978:163.
❹ 齐协.论共同侵权行为的认定[J].学理论,2014(4):146.

三、共同侵权行为的分类和主要形态

（一）共同侵权行为的分类

根据共同侵权数人之间是否存在主观上的共同过错，可将共同侵权分为有意联络的共同侵权和无意思联络的共同侵权。

1）侵权人有共同故意或共同过失的共同侵权，是指二人以上共同故意或者共同过失致人损害的情形。数人之间的共同过错，可以是数人都是故意或者数人都是过失，也可以部分人为故意、部分人为过失。

2）多数侵权人无共同故意或共同过失的共同侵权，指虽无共同故意、共同过失，但其侵害行为"直接结合发生同一损害后果"的情形。如上述案例，此种情况下，多数侵权人之间即便没有共同故意或者过失，只要其行为的"结合"发生同一损害后果，仍构成共同侵权行为。

（二）共同侵权行为的主要形态

1. 教唆者、帮助者

教唆者，指鼓动、唆使或策划他人实施侵权行为的人。帮助者，通常是指为侵权人实施侵权行为提供必要条件的人。提供这种条件的时间通常是在侵权行为实施之前或者侵权行为进行之中。《侵权责任法》第 9 条规定，教唆、帮助他人实施侵权行为的应当与行为人承担连带责任。在我国刑法理论中，有教唆犯、帮助犯作为共犯的类型，从刑法的角度肯定了教唆、帮助他人实施犯罪行为的可处罚性，可见教唆、帮助他人实施不法行为的危害性。

2. 共同正犯

共同正犯，是指在实施加害行为时所有共同侵权人都处于同样的地位，都实施了具体的行为，其作用相当或者大致相当。在实践中，共同正犯是共同侵权最常见、最典型的形态。在有意思联络的共同侵权行为中，不同的侵权人承担不同的任务不妨碍其都被认定为共同正犯。❶

---

❶ 张新宝,李玲.共同侵权的法理探讨[N].人民法院报,2001-11-9.

3. 团体共同侵权行为

团体致人损害，是指法人之外的团体的成员按照团体的意志从事某种行为，致他人损害，其他团体成员依法也应当对其行为承担连带责任。团体致人损害是一种特殊的共同侵权，其与一般共同侵权行为的区别在于团体性。申言之，在团体致人损害的情况下，行为人的行为不是单个人的行为，而是团体的行为。实施侵权行为时体现的是团体的意志，而非单个成员的意志。如果体现的是个人的意志，则属于个人行为，由个人承担责任。团体致人损害的责任要求行为人之间必须形成了一个团体，团体具有共同的意志，表现为有共同的纲领、组织章程等。如果团体某成员按照团伙的意志从事致他人损害的行为，团体的其他成员，虽非行为人也要对其他行为人的行为负责，除非能够证明造成损害的这个行为人的行为是违背团伙意志的，这样他就是一个单纯的个人行为，所以其他人不应该对他的行为负责。团体的共同意志使得各主体间的意志融合为一，并将各主体的行为引向一个共同的目标，合力通谋，相互作用，以致尽管各行为人的分工不同，但由于该共同的目标，使得他们的活动结合起来成为一个具有内在联系的共同侵权行为。❶

4. 共同危险行为

共同危险行为也称为"准共同侵权行为"，是指二人或者二人以上共同实施侵害他人民事权益的危险行为，对所造成的损害后果不能判明谁是侵权人的情况。❷《侵权责任法》第 10 条在借鉴了司法解释的基础上，首次以立法的形式对共同危险行为进行了规定："二人以上实施危及他人人身、财产安全的行为，其中一人或者数人的行为造成他人损害，能够确定具体侵权人的，由侵权人承担责任；　不能确定具体侵权人的，行为人承担连带责任。"

1）共同危险行为的构成要件。

第一，数人没有意思联络。这是共同危险行为与主观的共同侵权的明显区别。尽管就每一行为人个别而言，其主观上对实施加害行为各自存在故意或者过失，但相互之间并无共同的侵害计划，而是各自独立实施了危险行为，对于

---

❶ 程啸.论意思联络作为共同侵权行为构成要件的意义[J].法学家,2003(4):94.

❷ 王利明.侵权行为法规则原则研究[M].中国政法大学出版社,2003:310.

损害后果没有共同的认识和意愿。❶

第二，数人共同实施了危险行为。共同危险行为与高楼抛物致人损害且加害人不明的情况不同，高楼抛物致人损害虽然也存在多个义务主体，但是其中只有一个人实施了加害行为，而共同危险行为的成立，则要求每一个赔偿义务主体都实施了危险行为。

第三，一人或数人的行为已经造成损害结果。数人实施的危险行为都有造成对他人损害的可能，但是只有其中的一人或者数人的行为造成了他人的损害，而且这种损害事实已经发生，损害结果已经造成。

第四，具体加害人不明。在共同危险行为中，从行为与损害结果之间的因果关系来看，各个危险行为人的危险行为只是可能造成了损害结果，其行为与损害后果之间的因果关系是法律推定的。这在民法学说上被称为"择一的因果关系"，即被告的损害是由两个或两个以上的有过失的被告中的某一个造成的，但是又无法查明究竟是哪一个被告造成的，数人的行为都具有造成损害的可能。❷

2）共同危险行为的免责事由。在共同危险行为中，关于加害人能否通过反证证明自己的行为与损害结果之间没有因果关系，从而使其免责，对此一直存在争论。而最高人民法院在其颁布的《关于民事诉讼证据的若干规定》以及《关于审理人身损害赔偿案件适用法律若干问题的解释》中都表明了其立场，即认为行为人可以通过证明自己的行为与损害结果之间不具有因果关系而得到免责。但是，根据我国《侵权责任法》第 10 条的规定来看，应该承认我国《侵权责任法》修改了有关司法解释的规定，在免责事由方面，以确定具体侵权人为免责事由，即只有找出了真正的加害人，其他人才能免责。

四、共同侵权责任的法律适用

共同侵权形态呈现多样化态势，在责任承担上，不同类型的共同侵权的法律责任承担主要有以下两类：

---

❶ 奚晓明.《中华人民共和国侵权责任法》条文理解与适用[M].人民法院出版社,2010:84.
❷ 程啸.共同危险行为[M]//王利明.人身损害赔偿疑难问题.中国社会科学出版社,2004:224.

（一）共同侵权以承担连带责任为原则

在连带责任中，每一个行为人都有义务对受害人承担全部的责任，受害人有权请求部分或全部连带责任人承担全部或部分的责任。所以，相对于按份责任而言，连带责任显得更苛刻。对共同侵权中的每一个行为人都施以连带责任，一方面是保护受害人利益的需要，而更重要的原因则是基于共同侵权中数人之间存在着共同的过错，这才是连带责任产生的基础。在共同侵权中，实行连带责任的共同侵权类型主要包括：主观的共同侵权行为、共同危险行为、以累积因果关系表现的客观的共同侵权、教唆和帮助完全民事行为能力人实施侵权行为的情形。当然，连带责任人之间具有追偿权。我国《侵权责任法》第 14 条规定："连带责任人根据各自责任大小确定相应的赔偿数额；难以确定责任大小的，平均承担赔偿责任。支付超出自己赔偿数额的连带责任人，有权向其他连带责任人追偿。"

（二）共同侵权以承担按份责任为补充

按份责任，是指数个责任人各自按照一定的份额对债权人承担的赔偿责任。共同侵权中，承担按份责任的情形包括以下三种：一是《侵权责任法》第 12 条规定的以部分因果关系表现出来的无意思联络的数人侵权，在此种情况下，如果能够确定责任的大小，各自按照其份额承担责任，如果难以确定责任大小的，则平均承担赔偿责任。二是教唆、帮助无民事行为能力人、限制民事行为能力人时，监护人和教唆人、帮助人之间的责任分担。《侵权责任法》第 9 条第（2）款中规定"该无民事行为能力人、限制民事行为能力人的监护人未尽到监护责任的，应当承担相应的责任"，对此的正确理解应该是通过衡量监护人的过错程度以及其对损害发生所具有的原因力来确定监护人的责任份额。三是《侵权责任法》第 67 条规定的两个以上污染者污染环境，污染者按照污染物的种类和排放量等因素来确定各自承担责任的份额。

五、结论

共同侵权行为人因"共同过错"使其共同成为责任承担主体，《侵权责法》明确规定"共同侵权",重点在于对受害人的权益救济,强调共同侵权人应当为各自的行为负责。应当说《侵权责任法》中有关"共同侵权"的法律条文考虑到了我国经济、政治,文化、科学的发展水平,尤其在社会转型期的新情况、新问题,当然,对于共同侵权的理论应结合现实中认定共同侵权行为的必要与可能性,从性质认定导致的责任形态反向思考是否符合民事法律的各项原则。可以借鉴法治发达国家或地区成熟制度,适当考虑扩大过错推定责任和无过错责任的适用范围。

第六章　人身损害赔偿

　　从侵权法的角度来看，人身损害包括如下内容：一是身体损害，二是受伤，三是造成残疾，四是造成死亡，五是精神损害。人身损害赔偿是侵权人侵犯他人的生命健康权益造成受伤、残疾、死亡等后果，承担金钱赔偿责任的一种民法救济制度。有权利就有救济，对于自然人所享有的人身权益来说，生命权、健康权和身体权是自然人最突出的首要权利，人身受到损害后应当得到法律的救济和周全的保护，从而化解矛盾，解决民事纠纷。

一、案例举隅及问题的提出

（一）侯春保与安阳市龙安区东风乡黄张村村民委员会雇佣关系人身损害赔偿纠纷案

　　原告侯春保诉称，被告村民与高小屯村因打机井发生纠纷，被告委派原告等 18 名村民到路口堵路，不让高小屯村村民通过，并每人每天发 25 元工资，中午管一顿饭。被告委派原告看路口第三天即 2006 年 6 月 19 日，两村村民发生打架事件，致原告受伤。原告认为，原被告之间存在雇佣关系，被告予以否认。但法院依原告申请，向被告调取相关工资发放账目凭证时，被告予以拒绝。根据《最高人民法院关于民事诉讼证据的若干规定》第 75 条规定，法院推定原被告之间存在雇佣关系。随后，侯春保、黄张村村委会上诉。二审法院查明的事实与原审法院查明的事实相同。二审法院认为，侯春保与高小屯村村民发生纠纷身体受到伤害，2007 年 5 月与高小屯村村民达成调解协议后，一直向政府部门主张权利，属诉讼时效中断的情形。其在诉求未得到解决的情况下向人民法院起诉，其主张未超过诉讼时效。侯春保主张是在受黄张村村委会的雇佣活动中受到伤害，而黄张村村委会否认，但黄张村村委会拒不提供其向侯春保等人发放工资的证据，故原审法院根据相关法律规定推定黄张村村委会与侯春保之间存在雇佣关系并无不当，侯春保在雇佣活动中受伤，黄张村村委会应当承担赔偿责任。二审判决驳回上诉，维持原判。❶

（二）问题的提出

因侵权人损害他人人身所造成的损害情形较为常见。通过人身损害赔偿，使受害人遭受的损害得以恢复，目的在于弥补受害人所遭受的损失。为了更好把握人身损害赔偿这一法律救济制度，有必要把握人身损害赔偿的定义、特点及法律适用。

二、法理分析

（一）人身损害赔偿的定义

在我国侵权责任法中，侵权损害赔偿在侵权责任方式中具有核心地位。人身损害赔偿是指自然人的生命权、健康权和身体权受到不法侵害，从而造成伤残、死亡以及精神痛苦等后果，受害人或其近亲属有权要求加害人以财产赔偿方式赔偿其损害的一种法律救济制度。

（二）人身损害赔偿的特点

第一，以损害的实际存在为前提。损害是赔偿的基础和前提。尤其是就人身损害赔偿来说，救济应当以现实的损害为前提，损害既可以是生命权、健康权损害，也可以是身体权损害，在这一点上，无论何种损害，都是合法权益被侵害所引起的法律后果。

第二，人身损害赔偿的性质属于补偿性，不具有惩罚性。损害赔偿就是为了使受害人因侵权行为而遭受的实际损害能够得到全部的弥补和恢复。通常情形是，损害赔偿的范围以实际发生的损害为计算标准，而主要不是以当事人的

---

❶ 侯春保与安阳市龙安区东风乡黄张村村民委员会雇佣关系人身损害赔偿纠纷案，河南省安阳市中级人民法院民事判决书，［2012］安中民二终字第460号。

主观过错程度作为确定赔偿的标准，因为损害赔偿的目的一般不是处罚过错行为，而是补偿受害人的损失。法官判断损害赔偿的唯一标准是实际损失。**❶**

第三，人身损害赔偿以赔偿受害人实际的全部损害为原则。损害赔偿必须完全赔偿，但不能超过实际损失，亦即对于受害人所遭受的全部财产损害都应当赔偿。大陆法系国家普遍采纳了这一原则。

第四，人身损害赔偿是一种财产责任。人身损害赔偿是纯粹的财产责任，当然对于赔礼道歉这一特殊的责任形式而言，在性质上则不是财产责任。

（三）人身损害赔偿的构成要件

1. 损害事实

人身损害是指侵权人对被侵权人有关人身权益造成了一种不利益。一般而言，人身损害赔偿中的损害应具有如下特点：第一，此种损害是受害人遭受的实际损害，受害人的民事权益受损；第二，作为损害赔偿构成要件中的损害，必须是一种可救济性的损害，侵权责任法仅对合法权益的损害提供救济，同时，保护范围限定于侵权责任法所涵盖的内容；第三，人身损害的客观存在，能通过一定的方式展现或验证。

2. 归责原因

人身损害赔偿责任的成立前提，是指将损害赔偿归结于某人的法定事由，亦即行为人因过错实施了造成他人人身损害的行为，或者严格责任中行为人损害了他人民事权益的行为。

3. 因果关系

损害事实和侵权行为之间应具有因果关系。侵权行为既包括作为，也包括不作为。只有在人身损害是行为人的行为导致的情况下，受害人才能要求行为人赔偿损失。此种损害，既包括行为人通过自己的行为造成的损害，也包括其掌控的物件和其他行为造成的损害。

---

❶ [德]U. 马格努斯.侵权法的统一：损害与损害赔偿[M].法律出版社,2009:45.

三、人身损害赔偿的法律适用

（一）侵害人身权益的财产损害赔偿

《侵权责任法》第 20 条规定："侵害他人人身权益造成财产损失的，按照被侵权人因此受到的损失赔偿；被侵权人的损失难以确定，侵权人因此获得利益的，按照其获得的利益赔偿；侵权人因此获得的利益难以确定，被侵权人和侵权人就赔偿数额协商不一致，向人民法院提起诉讼的，由人民法院根据实际情况确定赔偿数额。"从适用范围来看，该条适用于侵害他人人身权益造成财产损失的情况。一方面，该条适用于侵害他人人格权、身份权，而且包括权利以外的利益，但不包括财产权益。另一方面，该条适用于财产损害赔偿，但不适用于精神损害赔偿。在多数情况下，侵害人身权益只会导致精神损害，但侵害人身权益也可能造成财产损失。随着人格权商品性的演变，许多人格权具有财产属性，如明星的肖像权可以通过授权使用的方式进行商业使用。那么，在未经权利人许可的情况下，以营利为目的而为之，常会导致权利人的利益损失。除了人格权的商业属性外，侵害人身权益也可能造成财产损失，如侵害他人身体健康权，可能使受害人支出医疗费用。通常情况下，侵害人身权益受损，不限于精神损害赔偿，相关的人身权财产损害赔偿也同等重要，也就是说，只要人身损害与侵权行为有因果关系，均应予以赔偿，以使受害人的各方面权益得以弥补，恢复到未受损的状态。

就赔偿标准而言，首先，按照实际损失赔偿。侵权责任法规定的损害赔偿就是按照受害人的现实损害进行赔偿，在造成财产损失的情况下，受害人应当举证证明损害的存在和范围，据此确定赔偿的数额。其次，在难以确定损失的情况下，可依据《侵权责任法》第 20 条的规定执行，该条的适用需注意"获利"的把握，亦即，在受害人的损失难以确定时，可以按照侵权人的获利进行赔偿，当然，也包括了侵权人没有获利的情况。如果受害人仍然无法证明自己的损失，只能通过法院酌定的办法来确定赔偿数额。此外，《最高人民法院关于确定民事侵权精神损害赔偿责任若干问题的解释》（以下简称《精神损害赔偿解释》)第 10 条也规定了在确定精神损害赔偿最高数额时，法院应考虑侵权人获利的情况。所以，法院在酌定赔偿数额时，虽然没有最高或最低的数额限制，但是也应当谨慎确定，避免赔偿数额过高或过低。法院在酌定赔偿数额时，应考虑侵权人的过错程度、具体侵权行为和方式、造成的损害后果和影响等因素综合考量确定。●

（二）人身伤亡的财产损害赔偿

《侵权责任法》第 16 条规定："侵害他人造成人身损害的，应当赔偿医疗费、护理费、交通费等为治疗和康复支出的合理费用，以及因误工减少的收入。造成残疾的，还应当赔偿残疾生活辅助具费和残疾赔偿金。造成死亡的，还应当赔偿丧葬费和死亡赔偿金。"该条区分了侵害他人人身损害造成一般人身伤害、残疾和死亡三种情况，并分别确立了不同的赔偿标准。人身伤亡主要是指因侵权人侵害身体权、健康权和生命权等造成的损害后果。人身伤亡情形的出现，既会导致精神损害，也会导致财产损害。

1）人身伤害的一般赔偿标准。人身伤害主要是指侵害他人身体权和健康权，尚未导致残疾或死亡的结果。《侵权责任法》第 16 条对此类人身伤害赔偿规定，应当赔偿医疗费、护理费、交通费等为治疗和康复支出的合理费用，以及因误工减少的收入。上述费用性质具有如下特点：一是费用的支付须用于治疗和康复。治疗和康复的费用源于侵权行为与受损结果之间的因果关系。二是费用支付必须具有合理性。费用支付的合理，是按照受害人人身受损的具体情况，而应当支出的费用。合理与否可从普通人的常识角度来判断，并结合受害人的各种具体情况综合考虑。而在诉讼中，往往要根据医疗机构的专业意见来确定是否合理。此外，一般情况下，侵权人认为费用的支出不合理，应当负举证责任。具体来说，人身伤害的赔偿包括如下几项：

第一，医疗费。医疗费，是指受害人遭受人身伤害之后，因为接受检查、治疗与康复所应当支付的必要费用。医疗费用包括挂号费、检查费、医疗费、

● 全国人大常委会法制工作委员会民法室.中华人民共和国侵权责任法：条文说明、立法理由及相关规定[M].北京大学出版社,2010:76.

治疗费、手术费、住院费、康复费以及其他必要的费用，这些费用都是与侵害人格权具有因果关系的，应当作为直接损失予以赔偿。❶《人身损害赔偿解释》第19条规定："医疗费根据医疗机构的医药费、住院费等收款凭证，结合病例和诊断证明等相关证据确定。赔偿义务人对治疗的必要性和合理性有异议的，应当承担相应的举证责任。医疗费的赔偿数额，按照一审法庭辩论终结前实际实际发生的数额确定。"这就意味着，在受害人证明了医疗费用之后，赔偿义务人应当对治疗的不必要和不合理承担举证责任。如果赔偿义务人不能够提出反证，就认定该医疗费支出是合理的、必要的。在审判实践中，一般根据医疗机构出具的检查费、治疗费、药费等收费凭证，结合诊断证明和病历等相关证据，确定医疗费的具体数额。医疗费的具体数额一般按一审法庭辩论终结前实际发生的确定。根据医疗证明或者鉴定结论确定在将来必然发生的医疗费，可以与已经发生的医疗费一并进行计算和赔偿。❷至于康复费、适当的整容费以及其后续治疗费，虽然属于医疗费的范畴，但是，在起诉前尚没有发生，所以赔偿权利人可以待实际发生之后另行起诉。

第二，护理费。护理费，是对受害人因人身伤害需要护理而产生的损失赔偿。与医疗费相比，虽然护理费相对较少，但也是与人格权侵害具有因果关系的费用。护理费的情况比较复杂，包括住院期间的护理费、康复期间的护理费等。只要因人身伤害导致受害人需要护理的费用，都应当赔偿。护理费的支出，不仅包括专业人员的护理费，而且包括近亲属等其他人员的护理费。❸因此，《人身损害赔偿解释》第21条规定："护理费根据护理人员的收入状况和护理人数、护理期限确定。"无论护理的形式如何，护理费用应当是实际发生的合理费用。有关该费用的计算标准，应当依据司法解释来确定。护理费根据护理人员的收入状况和护理人数、护理期限确定。护理人员有收入的，参照误工费的规定计算。护理人员没有收入或者雇用护工的，参照当地护工从事同等级别护理的劳务报酬标准计算。

❶ 程啸.侵权行为法总论[M].中国人民大学出版社,2008:462.
❷ 余中根.人身损害赔偿范围的理解与适用[J].淮海工学院学报（人文社科版）,2013(6):135.
❸ 程啸.侵权行为法总论[M].中国人民大学出版社,2008:463.

第三，交通费。交通费，是指受害人及其必要的陪护人员因就医或者转院所实际发生的用于交通的费用。因此，交通费包括两部分：一是受害人因治疗活动而支出的交通费，如本人前往就诊或转院等发生的车旅费。二是必要的陪护人员的交通费。此处所说的必要陪护人员可能是受害人的近亲属，也可能是其他人。但受害人的近亲属来往探望的而费用不宜归入赔偿范围。交通费的支出应当是合理的、必需的。[1]此外，《人身损害赔偿解释》第 22 条规定："交通费应当以正式票据为凭；有关凭据应当与就医地点、时间、人数、次数相符合。"也就是说，赔偿交通费应当根据实际支出确定，以正式交通费的票证收据为准，票证收据记载的人数、地点、时间要与实际救治的人数、地点、时间相一致。对于不合理的支出，不应当赔偿。

第四，误工费。误工费，是指受害人因为人身损害所导致的无法从事正常工作而产生的收入损失。误工损失仅限于受害人自己的误工损失。误工损失常常具有个体差异性，因为受害人所从事的职业、收入水平等都存在较大差异，所以，误工损失可能各不相同。尤其是有些受害人可能没有固定收入或者工作，确定其误工损失比较困难，此时应根据《人身损害赔偿解释》的规定确定。根据《人身损害赔偿解释》第 20 条的规定，误工费根据受害人的误工时间和收入状况确定。误工时间根据受害人接受治疗的医疗机构出具的证明确定。受害人有固定收入的，误工费按照实际减少的收入计算。受害人没有固定收入的，按照其最近 3 年的平均收入计算。受害人不能举证证明其最近 3 年的平均收入状况的，可以参照受诉法院所在地相同或者相近行业上一年度职工的平均工资计算。

第五，治疗和康复期间支出的其他合理费用。这些合理费用包括：营养费、住院伙食费、陪护费等。营养费，是指受害人为康复所需补充营养支付的费用。住院伙食费，是指受害人在住院期间，伙食消费所花销的费用。陪护费是指受害人的近亲属陪护和往来探望时因住宿而支付的费用。以上费用都必须是为了受害人的治疗和康复所支出的合理费用。其特点有四点。一是，必须是实

---

　　[1] 程啸.残疾赔偿金和死亡赔偿金[M]//人身损害赔偿疑难问题：最高人民法院人身损害赔偿司法解释之评论与展望.中国社会科学出版社,2004:599.

际发生的损失。如果尚未发生的，不能赔偿。二是，必须与治疗、康复活动有关。例如，交通费应当是因治疗而支出的，而不是因个人其他事务的支出。三是，必须是合理的费用。例如，住宿费应当是当地合理水平的住宿费用，而不应当是过分的高消费。四是，必须由原告举证证明费用的支出。

2）人身伤害导致残疾的赔偿标准。受害人受到伤害造成残疾，会导致劳动能力的丧失，不能劳动以维持生计，因此必须予以赔偿。在人身伤害的情况下，前述一般赔偿标准仍然适用。此外，侵权人还要赔偿残疾生活辅助费和残疾赔偿金。人身伤害是否导致残疾，必须通过相关部门的鉴定。对此，我国相关部门制定了各自的标准，以确定是否残疾和残疾的等级。

一是残疾生活辅助具费。在人身损害的情况下，受害人可能需要配备残疾辅助器具。残疾辅助器具费是指受害人因残疾造成身体机能的全部或部分丧失，而需要配备有关残疾辅助器具所支付的费用。这一费用是因为侵害行为而增加的，因此也应当赔偿。❶《人身损害赔偿解释》第26条规定："残疾辅助器具费按照普通适用器具的合理费用标准计算。"这就是说，残疾辅助器具费应当按照普通适用的器具来确定，受害人不能随意购置特殊器具并要求相应的赔偿。残疾生活辅助具一般包括：第一，肢残者用的支辅器，假肢及其零部件，假眼、假鼻、内脏托带、矫形器、矫形鞋、非自动助行器、代步工具、生活自助具、特殊卫生用品。第二，视力残疾者使用的盲杖、导盲镜、助视器、盲人阅读器。第三，语言、听力残疾者使用的语言训练器、助听器。第四，智力残疾者使用的行为训练器、生活能力训练用品购置器具的费用也必须合理，但是伤情有特殊需要的，可以参照辅助器配置机构的意见确定相应的合理费用标准。❷另外，在有些情况下，辅助器可能需要更换，并可能需要长期配置。依据司法解释的规定，辅助器具的更换周期和赔偿期限应当参照配置机构的意见确定。

二是残疾赔偿金。所谓残疾赔偿金，是指对受害人因人身遭受损害致残而丧失全部或部分丧失劳动能力的财产赔偿。在民法理论中，对于因人身损害导

---

❶ 程啸.残疾赔偿金和死亡赔偿金[M]//人身损害赔偿疑难问题:最高人民法院人身损害赔偿司法解释之评论与展望.中国社会科学出版社,2004:608.

❷ 汪冶平.人身损害赔偿若干问题研究[M].中国法制出版社,2001:62.

致丧失劳动能力的损害赔偿的理论依据，主要有三种学说：所得丧失说、生活来源丧失说、劳动力丧失说。所得丧失说主张，损害赔偿的作用在于填补受害人实际所发生的损害。这一学说在计算损害赔偿数额时，是以被害人受伤前后的收入差额为损害额。❶生活来源丧失说认为，受害人因身体或健康受到损害，导致其生活来源丧失，因而应当赔偿受害人的生活补助费，使其生活来源能够重新恢复。这一学说主张损害赔偿的范围仅限于生活费，不利于保护受害人的权益。劳动能力丧失说主张，受害人因身体或健康导致丧失或减少劳动能力，而这种丧失或减少劳动能力本身就是损害。人的劳动能力具有商业价值，因此计算收入损害时，同样应当按照具体情况计算。确定残疾的赔偿数额时，法院还需考虑到年龄因素，受害人越年轻，赔偿数额越高。我国《人身损害赔偿解释》第25条第（1）款规定，根据受害人丧失劳动能力程度或者伤残等级，应当赔偿残疾赔偿金。因此，残疾赔偿金在性质上是对劳动能力丧失的赔偿，而不是收入丧失的赔偿。《侵权责任法》所采纳的是劳动能力丧失说。原因在于，收入丧失说会导致实质上的不平等，各个受害人的收入水平是不同的，而且，它还要求受害人必须有实际的收入损失，未成年人、待业人员都不存在收入损失，因此不能获得赔偿，这显然不合理。当然，这三种观点有一个共同点，那就是都将侵害生命健康权的损害赔偿定性为财产损害，赔偿的是受害人因遭受损害而减少或丧失的财产损失，而不是精神损害。

考虑到劳动能力丧失的赔偿标准应当尽可能地具有可操作性，同时，也为了避免各地实际判决中的不一致，《人身损害赔偿解释》第25条第（1）款规定："残疾赔偿金根据受害人丧失劳动能力程度或者伤残等级，按照受诉法院所在地上一年度城镇居民人均可支配收入或者农村居民均纯收入标准，自定残之日起按二十年计算。但六十周岁以上的，年龄每增加一岁减少一年；七十五周岁以上的，按五年计算。"具体来说，残疾赔偿金的计算应当考虑如下因素：其一，受害人丧失劳动能力的程度或者伤残等级。按照丧失劳动能力的严重程度和伤残等级的高低，确定不同的赔偿额。其二，受诉法院所在地上一年度城镇

---

❶ 刘士国.论人身死伤损害的定额化赔偿[J].法学论坛,2003(6):22-26.

居民人均可支配收入或者农村居民人均纯收入标准。所谓城镇居民人均可支配收入，是指城镇居民可以用来自由支配的收入，即家庭总收入扣除各种税费的收入。所谓农村居民人均纯收入，是指农村居民当年从各个来源获得的总收入扣除各种税费的剩余部分。**❶** 而城镇居民人均可支配收入、农村居民人均纯收入，应当按照政府统计部门公布的数据确定。其三，受害人的年龄。通常来说，残疾赔偿金的赔偿年限是定残之日起20年。但在计算时，也要考虑受害人年龄，因为年龄越大其余命就越少，因此，残疾赔偿金的赔偿年限也应当减少。其四，残疾赔偿金的适当调整。残疾赔偿金的确定是为了救济残疾造成的损失，而根据实际情况，其收入丧失没有受到严重影响的，就需要进行适当调整。按照《人身损害赔偿解释》第25条第（2）款的规定，残疾赔偿金的赔偿也可以根据实际情况进行适当调整，这包括两种情况：一是受害人因伤致残但实际收入没有减少，二是伤残等级较轻但造成职业妨害严重影响其劳动就业的。在前一种情况下，应当实际减少残疾赔偿金；而在后一种情况下，应当适当增加残疾赔偿金。

3）人身伤害导致死亡的赔偿标准。近年来，侵权死亡赔偿问题已经成为法律界乃至公众舆论的一个热门话题。造成死亡的赔偿是对于受害人的近亲属的赔偿，这不同于一般人身伤害及致人伤残的赔偿。对《侵权责任法》第16条第（3）款规定的理解，致人死亡的赔偿范围除了一般人身损害所应承担的医疗费、护理费、交通费和误工费之外，还包括丧葬费和死亡赔偿金。首先，在造成死亡的情况下，仍要赔偿一般项目，包括医疗费、护理费、交通费等合理费用，以及误工费。从文义解释来看，《侵权责任法》第16条中的"还应当"的含义，就是除了前项之外，还包括"赔偿丧葬费和死亡赔偿金"。其次，在造成死亡的情况下，还要赔偿丧葬费和死亡赔偿金。具体来说，一是丧葬费。这里的丧葬费是因侵害生命权而产生的一种独特的财产损害费用。《人身损害赔偿解释》第17条第（3）款明确规定，侵害人要赔偿丧葬费。通常的丧葬费包括：死者服装费、火化费、骨灰盒费和骨灰盒存放或埋放费；实行土葬的土葬

---

❶ 程啸.残疾赔偿金和死亡赔偿金[M]//人身损害赔偿疑难问题:最高人民法院人身损害赔偿司法解释之评论与展望.中国社会科学出版社,2004:562.

费，包括棺木费和地皮费等；死者亲属支出的必要追悼费等。[1]《人身损害赔偿解释》第 27 条规定："丧葬费按照受诉法院所在地上一年度职工月平均工资标准，以六个月总额计算。"例如，原告在某市法院起诉，该市上一年度月平均工资是 1 800 元人民币，按照 6 个月来计算，应当为 10 800 元。二是死亡赔偿金。我国法律规定了在侵害生命权的情况下应当赔偿死亡赔偿金。死亡赔偿金是指因为自然人的生命权受到侵犯丧失了生命，最终无法获得其收入的赔偿。死亡赔偿金实际上是对未来收益的赔偿，是财产损害的一种。[2]

在法律和司法解释中，关于扶养费的赔偿都有相应的规定。扶养费是指受害人生前为其所扶养的人而应当支付的生活费用。我国《民法通则》第 119 条规定，侵害公民身体"造成死亡的，并应当支付丧葬费、死者生前扶养的人必要的生活费等费用"。死者生前扶养的人会因生命权遭受侵害的行为而遭受损害，即生活来源的缺乏。因此，侵害人也应当赔偿被扶养人生活费。

《人身损害赔偿解释》第 17 条将其赔偿项目扩大到被扶养人生活费，但是，《侵权责任法》中并没有对此作出规定。对于被扶养人生活费是否应当包括在其中，有两种不同的学说：一种是排除说。此种观点认为，侵权责任法具体列举了赔偿的项目，凡是没有规定的项目，都视为已经排除，不应再予以赔偿。有学者认为，侵权责任法的规定改变了自《民法通则》以来死亡赔偿金与被扶养人生活费都要赔偿的做法。[3]二是包含说。此种观点认为，侵权责任法所列举的赔偿项目只是典型的项目，凡是实践中因治疗和康复所支出的所有费用都应当纳入其中。[4]在司法实践中，残疾赔偿金长期以来都是与扶养费单独计算，如果将扶养费包括在残疾赔偿金之中，可能导致受害人获得的赔偿金减少，这与强化受害人保护的立法目的也完全不相符合。

关于死亡赔偿金的性质，存在精神抚慰说和逸失利益赔偿说两种观点，其中，逸失利益赔偿说又可再分为扶养丧失说和继承丧失说两种学说。精神抚慰

---

[1] 刘士国.现代侵权损害赔偿研究[M].法律出版社,1998:144.

[2] 江平,费安玲.中国侵权责任法教程[M].知识产权出版社,2010:425.

[3] 姜强.侵权责任法的立法目的与立法技术[J].人民司法适用,2010(3):11-13.

[4] 全国人大常委会法制工作委员会民法室.中华人民共和国侵权责任法:条文说明、立法理由及相关规定[M].北京大学出版社,2010:59.

说认为，死亡赔偿金就是对致人死亡所造成的精神痛苦的损害赔偿。逸失利益赔偿说认为，死亡赔偿金就是一种对"逸失利益"的补偿。此种损失由两个部分组成：一部分是被扶养人生活费，另一部分是应当取得但由于死者提前死亡未取得的遗产损失。❶《人身损害赔偿解释》采纳的是继承丧失说，而《侵权责任法》对死亡赔偿金的性质没有作出明确规定。关于死亡赔偿金的计算，《人身损害赔偿解释》第 29 条规定："死亡赔偿金按照受诉法院所在地上一年度城镇居民人均可支配收入或者农村居民人均纯收入标准，按二十年计算。但六十周岁以上的，年龄每增加一岁减少一年；七十五周岁以上的，按五年计算。"

四、结语

我国《侵权责任法》区分了不同程度的人身损害，确立了不同的财产损害赔偿范围，但是，人身损害赔偿是一个十分复杂的问题，且涉及的法律法规存在不少矛盾，许多问题还需要进一步明确。这些问题都有待我们在理论和实践中继续研究和探索，将其归纳为成熟的理论并最终上升到法律的高度规范具体的社会关系，为我们最终追求的公平和正义服务。

❶ 丁海俊.论我国侵权责任法上的死亡赔偿制度[J].法学杂志,2010(3):13-16.

第七章　侵权责任的减免

在我国，侵权责任的减免事由不仅获得了立法的承认，而且是学者研究侵权法不可缺少的内容。无论在理论上还是司法实践中，减免事由都是一个颇具争议的问题，对于具体类型减免事由的争议从未停止过。对减免事由的研究，最重要的是引起观念上足够的重视。对于减免事由的关键性把握，侧重点在于对具体类型减免事由的概念、免责条件、争议处理和适用范围的探讨。承认和研究减免事由，不论在深度上还是广度上均有进一步完善的必要，明确其在侵权法中的地位、逻辑基点，有助于对侵权责任法这一制度体系的整体掌握。

一、减轻责任事由概述

（一）减轻责任的概念及特点

所谓减轻责任的事由，是指因受害人的过错等缘由对损害的发生或者进一步扩大起到一定作用，据此可以依法减轻侵权人责任的情形。侵权法中的减轻责任事由和免除责任事由是既相互联系又相互独立的两种类型。减轻责任事由的特点在于：

第一，减轻责任事由仅为引起损害的部分原因。在通常情况下，发生减轻责任事由虽然与损害结果存在一定的关联性，但损害的发生仍然离不开行为人的行为，也就是说，侵权行为和减轻责任事由均与损害的发生具有因果关系，因此，不能依减轻责任事由而使行为人完全免责。

第二，导致责任的减轻。关于减轻责任的事由，决定了责任承担的范围。也就是说，可允许法官根据案件具体情形予以判断。例如，《侵权责任法》第 12 条规定："二人以上分别实施侵权行为造成同一损害，能够确定责任大小的，各自承担相应的责任；难以确定责任大小的，平均承担赔偿责任。"在该条中，实际上在一定程度上，授予了法官判断责任大小的权力，并因此决定减轻责任的范围。

第三，具有普遍适用性。减轻责任的事由既适用于过错责任，也适用于过错推定责任。在过错责任和过错推定责任中，受害人的过错程度即便是一般过失，也可以成为减轻责任的根据。一般来说，除非法律有例外规定，否则不能轻易减轻行为人的责任。

（二）减轻责任事由的类型

1. 受害人的过错

《侵权责任法》第 26 条规定："被侵权人对损害的发生也有过错的，可以减轻侵权人的责任。"据此，受害人的过错可以作为减轻侵权人责任的事由，对于该条款，还可以从以下几个方面来掌握：

第一，若是受害人一方的原因造成的损害，则不适用本条规定。"也有"之义，就是指被侵权人存在过错。

第二，法官确定责任时应当比较双方的过错，从而最终决定怎样减轻责任。

第三，受害人、行为人均有过错时，受害人的过错就称为"也有过错"。在此情况下，不能当然地免除行为人的责任。法律对此作的特别规定，即受害人的过错作为减轻责任的事由，这是减轻责任事由的典型形态。

2. 受害人自甘冒险

受害人自甘冒险，是指受害人已意识到某种风险的存在，或者明知将遭受某种不利，却依旧冒险行事致使自己遭受损害。例如，受害人明知靠近爆破拆楼的区域为危险区域，仍然在该区域驻足观看，结果被垮塌楼梯飞散的碎石渣砸伤。对于自甘冒险构成要件的理解，应注意以下几点：第一，被侵害人明知或者应当知道危险的存在。第二，被侵害人参与了危险活动。第三，侵害人造成了受害人的损害。第四，被侵害人遭受了损害。

二、免除责任事由概述

（一）免责事由的概念和特点

免责事由是指免除行为人责任的理由。免责事由仅限于免除责任的事由，即《侵权责任法》第三章列举的不承担责任的有关情形。当然，减轻和免责事由虽有区别，但又密切联系。例如，在饲养动物致人损害中，受害人的重大过失既可以作为免责事由，也可以作为减轻责任的事由。免责事由主要具有以下特点：

第一，免责事由决定着责任的承担与否，也就是说，一旦免责事由成立，责任人就不应当承担责任。免责事由既可以由被告提出，也可能由法院依职权调查确定。只要能够确定免责事由的存在，就可以发生相应的法律效果，即导致责任的免除。

第二，侵权法上无论一般侵权责任，还是特殊侵权责任，免责事由均由法律规定。究其原因，侵权责任的归责原则和构成要件是由法律规定的，相应的免责事由也应当由法律规定。❶

（二）免责事由的类型

1. 紧急避险、正当防卫

虽然紧急避险、正当防卫等行为导致了损害的发生，侵权人所从事的行为表面上有过错，但由于其行为存在合法性、正当性，因而也表明行为人是没有过错的。

2. 不可抗力

不可抗力作为一种外来原因，也能导致一定的损害，但是此种损害并不是由侵权人的行为造成的，而是由某种外在原因独立造成的。在"外来原因"存在的情况下，侵权人根本没有实施某种致人损害的行为，只是由于外来的原因才造成了损害。

---

❶ 王胜明.《中华人民共和国侵权责任法》解读[M].中国法制出版社,2010:117.

3. 一般免责事由和特殊免责事由

一般免责事由是指在一般过错、过错推定责任中都可以适用的免责事由。如不可抗力、受害人故意、第三人原因等。一般免责事由通常是由法律作出规定的。特殊免责事由是指仅适用于某些特殊侵权案件的免责事由。例如在公共场所、道旁或者通道上挖坑、修缮安装地下设施等致人损害，若行为人已经设置明显标志和采取安全措施，就可以成为有效的免责事由，这种免责事由也仅适用于此类案件。

三、减免事由特殊类型的法律适用分析

（一）受害人的故意

受害人故意，是指受害人明知自己的行为会发生损害后果，仍然追求损害后果的发生，或者放任损害后果的发生。《侵权责任法》第 27 条规定："损害是因受害人故意造成的，行为人不承担责任。"例如，某人因失恋而跳火车自杀。受害人的损害是由受害人故意的原因而引起，行为人没有过错，所以，行为人不应当承担责任。受害人故意的特点在于：

第一，受害人积极地促成或者放任损害结果的发生。受害人故意可以分为直接故意和间接故意。例如，受害人爬上禁止攀爬的电线杆，偷割电线，被电击伤。从心理学角度看，受害人故意的主观心态，通常能认识行为后果的损害性。例如，交通事故中的"碰瓷"，受害人通常故意选择与行驶中的汽车相撞，导致自己人身受到伤害。

第二，受害人遭受了损害。在受害人故意的情况下，一般因其故意行为导致了自己受损，但也不排除，在受害人实施故意行为的过程中，介入了加害人的行为。需要强调的是，在受害人故意的情况下，也应比较双方的过失程度来确定行为人责任的免除或减轻。

第三，可以免除加害人的责任。受害人故意，意味着受害人的行为是发生损害唯一的原因。受害人具有故意，可以作为加害人的免责事由。

《侵权责任法》第 27 条规定："损害是受害人故意造成的，行为人不承担

责任。"在法律上将受害人故意作为免责事由的原因在于：

第一，从因果关系的角度来看。受害人故意，表明受害人的行为和损害之间具有直接的、符合规律的因果关系，继而，损害的不利后果应当由受害人全部承担。因为受害人的故意行为成为损害发生的唯一独立原因，表明了行为人的行为与损害结果之间没有因果关系。

第二，从过错的角度来看。在受害人故意的情况下，意味着损害的发生是受害人的过错行为造成的，受害人能够理解，所以不应当要求行为人承担责任。

第三，在受害人具有故意的情况下，行为人不承担责任，是法治精神的体现。各国侵权法普遍承认受害人故意是免责事由，通常都是排除了加害人本身具有故意或重大过失的情形。如果加害人的过错程度较重，即使受害人具有故意，其故意也不能作为一种绝对免责事由。

（二）第三人的原因

第三人的原因，是指除受害人和侵权人之外的第三人对受害人损害的发生或扩大具有过错。如学生放学回家途中嬉戏，第三人将受害人推向机动车道，被迎面驶来的机动车撞伤。又如某人因他人的加害行为而受伤送医院治疗后，因医生怠于治疗而使其伤病加重。

由于第三人的原因造成损害的发生或扩大，既可能导致因果关系中断，使行为人被免除责任，也可能因第三人的原因导致损害的发生或扩大，而使行为人被减轻责任。《侵权责任法》第 28 条规定："损害是因第三人造成的，第三人应当承担侵权责任。"此处表明，第三人造成损害的，可以证明侵权人没有过错，能免除侵权人的责任。但在严格责任中，即使是因为第三人原因造成了损害，依据法律规定，因为第三人原因造成受害人的损害，不一定都导致侵权人的免责。如前述，即便学生嬉戏追逐，被第三人推向机动车道，但机动车驾驶员超速行驶碰撞了受害人，那么侵权人就不能免责。第三人的原因的特点表现在：

第一，第三人是指行为人和受害人以外的第三人。如果"第三人"与被告共同引起损害的发生，则此时的"第三人"实际上应当作为被告向原告负赔偿责任。如果可以认定第三人属于被告一方，则第三人将可能成为被告或共同被告。

第二，因第三人的原因造成损害。《侵权责任法》第 28 条规定："损害是因第三人造成的，第三人应当承担侵权责任。"此处只是规定了"是因第三人造成的"，其既可能是由第三人的故意，也可能是因第三人的过失造成。这表明，两种情况都可能成为第三人承担责任的事由。如果损害是由侵权人引起的，但介入了第三人的行为，即使第三人的行为和侵权人之间没有共同过错，但如果造成了同一损害后果，也可能需要由第三人与侵权人之间承担连带责任或者按份责任。

第三，第三人的原因是减轻或者免除责任的依据。第三人的原因包括两方面：一是指第三人的行为造成损害的发生。例如第三人故意挑逗动物造成对原告的损害等。在此情况下，可以依据法律规定免除或减轻行为人的责任。《侵权责任法》在多个条款中规定，在第三人造成损害的情况下，在侵权人和第三人之间形成不真正连带关系，受害人对第三人和加害人具有选择权。例如《侵权责任法》第 83 条规定："因第三人的过错致使动物造成他人损害的，被侵权人可以向动物饲养人或者管理人请求赔偿，也可以向第三人请求赔偿。动物饲养人或者管理人赔偿后，有权向第三人追偿。"二是第三人对损害的形成或扩大具有过错，但损害并不完全是因为第三人的行为造成的。例如被告致原告伤害以后，医生怠于治疗使伤病加重。在此情况下，医生的行为将可能导致行为人责任的减轻。

（三）不可抗力

不可抗力是指人力所不能预见，不可避免的自然现象（如地震、台风、洪水、海啸等）或社会现象（如战争等）。不可抗力，是独立于人的行为之外，并且不受当事人的意志所支配的现象，它在各国法律中都是免责事由。我国《侵权责任法》第 29 条规定："因不可抗力造成他人损害的，不承担责任。法律另有规定的，依照其规定。"据此可见，在法律没有特别规定的情形下，原则上，不可抗力都可以作为免责事由。除非在特殊侵权责任中，法律明确规定不能以不可抗力作为免责事由的，则不能以不可抗力来免责。

在一般过错侵权责任中，不可抗力将导致当事人被完全免责。不可抗力作为免责事由的原因在于让人们承担与其行为无关而又无法控制的事故的后果，对责任的承担者来说是不公平的。然而，不可抗力作为免责事由，必须构成损害结果发生的原因，只有在损害完全是由不可抗力引起的情况下，同时表明被告没有过错，才能被免除责任。[1]但是，在严格责任中，行为人不能以不可抗力为由表明自己没有过错。所以，在严格责任中，不可抗力原则上不能作为抗辩事由，只有在法律有特殊规定的情况下，才能作为免责事由。例如，《侵权责任法》第73条规定："从事高空、高压、地下挖掘活动或者使用高速轨道运输工具造成他人损害的，经营者应当承担侵权责任，但能够证明损害是因受害人故意或者不可抗力造成的，不承担责任。被侵权人对损害的发生有过失的，可以减轻经营者的责任。"该条中明确规定，不可抗力可以作为免责事由，因此，行为人可以根据不可抗力主张免责，但在法律没有规定的情况下，原则上不能依据不可抗力主张免责。

（四）正当防卫

正当防卫是指当国家利益、公共利益、他人或本人的人身或其他利益受到不法侵害时，行为人所采取的一种防卫措施。《侵权责任法》第30条规定："因正当防卫造成损害的，不承担责任。正当防卫超过必要的限度，造成不应有的损害的，正当防卫人应当承担适当的责任。"该条确认了正当防卫是法定的免责事由。本人或他人的人身和财产权受到侵犯时，就产生了正当防卫权。从这个意义上说，正当防卫权是一种救济权。在正当防卫的情况下，既表明行为不具有违法性，而且表明行为人没有过错。因此，即使因正当防卫造成他人的损害，行为人也应当被免责。

在各国法律制度中，正当防卫均为免责事由，即正当防卫的行为人对其给侵害者造成的损害不负法律责任。构成正当防卫的条件是：

第一，防卫须以不法侵害行为的存在为前提。正当防卫的前提是不法侵害

---

[1] 王胜明.《中华人民共和国侵权责任法》解读[M].中国法制出版社,2010:116.

的现实存在，也就是说，只有在不法侵害真实地发生的情况下，才能实行正当防卫。不法侵害既可能是对人身，也可能是对财产的侵害，既可能加害于防卫者本人和第三人，也可能构成对公共利益的危害。总之，侵害必须是实际存在的，而不是尚未发生或已经结束的。在不法侵害尚未实施或已经完毕以后实行的防卫，依然构成侵权行为。

第二，防卫须具有必要性和紧迫性，即防卫必须针对非法的、不进行防卫就不能排除的侵害行为实施。这就意味着，一方面，正当防卫是对不法侵害的反击，对合法行为不得实行正当防卫。另一方面，防卫是不得已的，对有条件和有能力通过非防卫的合法方式而制止的侵害行为，不得实施正当防卫。例如侵害他人的名誉权和荣誉权，虽有可能造成严重后果，但此种不法行为并非直接对公民的人身施加损害，而只是使社会对该公民的评价降低，因而对此种侵害可以通过其他合法方式予以制止，并无必要采取防卫行为予以反击。

第三，正当防卫必须针对不法侵害者本人实行。正当防卫的目的在于排除和制止不法侵害，故只能对不法行为人本人进行，不能针对第三人实行。当然，防卫人对不法侵害者本人实行反击时，有时会损害第三人利益。例如，同侵害人搏斗时，误将前来看热闹的第三人打伤，或因防卫偏差，而给第三人造成损害。在此情况下，防卫人应对第三人负责。对于来自动物的侵害加以反击，是否构成正当防卫，应依具体情况而定。若某人故意纵使牲畜进行侵害，对之可以实行正当防卫，因为"在这种情况下，与其把侵害视为动物之所为，不如把它视为主人之所为，动物不过是其主人用来进行不法侵害的工具而已"。反之，若动物出于本性对人加以伤害，因动物的行为无所谓"合法"或"非法"，故只能适用紧急避险措施，而不能适用正当防卫。❶

第四，正当防卫具有保护合法权益的目的性，即防卫意识。这就意味着防卫人不仅应意识到不法侵害的现实存在，而且意识到其防卫行为是为了保护本人或他人的合法权益以及社会利益。防卫的目的性是正当防卫作为民法上的免责事由的根据，也是正当防卫权利存在的基础。防卫人若不具有保护合法权益

---

❶ 陈兴良.正当防卫论[M].中国人民大学出版社,2006:7.

的目的性而是报复侵害、对不法行为人实行不正当的惩罚，以及为保护非法利益实行防卫，均不构成正当防卫。

第五，正当防卫不得超过必要限度。必要限度也就是指必需限度，是指为了制止不法侵害正当防卫必须具有足以有效制止侵害行为的应有强度。只要是为了制止侵害所必需的就不能认为是超过了正当防卫的必要限度。

各国法律大多将正当防卫作为一种免责事由。这就是说，在正当防卫的情况下，行为人可以主张该免责事由，不承担责任。《侵权责任法》第 30 条前句规定："因正当防卫造成损害的，不承担责任。"这就确立了正当防卫免责的规则。第 30 条后句规定："正当防卫超过必要的限度，造成不应有的损害的，正当防卫人应当承担适当的责任。"在实践中，判断正当防卫是否超过必要限度要考虑如下几点：一是考虑不法侵害的强度和手段。若不法侵害强度不大，只需用较缓和的手段就可以制止或排除的，而防卫人采用较激烈的手段予以制止或排除，使防卫的强度明显超过不法侵害的强度，则此种防卫超过了必要限度。二是考虑正当防卫所保护的权益。如果为了防卫一个很小的合法权益而给对方造成很重的损害，则此种防卫就超过了必要限度。三是防卫的时间。如果侵权人已经停止了侵害，此时，属于防卫不适时。因为既然侵权人已经停止了侵害，就没有再进行防卫以制止侵权行为的必要。根据《侵权责任法》第 30 条的规定，正当防卫超过必要的限度，造成不应有的损害的，正当防卫人应当承担适当的民事责任。由此可见，防卫过当本身已构成侵权行为，因此，防卫人不得以正当防卫为理由而要求免除责任。如何理解行为人应负"适当的"民事责任，适当的民事责任意味着损害赔偿既要与过当的损害后果相一致，同时也要根据案件的具体情况，如防卫人当时所处的境遇、意志状态、行为的合理性、保护的利益和侵害的利益之间的比例性、损害的严重程度等来决定适当的赔偿范围，而不能要求防卫人负全部赔偿责任。在确定适当的责任时，法律赋予法官一定的自由裁量权，允许法官根据各种因素综合考量，以确定合理的责任。

（五）紧急避险

紧急避险，是指为了使公共利益、本人或他人的合法权益免受正在发生的危险，不得已而采取的致公共利益、他人或本人损害的行为。《侵权责任法》第31条规定："因紧急避险造成损害的，由引起险情发生的人承担责任。如果危险是由自然原因引起的，紧急避险人不承担责任或者给予适当补偿。紧急避险采取措施不当或者超过必要的限度，造成不应有的损害的，紧急避险人应当承担适当的责任。"紧急避险人是为了使公共利益、本人或他人的人身或其他合法权利免受正在发生的危险，不得已而采取的一种损害行为。例如，为避免失控汽车撞到路边行人，某司机将车急拐向左边的停车道，撞毁了他人停放在停车道内的汽车。

紧急避险的构成必须符合一定的条件，这些条件主要包括：

第一，必须是合法权益面临紧急的危险。采取紧急避险，必须是危险正在发生并威胁着公共利益、本人或他人的利益。若危险已经消除或尚未发生，或者已经发生但并不会造成对合法利益的侵害，则不得采取紧急避险。如果基于对危险状况的误解、臆想或错误判断而采取避险措施并致他人损害，应向他人负赔偿责任。

第二，必须是在不得已的情况下采取避险措施。所谓不得已的情况，是指不采取避险措施，就不能保全更大的法益。不得已是指必须采取避险措施，而不是说避险人只能采取某一种而不能采取另一种避险措施。避险人选择的手段不是唯一的，而有可能是多样的。但只要避险人的避险行为所造成的损害小于可能发生的损害，避险措施就是适当的。如果紧急避险人能够立即得到公权力提供的救济，从而消除危险，也不能采取紧急避险。

第三，避险行为不得超过必要的限度。所谓不超过必要的限度，是指在面临紧急危险时，避险人应采取适当的措施，以尽可能小的损害，保全较大的法益，若避险行为不仅没有减少损害，反而使造成的损害大于或等于可能发生的损害，那么，避险行为就超过了必要的限度。

根据我国《侵权责任法》第31条的规定，紧急避险是一种免责事由，但是应当区分不同情况而分别对待，具体来说，紧急避险具有如下法律效果：

第一，引起险情的人承担责任。这就是说，首先要确定险情发生的原因，险情由谁引起，就应当由谁负责。引起险情发生的人可以是避险人、受益人、受害人，也可以是其他人，他们在主观上既可能出于过失，也可能是故意的。至于某个所有人或管理人因故意或过失致使其所有的或管理的动物、物件构成危险，亦应视为所有人或管理人引起险情的发生。由于引起险情发生的人具有过错，故应承担责任。引起险情的人承担的具体责任，要依据侵权责任法来确定。例如，王某在路上遛狗，狼狗突然挣脱绳子，要攻击受害人杨某，杨某为了躲避狼狗的袭击，跳上陈某的货摊，导致货摊坍塌，货摊上的物品损坏。在该案件中，险情是由狼狗的主人王某引起的，他要承担严格责任。

第二，自然原因引起的危险，紧急避险人可以被免除责任或给予适当补偿。一是免责。因为在某些情况下，如果危险的发生非常紧急，给行为人带来极大的危险，而行为人选择了以给他人造成较小损失的方式来避险。此时，行为人就不承担责任。二是适当补偿。避险人为了自己的利益而避险，给他人造成了损害，可以进行适当补偿。如果要求避险人完全不赔偿，并不合理。因为，紧急避险人若完全免责，将由受害人自己承担全部损失，但若由避险人完全负责，则将给无过错的避险人强加了责任。因此，根据《侵权责任法》的规定，在此情况下，应根据公平考虑而决定是否免除避险人的责任或使其承担适当的责任。法院公平考虑的因素主要包括：避险人和受害人的经济状况、受害人所蒙受的损失等。在某些情况下，紧急避险人实施避险行为，可能会使受害人受益，如果受害人从中有所获益，则其应当承担相应的损失，从而符合损益相抵的公平原则。

需要指出的是，这里所说的适当补偿责任，性质上是一种公平责任。在比较法上考虑到完全免责和完全负责都不尽妥当，因而，许多大陆法系国家的法律采取了公平责任，即认为在紧急避险的情况下，受害人有权获得补偿，但补偿数额由法官根据公平考虑而决定。法官基于公平考虑的各种因素包括：所保全的财产和所造成的损害在价值上的比较、受害人出于本身的过错而加重紧急状况的事实等。我国侵权责任法并没有完全将紧急避险人的责任作为公平责任加以规定，但是，从兼顾各方利益考虑，也规定了公平责任。

第三，采取紧急避险措施不当或超过必要限度的责任。《侵权责任法》第31条规定："紧急避险采取措施不当或者超过必要的限度，造成不应有的损害的，紧急避险人应当承担适当的责任。"因紧急避险是在迫不得已的情况下采取的行为，旨在以损害较小的利益保全较大的利益。因此，只要避险行为没有超过必要的限度，则避险行为本身是正当的，故避险人不应承担责任。然而，从无辜的受害人的角度来看，他没有任何过错，在因为他人的行为而使其财产和人身蒙受损害时，却要由自己承担损害，显然有失公平。因为紧急避险的合法性而使任何人都不负责任，或者避险人在任何情况下都不负责任，也是不适当的。所以，如果紧急避险采取措施不当或超过必要的限度而造成不应有的损害，则避险人应承担适当的民事责任。具体来说，紧急避险人的责任包括：一是措施采取不当。所谓措施采取不当，主要是指在当时的情况下能够采取其他可能减少或避免损害的措施而未采取，或所采取的措施并非为排除险情所必需。二是超过必要限度。所谓"超过必要限度"，是指因紧急避险所造成的损害大于被保全的利益。未采取适当的措施避险，表明避险人没有像一个合理的、谨慎的人那样行为，因而是有过错的。一般来说，避险人未采取适当的措施必然导致"超过必要限度"的结果，并应根据避险过当的结果而承担民事责任。

四、结语

减免事由作为责任规制的制度设计，对于保证责任的适度性，调节当事人之间的法律关系，合理分配利益和风险的有效方法，维护双方当事人的利益平衡，实现公平、正义具有重要作用。在厘清减免事由的类型及法律适用基础上，必须重视和加强侵权责任减免事由的研究和立法完善，这也是本书对免责事由进行探讨的主要目的之一。

第八章　监护人责任

关于监护人责任的规定，远在罗马法时期就已有之。该时期的家长权及因此导致的损害赔偿责任，实为如今监护人责任的雏形。监护人，是对无民事行为能力和限制民事行为能力的人（如被监护人或精神病人）的人身、财产和其他合法权益负有监督和保护责任的人。监护人必须具有完全行为能力，并依法律规定产生。监护人承担民事责任的根据在于对自己的民事义务的违反。监护人责任是一种典型的不作为责任，是对自己疏于监督行为承担的责任。

一、案例举隅及问题的提出

（一）朱某某诉邬某等监护人责任纠纷案

原告朱某诉称，2011 年 5 月 26 日 10 时 45 分许，原告在坐诊时，其同事邬某走进诊室，突然持刀连捅原告左肩部和背部数刀，伤口深及肌层，造成原告左肺挫裂伤、左侧多发性肋骨骨折、第四胸椎棘突和第五胸椎横突骨折，经事后鉴定构成重伤。被告邬某的行为使原告及其家庭在精神和肉体上受到了严重伤害。事后经上海市公安局徐汇分局委托上海市精神卫生中心对邬某进行了鉴定，其属于无行为能力人。由于邬某未婚，故本案被告邬某父、忻某作为邬某父母属其监护人，应就原告的人身伤害承担侵权责任。现诉至法院要求三被告连带赔偿原告医药费 47 493 元、误工费 56 370 元、交通费 1 329 元、护理费 3 400 元、营养费 4 922 元、伤残赔偿金 72 460 元、精神赔偿金 20 000 元、鉴定费 1 800 元及律师费 20 000 元，其中邬某在其个人财产范围内承担赔偿责任，本案诉讼费由三被告负担。

被告邬某父、忻某辩称，被告邬某有其个人财产。涉案事件发生前，没有任何证据证明邬某精神失常，故邬某父、忻某并无监护的义务，不应该承担本案赔偿责任。2011年7月6日，上海市精神卫生中心对邬某的精神状态进行了司法精神医学鉴定及刑事责任能力、受审能力的评定，结论为邬某存在明显的被害妄想，妄想对象泛化为原告及其"同伙"（包括病人及单位同事），情绪激动，意志要求病理性增强，无自知力，其病症符合精神分裂症的诊断，作案时及目前为患病期，无刑事责任能力，亦无受审能力。

上述事实，有原、被告陈述、上海市徐汇区大华医院出院记录、住院医疗费清单、沪枫林［2011］伤鉴字第 1155 号、沪精卫中心司鉴所［2011］精鉴字第112 号、司鉴中心［2011］临鉴字第3437 号鉴定意见书，原告医疗费用、救护车费、住院陪护费、住院营养伙食费、鉴定费、律师费单据、付款证明等证据材料为证，本院予以确认。

本院认为，公民的生命健康权受法律保护。无民事行为能力人或限制民事行为能力人造成他人人身损害的，由其监护人承担侵权责任，无民事行为能力人或限制民事行为能力人有财产的，从其本人财产中支付赔偿费用，不足部分，由监护人赔偿。本案被告邬某因精神分裂症病发行为而刀刺原告，造成原告严重人身伤害，为此被告邬某父、忻某作为法律规定的邬某第一顺位监护资格人，应就原告的人身伤害损失依法承担赔偿责任。虽然在没有证据证明涉案伤害事件发生前，邬某曾被确认属无民事行为或限制民事行为能力人，但由于监护人责任属无过错责任，即无论监护人主、客观上有无过错，法律规定其均需承担责任，其目的是保护受害人的合法权益，故邬某父、忻某作为父母即使不知道其对邬某负有监护义务，仍应在本案中承担侵权赔偿责任。另被告方主张原告对涉案事件的发生亦有过错，该主张缺乏相应的事实及法律依据，本院不予采纳。

据此，依照《中华人民共和国侵权责任法》第7条、第16条、第22条、第32条、《中华人民共和国民法通则》第17条第（1）款的规定，判决如下：

被告邬某父、忻某、邬某应于本判决生效之日起 5 日内赔偿原告朱某医药费 47 493 元、误工费 34 815 元、交通费 1 000 元、护理费 3 400 元、营养费 3 100 元、伤残赔偿金 72 460 元、精神赔偿金 8 000 元、鉴定费 1 800 元、律师费 5 000 元，合计 177 068 元（赔偿款项从邬某财产中支付，不足部分由邬某父、忻某连带赔偿）。❶

（二）问题的提出

无民事行为能力人或限制民事行为能力人的侵权行为较为常见，对于其监护人而言，基于侵权行为人主体特性及是否拥有自我财产支付赔偿的前提下，在法律层面，应承担对受害人的相应损害赔偿。但是，为了理清监护人责任，我们有必要探讨何为监护人责任、特征及监护人责任的由来。

二、法理分析

（一）监护人责任的定义

考察监护人责任，准确界定概念实属必要。因"概念乃是解决问题所必需和必不可少的工具。没有限定严格的专门概念，我们便不能清楚地和理性地思考法律问题"❷。所谓监护人责任，是指监护人就无民事行为能力人或限制民事行为能力人造成他人人身损害或财产损害，依法所应承担的损害赔偿责任。需指出的是，此处所说的监护人责任是一种侵权法上的责任，而并非指监护人所应负有的对被监护人的日常监护职责，亦即监护义务。我国《侵权责任法》第 32 条第（1）款规定："无民事行为能力人、限制民事行为能力人造成他人损害的，由监护人承担侵权责任。监护人尽到监护责任的，可以减轻其侵权责任。"这就在法律上确立了监护人责任制度。所谓监护，是指对于无民事行为能力人和限制民事行为能力人的人身、财产及其他合法权益进行监督、保护的制度。履行监督、保护义务的人，称为监护人，而被监督、保护的人，称为被监护人。我国《侵权责任法》确立监护人责任制度，对于督促监护人履行其监护责任、避免被监护人侵害他人权益、救济受害人的损害，都具有重要意义。

---

❶ 朱某某诉邬某等监护人责任纠纷案，上海市徐汇区人民法院民事判决书，〔2012〕徐民一（民）初字第1430号。

❷ [美]E.博登海默.法理学：法律哲学与法律方法[M].邓正来，译.中国政法大学出版社,1999:486.

（二）监护人责任的特点

监护人责任是因被监护人的侵权行为引起的，监护人不能转移此种责任，监护人责任以监护责任为前提。多数实例表明，监护人责任是因监护人未能积极有效地履行监护职责而引发，导致被监护人造成了他人的损害，因而监护人应对被监护人所致的损害负责。依据我国《侵权责任法》第32条第（1）款的规定，监护人责任的特点主要在于：

第一，特定监护关系是监护人责任存在的前提。我国监护制度明确规定了两类对象：一是有关未成年人的监护制度；二是对成年精神病人的监护制度。监护人责任建立在监护关系存在的基础上。基于血缘或亲属关系，监护人应当对被监护人进行一定的人身或财产的照管，在被监护人造成他人损害的情况下，监护人承担责任具有法律上的适格性。

第二，监护人责任实质是一种替代责任。笔者认为，替代责任是指责任人对与之有某种特殊关系的人实施的侵权行为所承担的责任。监护人本身不是造成实际损害的行为人，承担损害责任源于其所监护对象的侵权行为。如若监护人自身产生的损害，则不属于监护人责任的适用范围。在被监护人致人损害的情况下，法律考虑到其承担责任的能力，同时为更好地救济受害人，明确责令监护人为被监护人的行为承担责任。

第三，监护人的严格责任与被监护人的公平责任。法律要求监护人承担责任的原因在于前述的血缘和亲属关系，不论监护人的行为是否有过错。即使监护人尽心竭力地照管了被监护人，由于被监护人年龄尚小或智力不健全等原因，仍然可能造成他人的损害。为了保护受害人利益，维护社会安全，法律责令监护人必须为被监护人的行为承担责任。于此，即便监护人尽职尽心，而被监护人造成了损害，也应承担责任。这体现了监护人责任的严格性。当然，如果监护人尽到了监护责任的，可以适当减轻其责任。需要进一步指出的是，《侵权责任法》在将监护人责任定义为严格责任的同时，考虑到了平衡监护人利益，先从被监护人本人财产中支付赔偿费用，不足部分由监护人赔偿。法律从公平责任出发，强化了有财产的被监护人的责任，适当减轻了监护人的责任，体现了当事人之间利益的平衡。就监护人的严格责任与被监护人的公平责任而言，法律的本意也凸显了财产支付的序位，一言以蔽之，只有在被监护人没有财产，或者其财产不足以赔偿全部损害的情况，监护人才承担责任，因此，监护人的责任处于第二顺位。第一顺位是拥有财产的被监护人自己的责任。

（三）监护人责任的性质

被监护人侵权造成他人损害，法律规定由监护人对损害的后果负赔偿责任。关于监护人责任的性质，存在极大的争议。主要存在自己责任说和替代责任说两种观点。

自己责任说认为，监护人对被监护人具有法定的监护义务。这种监护义务，既包括实施某种维护被监护人合法权益的行为，也当然地包括了制止被监护人实施可能致人损害的不当行为的要求。如监护人未能履行监护义务以至于被监护人造成他人损害，那么其承担损害赔偿责任就是理所当然的事情。换言之，监护人承担侵权责任的根据，在于其未能履行法定的监护义务，因此导致他人权益受到损害，当然属于他自己应负责任的范畴。此种情形，系因监护人的不作为而产生损害赔偿责任。依自己责任说，监护人责任的归责原则应当属于过错推定责任。《民法通则》第 18 条通过设定监护人职责的范围，明确义务，为自己责任说提供了法律上的支撑。该条规定："监护人应当履行监护职责，保护被监护人的人身、财产及其他合法权益，除为被监护人的利益外，不得处理被监护人的财产。""监护人不履行监护职责或者侵害被监护人的合法权益的，应当承担责任。"

替代责任说则认为，被监护人的不当行为给他人造成损害，其监护人之所以承担赔偿责任，属于代人受过，是为他人的侵权行为承担责任，而不是对自己行为的后果承担责任，是自己责任的例外。监护人承担该责任的理由，在于其与被监护人之间存在着最密切的联系，最有可能通过日常的教育和管束，来减少或避免此种损害的发生。❶这是"一个无法解释的问题，也是一个不需要解

---

❶ 张新宝.侵权责任法原理[M].中国人民大学出版社,2005:309.

释的问题，就是因为他们是你的子女，所以你应当承担如此责任"❶。

笔者赞同第二种观点，即监护人承担的是替代责任。因监护人与被监护人之间存在的一定控制关系，也可理解为控制义务，那么，监护人应当采取合理的措施防止被监护人对他人实施侵权行为。当然，谨慎遵循了控制义务，仍不能避免侵权损害的发生，那么监护人需以代替者的身份承担替代责任。

三、监护人的范围

因监护关系成立基础和监护对象差异，监护人的范围可以分为狭义的监护和广义的监护。狭义的监护是指父母对子女的监护，此种监护属法定监护的范畴；广义的监护是指所有对无民事行为能力人或者限制民事行为能力人所进行的监护。《侵权责任法》的监护人责任制度通常调整广义上的监护关系，无论是父母，还是依法定、指定或者约定承担监护责任的个人和组织，在符合侵权责任构成要件时，都应当承担监护人的责任。

对比西方国家，监护人的范围并不完全一致。在德国法中，监护人根据法律规定或者合同约定而承担了监护职责，父母双方都要对他们的婚生子女承担监护义务；对于非婚生子女，仅由母亲承担监护义务。而法国法上的监护人责任，仅由父母承担，而且监护责任的承担基础是父母的权利。因此，即便存在父母子女关系但是没有行使亲权者，不承担监护人责任，而由实际监护人承担责任。承担监护责任的法律依据是《法国民法典》第 1384 条第（4）款。

《侵权责任法》第 32 条所规定的监护人主要是指法定监护人。依据《民法通则》第 16 条，被监护人的父母是被监护人的监护人，但《最高人民法院关于贯彻执行〈中华人民共和国民法通则〉若干问题的意见》（简称《民法通则意见》）第 22 条规定："监护人可以将监护职责部分或者全部委托给他人。因被监护人的侵权行为需要承担民事责任的，应当由监护人承担，但是另有约定除外；被委托人确有过错的，负连带责任。"这一规定实际上确立了委托监护人的责任，因而出现两法规定不一致的情形。我们以为，尽管两法规定不甚明

---

❶ 曹诗权.被监护人监护制度研究[M].中国政法大学出版社,2003:335.

确，但是，在承担责任时，首先应由法定监护人承担。父母对未成年子女的监护因子女出生的法律事实而发生，除因死亡或按法定程序予以剥夺外，任何人不得加以剥夺或限制。但如果父母无力承担责任，在此情况下，应该允许受害人对委托监护人请求赔偿。例如，父母因事外出，委托邻居看管其子女，在此期间，其子女造成他人损害。若父母无力对受害人赔偿，其邻居应当负有赔偿的义务。既然《侵权责任法》对此没有规定，那么，《民法通则意见》第 22 条仍然可以适用。

《民法通则意见》第 158 条规定："夫妻离婚后，未成年子女侵害他人权益的，同该子女共同生活的一方应当承担民事责任；如果独立承担民事责任确有困难的，可以责令未与该子女共同生活一方共同承担民事责任。"据此，父母离婚后，双方仍然是子女的监护人。该规定并没否定不与子女共同生活的一方是监护人。只是因为与被监护人共同生活的监护人的监护职责与他方相比，更为直接具体，其管教被监护人的义务更重。在被监护人致人损害的情况下，在与被监护人共同生活的配偶一方承担责任不足时，他方承担补充性连带责任。

对子女被他人收养后，子女的亲生父母是否需要继续承担监护人责任的问题，按照《婚姻法》的规定，养父母和养子女间的权利和义务，适用对父母子女关系的有关规定。养子女和生父母间的权利和义务，因收养关系的成立而解除。因此，被监护人被他人收养后，收养人即应为其法定监护人，生父母不应当再承担监护责任。

四、监护人责任的法律适用

（一）我国关于监护人责任的具体法律规定

我国现行法律中关于被监护人侵权的监护人责任的规定，主要体现在《民法通则》和《侵权责任法》当中，即《民法通则》第 133 条和《侵权责任法》第 32 条。此外，《民法通则意见》第 161 条第（1）款规定："侵权行为发生时行为人不满十八周岁，在诉讼时已满十八周岁，并有经济能力的，应当承担民事责任；行为人没有经济能力的，应当由原监护人承担民事责任。"另外，还应注意到的是，《侵权责任法》第 9 条第（2）款规定："教唆、帮助无民事行为能力人、限制民事行为能力人实施侵权行为的，应当承担侵权责任；该无民事行为能力人、限制民事行为能力人的监护人未尽到监护责任的，应当承担相应的责任。"实际上，《侵权责任法》施行后，在未成年人致人损害导致的民事责任领域，《民法通则》第 133 条已经基本上退出了历史的舞台。

（二）监护关系存否的厘定

监护人责任的存在必须以监护关系的存在为前提。只要监护关系存在，那么监护人就应担承担责任。在监护人是父母的情况下，监护人容易确定，而不存在争议。但某些特殊情况下，监护人如何确定，则存在争议。比如，法定监护人死亡、新的监护人尚未产生，导致监护关系不明时，被监护人实施了加害行为，则由监护顺序在先且具有监护能力的人承担监护责任。

（三）监护人责任的适用范围

《侵权责任法》第32条第（2）款规定："有财产的无民事行为能力人、限制民事行为能力人造成他人损害的，从本人财产中支付赔偿费用。不足部分，由监护人赔偿。"据此，监护人责任的范围以被监护人能否承担责任、承担多大责任为前提，即如果被监护人具有充足的财产来承担全部责任，则监护人的责任事实上已不存在；如果被监护人的财产有限或无财产，则监护人需要承担大部分甚至全部的责任。如前述案例中责任的承担，就是所谓"不足部分，由监护人赔偿"的含义。

（四）被监护人造成他人损害的赔偿责任承担

在被监护人致人损害的情况下，必须造成了损害，才能请求赔偿。因此，监护人责任以无行为能力人或限制行为能力人造成受害人的实际损失为前提。具体来说，一方面，必须是被监护人的行为致人损害。如果是监护人的行为致人损害，则属于一般侵权问题。例如，父子二人开车出门，如果是由未成年的儿子开车发生的事故，则产生监护人责任；但如果是由于父亲开车发生事故，产生交通事故责任，则构成一般侵权责任。另一方面，被监护人的行为必须构成侵权。在上述例子中，即便是因未成年人开车造成交通事故，但损害是由于受害人或第三人原因造成的，机动车一方没有过错，也就不存在其父的监护人责任。在确定监护人责任时，应当以无民事行为能力人、限制民事行为能力人的行为与损害之间具有因果关系为前提。

需要指出的是，《侵权责任法》第 32 条使用"无民事行为能力人"和"限制民事行为能力人"的表述，解释上应当认为，其中包括了未成年人和精神病人。精神病人可以分为两类：一是不能完全辨认自己行为的精神病人，即限制民事行为能力人；二是完全不能辨认自己行为的精神病人，即无民事行为能力人。另外，从司法实践来看，精神病人可能被宣告为欠缺行为能力，也可能没有宣告程序。但笔者认为，应当通过宣告程序来确认精神病人是否为无行为能力人或限制行为能力人，从而成为《侵权责任法》第 32 条中规定的被监护人。

最高人民法院在解释《民法通则》时指出："侵权行为发生时行为人不满十八周岁，在诉讼时已满十八周岁，并有经济能力的应当承担民事责任；行为人没有经济能力的，应当由原监护人承担民事责任。"已满 18 周岁的行为人致他人损害，由原监护人负责，这并非因为行为人没有过错，而是因为其没有经济能力赔偿，故从公平考虑由原监护人负责。笔者认为，上述解释有一定的道理。在确定责任归属时，考虑到行为时未满 18 周岁，在诉讼时已满 18 周岁，但其缺少独立承担责任的经济能力，从救济受害人考虑，还是应由其监护人承担相应的责任。当然，如果在实际追究责任时，被监护人已经年满 18 周岁，且具有一定的经济能力，从兼顾监护人利益，维护社会公平角度讲，由被监护人独立承担责任，也是有一定合理性的。

（五）监护人责任的减轻

纵观中西法律，需考虑各种因素来确定监护人的责任。如果被监护人为无行为能力人，则由于被监护人心智不健全和不具有责任能力，对监护人免责的可能性相对来说是很小的。如果被监护人已够责任年龄，则因为被监护人具有一定的心智和责任能力，对监护人的责任推定要相对宽松一些，监护人通过反证证明其没有过错而免责的机会也相应大一些。

《侵权责任法》第 32 条规定："监护人尽到监护责任时，可以减轻其侵权责任。"这就意味着，可以考虑各方面情况减轻监护人责任。笔者认为，法律中设置减轻责任的规则，一方面，是鼓励监护人认真履行其监护职责。如果监护人已经尽到了其监护职责，仍承担完全赔偿责任，则不利于监护人无瑕疵地履行其监护职责。另一方面，能适当缓和监护人责任的严格性。在我国，监护人责任是严格责任，监护人几乎没有免责事由。法律上设置的减轻责任规则，则限制了无过错责任的扩大。当然，在减轻监护人责任时，需考虑各种具体的因素。

第一，监护人必须证明已尽到了监护职责。根据我国《侵权责任法》，监护人如何才能证明自己已经尽到监护责任之责，应依具体情况认定。在判断时，应当按照以一个合理的第三人标准为参照。例如，被监护人甲用玩具枪致乙损害，若其监护人在此之前也曾经发现其有类似危险行为，但仅限于口头教育、告诫，尚不足以表明其已尽到监护之责，还必须采取合理措施，如收玩具枪等，以防止甲用玩具枪伤人事件的发生。一般来说，认定监护人是否已尽到监护之责，应采取合理的标准来衡量，即要求监护人像一个合理的、谨慎的人那样，积极履行其监护义务，尽可能有效防止损害发生。

第二，监护人尽到了监护职责的效果是减轻而不是免除责任。依据《侵权责任法》第 32 条之规定，即使监护人尽到了监护职责，也不能免除而只能减轻其责任。因为一方面，在因被监护人造成他人损害的情况下，从救济受害人角度考虑，若免除监护人责任，则受害人遭受的损失得不到任何救济。另一方面，从监护人和被监护人之间的血缘角度考虑，法律赋予监护人一定的责任，而不能随意地免除监护人的责任。但从公平角度出发，如果监护人已经尽到了教育、监管等职责，为了平衡监护人利益，可以适当地减轻监护人的责任。也就是说，减轻责任的依据是监护人已经尽到了监护责任，才可以有限度地减轻其责任。

第三，减轻责任应当由法官考虑案件具体情况进行酌情裁量。也就是说，要给予法官一定的自由裁量权，允许法官根据案件来判断监护人是否尽到了监护职责。从审判实践看，法院考虑减轻监护人的责任，主要是考虑被监护人的年龄大小。如果被监护人的年龄低于 10 周岁，对监护人责任减轻要比较谨慎。因为年龄较小的被监护人需要更重的监护责任。这似乎表明，减轻监护人的侵权责任的标准仍然是责任能力。笔者认为，尽管我国《侵权责任法》并非完全基于责任能力而确定被监护人的责任，但被监护人的责任能力对责任范围仍然有一定的影响。因为减轻监护人的责任，其依据是监护人是否尽到监护职责，被监护人年龄越小，其监护职责越重。需要指出的是，责任能力问题主要适用于损害赔偿，至于其他的责任形式，并不考虑责任能力。在返还原物、停止侵害、消除危险等责任形态中，无论侵权行为人是否具有责任能力，其都应当承担责任，其主要原因在于，行为人并不会因为承担这些责任而遭受利益的减损，因而无论其是否有责任能力，都应承担责任。

需要讨论的是，在确定监护人是否尽到监护职责存有疑问时，还应当考虑被监护人自身的识别能力。如前所述，我国《侵权责任法》未将无行为能力人或限制行为能力人有无责任能力，作为免除其自身承担责任的依据。但是，考虑到无行为能力人或限制行为能力人由于年龄、智力等方面的差异，其对于自身行为的识别能力和控制能力，还是存在相当差异的，因此，在确定监护人是否尽到监护职责，并据此减轻其责任时，也应当考虑各被监护人由于年龄、智力的不同而造成的自身识别能力的差异。

监护人是否有追偿权，在学界一直存在争议。我国现行法律没有对此作出规定，司法实践中也并没有允许监护人行使追偿权。笔者认为监护人不应当享有对被监护人的追偿权，理由主要在于：第一，如果被监护人有财产，要从其财产中支付。如果被监护人没有财产，若允许监护人追偿，则其追偿权往往不能实现。第二，在被监护人没有财产时，监护人享有追偿权，这不利于被监护人的健康成长。就被监护人来说，其成年以后，因为追偿权的设计导致其负担较重的债务，这与保护被监护人的精神是相违背的。第三，就监护而言，其主要基于血缘亲属关系而产生，如果监护人享有向被监护人的追偿权，也不符合我国的家庭伦理理念。法律上赋予监护人追偿权，可能会对和睦的家庭关系产生消极影响，且监护人责任的承担往往是因为其没有尽到监护职责，属于对自己行为负责。如果允许监护人追偿，可能会违背对自己行为负责的原则。因此，一般认为，自然人中父母与子女类型的替代责任一般不存在追偿权，但如果是单位做监护人，则理论上是存在追偿权的。

五、结语

需要明晰的是，我国《侵权责任法》确定监护人责任时，并没有考虑行为人的责任能力。被监护人致人损害，无论有无识别能力，只要造成了损害，监护人都要承担责任。从监护人责任来说，在确定其责任时，是不考虑被监护人的责任能力的。不过，虽然在监护人的责任承担方面没有考虑被监护人的责任能力，但在减轻监护人责任方面，实际上是考虑被监护人的责任能力的。换言之，在确定监护人所应当承担的责任范围上，责任能力的区分仍然具有重要意义，《侵权责任法》在行为人责任能力方面的完善，显得十分必要。

第九章　用工者替代责任

随着劳动力市场日趋完善，用工关系中出现的侵权现象也呈现上升和复杂的趋势，其牵涉的法律相当多。侵权责任的分配直接关系到劳动者的权益和社会的稳定。用工关系中侵权案件的双方当事人在经济、文化、举证能力等方面力量相差悬殊，因此，解决此类纠纷的难度较大。本章，我们仅就用工单位责任来分析用工关系中的侵权，检视法律之规定，提出相应的解决对策，促进法律的有效实施，以期保障劳动者和用工方合法权益、建立和谐稳定的用工关系。

一、案例举隅及问题的提出

（一）案例简介

某日，杨某乘坐某公交公司职工周某某驾驶的公交车过程中，因周某某采取制动措施不当，致使杨某因左肩部与车辆扶手相撞而受伤。事故发生后，杨某被送往医院，经诊断为"左肱骨大结节骨折""左肱骨外科颈骨折"，并多次到该院接受门诊治疗。同年8月，市公安局交通警察支队委托某司法鉴定中心对杨某的伤残等级和休息、营养、护理期限进行鉴定，司法鉴定结论为杨某因交通事故致左肱骨头（大结节、外科颈）多发性骨折伴肱骨头锁骨下脱位，目前遗留有左肩关节活动障碍，评定九级伤残，酌情给予伤后休息5个月、营养2个月、护理2个月。杨某与某公交公司就赔偿问题未达成一致而诉至人民法院。

受理法院认为，用人单位的工作人员因执行工作任务造成他人损害的，由用人单位承担侵权责任。本案中，某公交公司职工周某某驾驶某路公交车系执行工作任务，由于其在驾驶过程中采取制动措施不当，致使作为乘客的杨某因左肩部与车辆扶手相撞而受伤，已构成对原告身体健康权的侵害，故某公交公司作为用人单位，应当对杨某由此导致的合理损失承担全部赔偿责任。根据相关法律规定，侵害他人造成人身损害的，应当赔偿医疗费、护理费、交通费等为治疗和康复支出的合理费用，以及因误工减少的收入；造成残疾的，还应当赔偿残疾生活辅助具费和残疾赔偿金；侵害他人人身权益，造成他人严重精神损害的，被侵权人可以请求精神损害赔偿。据此，依照《侵权责任法》第 16 条、第 22 条、第 34 条第（1）款以及《最高人民法院关于审理人身损害赔偿案件适用法律若干问题的解释》第 24 条、第 25 条第（1）款、第 35 条第（2）款、《最高人民法院关于确定民事侵权精神损害赔偿责任若干问题的解释》第 10 条第（1）款之规定，判决某公交公司赔偿杨某医疗费等共计人民币 17 万余元。❶

（二）问题的提出

从前述案例来看，有两个法律关系，其一，用人单位某公交公司与受害人杨某的民事侵权纠纷；其二，劳动者周某某与用人单位某公交公司的劳动纠纷。

劳动者周某某的职务行为造成第三人杨某的损害，构成了民事侵权，用人单位某公交公司承担杨某的民事侵权损害赔偿责任，周某某不承担赔偿责任。我国《民法通则》第 43 条规定："企业法人对它的法定代表人和其他工作人员的经营活动，承担民事责任。"《最高人民法院关于贯彻执行〈中华人民共和国民法通则〉若干问题的意见》第 58 条规定："企业法人的法定代表人和其他工作人员，以法人名义从事的经营活动，给他人造成经济损失的，企业法人应当承担民事责任。"《最高人民法院关于审理人身损害赔偿案件适用法律若干问题的解释》第 8 条规定："法人或者其他组织的法定代表人、负责人以及工作人员，在执行职务中致人损害的，依照《民法通则》第 121 条的规定，由该法人或者其他组织承担民事责任。上述人员实施与职务无关的行为致人损害的，应当由行为人承担赔偿责任。"《侵权责任法》第 34 条第（1）款规定："用

---

❶ 杨某某诉某公司用人单位责任纠纷案，上海市浦东新区人民法院民事判决书，〔2011〕浦民一（民）初字第 44351 号。

人单位的工作人员因执行工作任务造成他人损害的，由用人单位承担侵权责任。"但疑问是，用人单位因职工的职务行为承担责任的归责原则是什么？是否因职工行为侵权了都要承担责任呢？用人单位承担了其职工周某某的职务侵权行为造成第三人杨某损害赔偿责任后，是否有追偿权？

二、用工者替代责任概述

（一）用工者替代责任厘定

关于用工者替代责任，在我国《侵权责任法》上没有明确规定一个统一的概念，因而在学界的称谓是多样的，有的学者称为"用工责任"，指"被用工者因执行工作任务造成他人损害，用工者所应承担的侵权责任"[1]。有的学者称为"雇主"侵权行为替代责任，即指雇主对雇员在从事雇佣活动中致人损害的行为承担责任。[2]有的学者称为"使用人责任"，即因其使用的员工在执行工作任务中实施侵权行为而承担的责任，也就是说，使用人使用的员工即被使用人是直接实施侵权行为的人，也只有被使用人的行为构成相应的侵权行为时，才发生使用人的侵权责任。[3]有的学者称为"用人者替代责任"，认为"在《侵权责任法》第 34 条中，立法者显然采纳了广大学者的观点，顺应了社会发展的需要，不再因所有制的不同将单位责任与雇主责任分别规定，而是将一切企业、事业单位、国家机关、社会团体，以及个体经济组织等，均涵盖在了'用人单位'这一概念之中，将以往的单位责任与雇主责任合并为统一的单位责任。劳动者在职务活动中造成他人损害的，将由用人者——单位承担替代侵权责任。除了单位用工，劳务派遣实践中还存在着大量的个人用工行为，其责任承担方式应与单位用工并无二致"[4]。本文认同"用人者替代责任"，但与之又有微小差别，我们称之为"用工者替代责任"，其理由在于：

1）《侵权责任法》第 34 条的规定，不再因所有制的不同将单位责任、雇

---

[1] 王利明.侵权责任法研究（下）[M].中国人民大学出版社,2011:69.

[2] 杨立新.类型侵权行为法研究[M].人民法院出版社,2006:578-582.

[3] 郭明瑞.关于劳务派遣单位与劳务用工单位的侵权责任——兼论《侵权责任法》第 34 条第（2）款的适用[J].法学论坛,2012(2):6.

[4] 梅夏英,武兴伟.劳务派遣中的用人者替代责任[J].广东社会科学,2011(1):243.

主责任区分开来，而是将市场主体统一称为"用人单位"，即"用人单位的工作人员因执行工作任务造成他人损害的，由用人单位承担侵权责任"。同时，第35条还新增了因提供个人劳务致人损害的侵权责任，即"个人之间形成劳务关系，提供劳务一方因劳务造成他人损害的，由接受劳务一方承担侵权责任"。在第34条、第35条中使用了"用人单位""接受劳务一方"等术语。若用"用人者替代责任"，可以涵盖第34条规定的情形，而第35条则属于一般民事劳务关系，非劳动关系，故不能使用"用人单位"。

2）根据《侵权责任法》的立法目的，加之我国社会主义的劳动者主人地位，用人单位或者个人与劳动者之间建立的劳动关系或者劳务关系，其共同指向的客体对象都是劳动者提供的劳动，而不是劳动者本身，因而适用用工者这一称谓更切合实际。

3）根据《侵权责任法》第34条和第35条之规定，被用工者在执行用工者的工作任务过程中，给第三人造成侵权损害的，由用工者承担侵权损害赔偿责任，因而，用工者承担的是替代责任，替代责任是指"责任人就与自己有某种特殊关系的第三人实施的侵权行为对受害人承担的侵权责任"❶。

综合前面的分析，我们认为，用工者替代责任是指被用工者在执行用工者安排的工作任务过程中不法侵害第三人合法民事权益，用工者就该侵权损害承担赔偿责任的制度。包含了如下含义：

1）用工者是指将自己的工作任务交由被用工者实施完成或者处理，并对被用工者进行指挥或监督的人，既包括单位，也包括个人。

2）被用工者在执行用工者安排的工作任务的过程中不法侵害了第三人的合法民事权益，被用工者实施的侵权行为是职务侵权行为，符合侵权行为的构成要件。

3）用工者对被用工者的职务侵权行为所造成的第三人合法民事权益损失承担侵权赔偿责任。用工者承担责任后，若被用工者有过错应当承担责任的，用工者可予以追偿。

---

❶ 张民安.侵权法上的替代责任[M].北京大学出版社,2010:7.

（二）用工者替代责任的主要特点

根据用工者替代责任的概念和含义，其主要特点表现在：

1）用工者范围的广泛性。根据《侵权责任法》第34条和第35条的规定，用工者包括公有制及私有制的企业、国家机关及事业单位以及个人劳务提供者。责任中的"个人"包括自然人、个体工商户及农村承包经营户等。

2）用工关系的劳动性。用工者与被用工者之间不管建立的是劳动关系还是劳务关系，其共同指向的对象是被用工者提供的劳动行为，即被用工者为完成用工者安排的工作任务而使用自己的劳动力（含劳动知识、劳动技能），从事用工者安排的一定的工作，为用工者创造一定的价值，从而获得相应的报酬。这是用工者和被用工者追求的目的与结果。

3）用工者责任的替代性。用工者并非对自己的侵权行为承担责任，而是对被用工者的侵权行为承担责任，即只要被用工者的侵权行为符合侵权责任的构成要件，用工者就要承担责任。这里用工者承担替代责任的连接因素是用工者与被用工者建立了合法有效的用工关系并由用工者安排了被用工者的工作任务，被用工者实施了用工者安排的工作任务而造成侵权行为，即用工者不是直接行为人，而是基于用工关系的存在替被用工者承担的责任。

4）替代责任的外部性。用工者对被用工者执行其事务而造成第三人损害承担的侵权责任，属于外部责任，即用工者与被用工者之间建立的用工关系属于内部关系，被用工者在执行职务过程中侵害第三人民事权益而建立起了被用工者与第三人之间的侵权损害关系，属于外部关系，被用工者在工作过程中造成第三人损害引发的侵权责任，即是内部关系以外的侵权责任，由用工者对第三人承担侵权责任。

5）替代责任的赔偿性。用工者对被用工者在执行职务过程中造成的侵权责任，是一种赔偿责任，包括物质损害赔偿和精神损害赔偿，但不包括且也不可能承担停止侵害、排除妨碍、消除危险的责任，因为这只能是被用工者对用工者承担的责任形式。

三、用工者替代责任的归责原则

在民法学中，"归责"是指依据某种事实状态确定责任的归属。归责原则是确定责任归属所依据的法律准则。

（一）对现有法律规定之检视

《侵权责任法》第6条规定："行为人因过错侵害他人民事权益，应当承担侵权责任。"这属于过错责任原则。第7条规定："行为人损害他人民事权益，不论行为人有无过错，法律规定应当承担侵权责任的，依照其规定。"此乃无过错责任原则。这两条规定位于《侵权责任法》的总则部分，作为基本归责原则，当然适用于用工者替代责任。至于过错推定责任，《侵权责任法》扩大了其适用范围，包括无民事行为能力人在学校受到损害、医疗机构致患者损害、非法占有高度危险物造成他人损害、饲养的动物造成他人损害、建筑物或者其他设施致人损害、堆放物倒塌造成他人损害、窨井等地下设施造成他人损害。显然，过错推定责任原则不适用于用工者替代责任。

从我国《民法通则》之归责原则体系来看，第六章之民事责任规则中，第106条规定："公民、法人违反合同或者不履行其他义务的，应当承担民事责任。公民、法人由于过错侵害国家的、集体的财产，侵害他人财产、人身的，应当承担民事责任。没有过错，但法律规定应当承担民事责任的，应当承担民事责任。"第132条规定："当事人对造成损害都没有过错的，可以根据实际情况，由当事人分担民事责任。"这就构成了民事法律责任体系的过错责任、无过错责任、过错推定责任和公平责任原则。根据《侵权责任法》，用工者替代责任属于特殊主体承担的责任，就不能适用过错责任和过错推定责任原则。

从我国《劳动法》之归责体系来看，其第89条规定，用人单位"对劳动者造成损害的，应当承担赔偿责任"。第97条规定："由于用人单位的原因订立的无效合同，对劳动者造成损害的，应当承担赔偿责任。"这是用人单位对劳动者承担的过错责任和无过错责任原则，而劳动者对用人单位承担的是过错责任原则。这是符合劳动法之立法宗旨和目的的。但是针对劳动者对第三人的劳动侵权行为，劳动法没有明确的规定。在《劳动合同法》中，第 46 条明确了用人单位应当向劳动者支付经济补偿的七种情形，将解除劳动合同的经济补偿作为用人单位的法律义务来规定。用人单位只要有主动解除劳动合同的行为，不管本身主观上有无过错都应当支付劳动者经济补偿，该条适用的是无过错责任原则。在劳动者主动解除劳动合同的情况下，劳动者只要能证明用人单位存在《劳动合同法》第 38 条规定的过错，就有权要求用人单位承担经济补偿责任。该条适用的是过错责任原则，同样，也没有明确规定用工者的替代责任之归责原则。

（二）无过错责任原则

根据《侵权责任法》第 34 条和第 35 条的规定，无论是第 34 条之用人单位的用工责任还是第 35 条之个人用工责任，都没有提到过错，只要被用工者在执行职务过程中造成第三人损害的，用工者就要承担责任。《侵权责任法》第 7 条规定："行为人损害他人民事权益，不论行为人有无过错，法律规定应当承担侵权责任的，依照其规定。"第 34 条和第 35 条的规定与之形成照应。结合侵权责任法的立法宗旨和目的来看，用工者对被用工者的侵权行为承担替代责任，并不以用工者的过错为要件，只要被用工者的行为符合侵权行为的构成要件，用工者就要承担替代责任。❶因此，我们认为用工者替代责任的归责原则是无过错责任原则。

无过错责任原则，是指侵权责任之成立不以行为人的过错为要件，无论行为人有无过错，只要符合其他侵权责任成立要件，侵权责任即可成立。适用这一原则，主要不是根据行为人的过错而是以法律规定作为标准。当事人无论有无过错，只要法律作了规定，有损害就有赔偿，这是无过错责任原则的本质。因此，无过错责任原则具有如下含义：

1）无过错责任原则上不考虑用工者是否存在过错。因为用工者承担替代责任，并非直接的侵权行为实施者，而是承担的被用工者的侵权行为符合侵权

---

❶ 全国人大常委会法制工作委员会民法室.中华人民共和国侵权责任:法条文说明、立法理由及相关规定[M].北京大学出版社,2010:131.

责任构成要件的损害赔偿责任，是由法律直接规定的。

2）用工者承担无过错责任，并非不考虑被用工者是否存在过错。被用工者在执行职务过程中的行为侵害了第三人的合法民事权益，造成了第三人的损害，且主观上有过错的，则符合侵权责任的构成要件，因而从被用工者角度来看，用工者的替代责任的承担是要有以被用工者的过错为基础的。

3）用工者承担无过错责任，并非不考虑第三人本身是否存在过错。《侵权责任法》第26条规定，"被侵权人对损害的发生也有过错的，可以减轻侵权人的责任"。第27条规定，"损害是因受害人故意造成的，行为人不承担责任"。因而，用人者替代责任的赔偿范围的认定，应考虑第三人是否存在故意或具有过失。若存在，则可以免除或者减轻用人者替代责任。

4）用工者承担无过错责任，有利于对第三人合法民事权益的救济。被用工者的侵权行为所致对第三人损害，第三人依法享有权利救济。但是按照一般民法救济理论和原则，要求第三人举证证明用工者具有过错是非常困难的，也是不符合民法之法治精神的，因为用工者与被用工者之间的内部关系，第三人难以知晓和判断。

5）用工者承担无过错责任，也是现代社会保障制度建设和完善的必然要求。在我国劳动法、社会保险法等法律、法规中均明确规定了用工者必须为被用工者购买社会保险，缴纳社会保险费。一旦被用工者在执行职务过程中造成第三人损害，不管用工者是否有过错，损害赔偿风险就转移到保险公司，保险公司承担赔付。❶

四、用工者替代责任的构成要件

依照前面论述，用工者替代责任的归责原则是无过错责任原则，因而与之相应的构成要件包含如下几个方面，且应同时具备，用工者方可承担替代责任。

（一）用工者与被用工者之间存在有效的用工关系

根据《侵权责任法》第34条和第35条之规定，用工者与被用工者之间因

---

❶ 王泽鉴.民法学说与判例研究[M].中国政法大学出版社,1998:11.

为用工而形成了用工关系，包括两类：一是依据劳动法、劳动合同法等劳动法律法规建立起的劳动关系，具有劳动关系的隶属性、人身性、财产性、监督性、指挥性等特点，被用工者按照用工者的意志和要求，以用工者的名义从事一定的劳动行为，劳动成果归用工者所有，用工者支付被用工者一定的劳动报酬；二是依据合同法等民事法律建立起的劳务关系，双方在平等协商基础上，被用工者以用工者的名义完成用工者交办的工作任务，工作成果归用工者所有，用工者支付被用工者一定的酬金或者物质财产。

（二）被用工者实施的致害行为是在执行职务或提供劳务过程中

被用工者是与用工者建立了有效的劳动关系或者劳务关系的人，在实施用工者安排的工作任务过程中，侵害第三人合法民事权益的行为。即被用工者实施的职务或者劳务行为是在用工者授权和指示的范围内，以用工者的利益为目的，行为成果归用工者享有。

（三）被用工者的职务行为或者劳务行为侵害了第三人合法民事权益

被用工者按照用工者的意图实施的用工行为，侵害了第三人依据《侵权责任法》第2条保护的民事权益，符合侵权行为的构成要件。

（四）被用工者的侵权行为造成了第三人的损害

被用工者在执行用工者安排的工作任务或者依照劳务关系为用工者提供劳务的过程中，对第三人的合法民事权益造成了实际的损害结果。

（五）被用工者的侵权行为与损害事实之间有因果关系

因果关系是行为人对损害事实承担民事责任的必备条件之一。在无过错责任的情形下，因果关系是确定责任范围的直接依据。从时间角度看，因果关系具有严格的时间顺序，作为原因的侵权行为在前，作为后果的损害事实在后。从客观性来看，因果关系不以人的意志为转移，但通过人们的思维可以认知。因而，被用工者的侵权行为的存在是基础和前提，损害事实的出现是侵权行为的结果，二者之间具有内在的、必然的关系。

（六）不考虑被用工者的过错，但应当考虑第三人的过错

无过错责任原则是一种基于法定特殊侵权行为的归责原则，其目的在于保护第三人（受害人）的合法权益，有效弥补第三人因特殊侵权行为所造成的损失，不具有惩罚性。虽然要求不考虑用工者的过错，但应当考虑第三人的过错。因为为了公平起见，当第三人有过错时，第三人过错往往可以成为用工者减轻责任的依据。

五、用工者替代责任的承担与追偿

（一）用工者替代责任的承担

用工者对被用工者在实施职务行为或者提供劳务行为过程中所造成的第三人的损失，承担完全赔偿责任，被用工者即使存在故意或重大过失的情况，也无需对因其侵权行为遭受损失的第三人承担赔偿责任，此乃用工者替代责任。但是，根据《侵权责任法》第 34 条和第 35 条的规定，由于用工者的范围较为广泛，用工方式也是多样的，因而用工者承担替代责任的形式也有差别。

1）用工者和被用工者属于国家机关及其工作人员，因工作人员履行公职的行为侵害了第三人合法权益而导致第三人损害的，依据《侵权责任法》第 5 条之规定，应当按照《国家赔偿法》的规定，由国家机关承担国家赔偿责任；因工作人员因单位安排履行民事行为侵害了第三人合法权益而导致第三人损害的，依据《侵权责任法》之规定，国家机关应当承担民事侵权赔偿责任。

2）用工者和被用工者属于企事业单位和与之建立了劳动关系的劳动者，或与之建立了劳务关系的劳务提供者，因劳动者或劳务提供者实施的职务行为或劳务行为致第三人损害的，由该企事业单位承担赔偿责任。

3）用工者与被用工者之间属于劳务派遣关系，根据《侵权责任法》第 34 条之规定，劳务派遣期间，被派遣的工作人员因执行工作任务造成他人损害的，由接受劳务派遣的用工单位承担侵权责任；劳务派遣单位有过错的，承担相应的补充责任。

4）用工者属于自然人、个体工商户及农村承包经营户等，被用工者在实施的职务行为或劳务行为过程中致第三人损害的，由该自然人、个体工商户及农村承包经营户承担赔偿责任。

在无过错责任原则下，用工者的赔偿范围一般都存在最高赔偿限额。首先，由于用工者没有过错也需要承担赔偿责任，责任容易成立，加之适用无过错责任的侵权行为所造成的损失往往是巨大的，受害人众多，为了避免使用工者承担过重的负担，以致面临经济上的毁灭性打击，法律上一般都要限制无过错责任的最高赔偿限额，以缓解用工者的压力。其次，对最高赔偿限额的规定，也能够使得那些负担危险责任的人，预见并预算其所负担的危险责任，从而依据其经济能力，评估风险与收益，确定是否从事此项危险活动。再次，由于无过错责任需要与责任保险制度相配合，方能合理地分散损失，如果赔偿范围漫无边际，则保险公司因害怕承担过重的责任，无法预见风险而拒绝承保，由此将导致危险事业无法正常开展，这对于国家科技与经济的发展显属不利。

（二）用工者替代责任的追偿

《侵权责任法》第 34 条和第 35 条并没有规定用工者在承担了被用工者侵权责任后，是否享有对被用工者的追偿权。从现有法律法规的规定来看，国务院《工资支付暂行规定》第 16 条规定："因劳动者本人原因给用人单位造成经济损失的，用人单位可按照劳动合同的约定要求其赔偿经济损失。经济损失的赔偿，可从劳动者本人的工资中扣除。但每月扣除的部分不得超过劳动者当月工资的 20%。若扣除后的剩余工资部分低于当地月最低工资标准，则按最低工资标准支付。"可见用人单位是有追偿权的。对于个人用工情形下，用工者是否也同样享有追偿权呢？用工者追偿权又如何实现呢？

《侵权责任法》之所以没有明确规定，按照立法者的立法考量，有利有弊，有利一面在于：可以督促被用工者在执行职务或者提供劳务过程中谨慎行事，尽可能减少侵权行为的发生；可以根据侵权行为造成的损害事实界定追偿的范围，防止用工者滥用追偿权；可以通过追偿权对于那些主观恶意较大的被用工者起到制裁和威慑作用，并弥补其给用工者所造成的损失。但是不利的一面也昭然若揭：如果硬性规定用工者的追偿权，剥夺了用工者与被用工者之间纠纷的其他解决方式与途径，会使得用工者与被用工者之间关系的僵化；如果硬性规定追偿权，整齐划一地规定追偿范围和追偿条件（司法实践中是很难认定和实施的），会使得用工者的利益得不到充分保护或者使用工者谋取超范围的利益，反之，被用工者的利益保护亦然；加之我国各地经济社会发展的不平衡性，使得用工者与被用工者之间的支付与收入水平差距甚大，实施硬性的追偿范围和条件与现实不相吻合。❶

根据前述案例，在司法实践中，根据个案进行认定用工者替代责任的追偿，其考虑的主要因素有：

1）被用工者的过错程度。根据《侵权责任法》第 5 条，可适用其他法律法规的相关规定。《关于审理人身损害赔偿案件适用法律若干问题的解释》第 9 条规定："雇员在从事雇佣活动中致人损害的，雇主应当承担赔偿责任；雇员因故意或者重大过失致人损害的，应当与雇主承担连带赔偿责任。雇主承担连带赔偿责任的，可以向雇员追偿。前款所称'从事雇佣活动'，是指从事雇主授权或者指示范围内的生产经营活动或者其他劳务活动。雇员的行为超出授权范围，但其表现形式是履行职务或者与履行职务有内在联系的，应当认定为'从事雇佣活动'。"但是需要注意的是，如果是被用工者仅有一般过失，用工者不得追偿，否则将危及被用工者必要的生活基础。另外，用工者追偿权的实现程度要根据具体案情来确定，不能强求一律进行全部追偿。

2）第三人的过错程度。《关于确定民事侵权精神损害赔偿责任若干问题的解释》第 11 条规定："受害人对损害事实和损害后果的发生有过错的，可以根据其过错程度减轻或者免除侵权人的精神损害赔偿责任。"被用工者的侵权行为致第三人损害，而第三人对于该损害结果也有过错的，在减轻或者免除用工者替代责任的同时，也应当依此减轻或免除被用工者的赔偿责任。

3）用工者的过错程度。依据前面对于用工者承担的无过错责任原则来看，那只是承担替代责任的归责原则，不能以此否定用工者没有过错。用工者的过错之有无和过错程度之大小是确定追偿权之有无以及追偿权之范围的因事之一。如果用工者的指挥、安排、管理等存在过错，导致被用工者依其指令实施的用工行为致第三人损害，按照过失相抵原则，用工者就丧失了部分或者

---

❶ 梅夏英.中华人民共和国侵权责任法讲座[M].中国法制出版社,2010:124-125.

全部追偿权。

4）用工者与被用工者的经济状况。在我国社会保险制度还有待健全与完善、社会保险责任意识还有待于加强的进程中，被用工者致害损失转嫁给保险机构是非常有限的，因而必然要考虑用工者和被用工者自身的经济状况。为了和谐稳定的用工关系，为了不至于使一方陷入巨大的困境，为了风险的公平分担，用工者对被用工者追偿权的范围与额度均应视被用工者的经济条件和用工者自身的经济状况而定，以达到双方利益的平衡。

六、结语

在用工关系侵权纠纷的规制与处理中，如何维护社会的公平公正，更好地保护第三人的合法民事权益，应当充分考虑用工者与被用工者侵权责任的归责原则及其实施问题，以维护二者之间利益的平衡。至于在用人单位的用工方面，针对劳务派遣中的用工责任、被用工者被临时借用的用工责任、独立承揽人的责任、被用工者委托他人履行其职务造成第三人损害之责任等，以及个人用工中的替代责任与合同责任之竞合问题、义务帮工之责任担当问题等，还有待于读者进行研讨。

第十章　公共安全保障之侵权责任

人们的生存和发展离不开安全的社会环境，如果连安全的社会生存环境都无法保障，那么人们所享有的生命、财产、自由等权利也就无从谈起。因此，随着人类生存环境危险的增多，要求人们在特定的情况下对不特定人的人身、财产安全承担一定的积极作为义务，保护人们的权利，让受害人所遭受的损害得到赔偿，从而体现出侵权责任法填补损害、平衡利益的功能。这是公共安全保障义务规定目的之所在。公共场所发生侵权事件，责任如何认定成了一个很有普遍意义的话题。在侵权责任法制定之前，除有关司法解释外，其他相关部门法律中也有相关公共安全的规定，只是在解决具体案件时难度很大，容易发生法条竞合。《侵权责任法》第 37 条规定："宾馆、商场、银行、车站、娱乐场所等公共场所的管理人或者群众性活动的组织者，未尽到安全保障义务，造成他人损害的，应当承担侵权责任。因第三人的行为造成他人损害的，由第三人承担侵权责任；管理人或者组织者未尽到安全保障义务的，承担相应的补充责任。"对此规定有深入研究的必要，以能更好地适用于司法实践。

一、案例举隅及问题的提出

（一）案情简介

2011 年 7 月 21 日上午，原告李某至某市某商业有限公司购物，途经三楼立丰、老北京专柜后方时，货架上方木板突然倒下，李某被砸倒受伤，即刻被送至医院住院治疗，诊断为多处软组织伤，同年 7 月 28 日出院，后在该院门诊复诊。原告李某的伤情，司法鉴定中心的司法鉴定意见书结论为被鉴定人李某因故受伤，致骨盆多发性骨折等。该损伤致骨盆骨折畸形愈合，相当于道路交通事故十级伤残；伤后护理 120～150 日，营养 60 日。因原告李某与某市某商业有限公司就赔偿事宜未能达成一致意见，故原告李某起诉至法院，请求法院判决被告赔偿原告医疗费、住院伙食补助费、交通费、残疾赔偿金、护理费、营养费、精神损害抚慰金；支付律师代理费、鉴定费等。

法院经审理查明，商场等公共场所的管理人，未尽到安全保障义务，造成他人损害的，应当承担侵权责任。现李某在商业有限公司购物时被倒下的货架背板砸倒受伤的事实，双方均认可，本院予以确认。某商业有限公司作为卖场经营者，应为消费者提供安全的购物环境，保障消费者的人身、财产安全，然商业有限公司未尽安全保障义务，导致李某受伤，应当承担侵权责任。依照《民法通则》第 98 条、第 106 条第（2）款、第 119 条、第 134 条第（1）款第（七）项、《侵权责任法》第 37 条第（1）款之规定，判决某市某商业有限公司赔偿原告李某医疗费等相关费用。[1]

（二）问题的提出

从该案例来看，商场属于公共场所，公共场所的管理人对此负有安全保障义务，若未尽到安全保障义务，造成他人损害的，应当承担侵权责任。那么，商场等公共场违背安全保障义务而承担侵权责任的归责原则是什么？

若在商场等公共场所内，由于第三人的行为造成他人损害的，应该由第三人承担侵权责任，其承担侵权责任又是如何认定的呢？如果作为侵权人的第三人不能赔偿或者不能全部赔偿，或者第三人下落不明的，受害人又如何实现权利救济呢？商场等公共场所的安全保障义务是约定的还是法定的？若为约定，受害人面对责任竞合时是否可以选择侵权之诉或者违约之诉？

二、公共安全保障概述

（一）公共安全保障厘定

针对公共安全概念，不同国家法律有着不同的称谓。法国法上称为保安债

---

[1] 上海市普陀区人民法院民事判决书，李某诉江苏某某商业有限公司上海普陀店等违反安全保障义务责任纠纷案，〔2012〕普民一（民）初字第 2215 号。

务，广义是指不侵害他人财产、人身的关照债务，涉及不法行为和合同。《法国民法典》第 1134 条规定："契约应以善意履行之。"第 1135 条规定："订约人不仅要履行他明确承诺的义务，而且要履行根据契约的性质，发生公平原则、习惯或法律赋予的义务。"法国学者将合同债务分为三种：方式性义务、结果性义务、担保性义务。❶《德国民法典》称为一般安全义务，始于交通安全义务，最初主要被用来解决供公众往来的道路交通设备，如土地、道路、公园、运河、港湾设备、桥梁等事故的责任归属问题，后来德国最高法院通过解释将之扩大，即"对第三方之利益具有保护性效果的合同"❷。英美侵权法称为安全注意义务，认为，对人的生命和身体的完整性的保护，是所有文明社会共同的任务，是人的一种自然权利，也是每个人所享有的绝对权利。人们在行为中，首先必须考虑的是行为不会危及到他人财产和人身安全，否则即应当对他人承担侵权责任。任何行为接触了对方的身体就有可能对他人人身形成故意侵权。❸这均具有相应国家立法之传统、现实与技术之特点，无可厚非。

针对公共安全保障之涵义，学界理解也是各有千秋。有学者采用安全保障义务，即将经营者的安全保障义务定义为：经营者对服务场所的安全保障义务，指经营者在经营场所对消费者、潜在的消费者或者其他进入服务场所的人身、财产安全依法承担的安全保障义务。❹有学者将安全保障义务定义为从事住宿、餐馆、娱乐等经营活动或者其他社会活动的自然人、法人、其他组织，应尽的合理限度范围内的使他人免受人身损害的义务。❺有学者采用安全关照义务，即指在一定的法律关系中当事人一方对另一方人身、财产安全依法承担的关心照顾义务，违反这一义务应承担损害赔偿责任。❻有学者采用未尽安全保障义务的侵权行为，即依照法律规定或者约定，对他人负有安全保障义务的人，没有尽到此种义务，因而直接或者间接地造成他人人身或者财产权益损害，应当

❶ 尹田.法国现代合同法[M].法律出版社,1997:305.

❷ 温世扬.一般安全注意义务与中国侵权行为法[M]//王利明.民法典·侵权责任法研究.人民法院出版社,2003:91-92.

❸ 易玲.安全保障义务及其责任研究——以安全保障义务人的补充责任为重点[D].中南科技大学,2007:8.

❹ 张新宝,唐青林.经营者对服务场所的安全保障义务[J].法学研究,2003(3):80.

❺ 黄松有.人身损害赔偿司法解释的理解与适用[M].人民法院出版社,2004:101

❻ 刘士国.安全关照义务论[J].法学研究,1999(5):55.

承担损害赔偿责任的行为。❶有的学者采用违反安全保障义务，即指侵权人未尽到法律规范所规定的，或基于合同、习惯等产生的对他人的安全保障义务，造成他人损害时应承担的赔偿责任。❷学界的这些有代表性的认识，从各自关注的角度进行阐释均具有其科学性和合理性。

我们认为，首先，采用"保障"一词更为合理。从语义上看，保障更强调了一种责任和义务，更能保证客体的利益，而又无须带有更多的被动性和强迫性，而采用"义务"一词，正如我国台湾地区民法学者王泽鉴教授所主张的社会活动安全注意义务的概念，则更强调了该义务适用的广泛性。其次，采用"公共"一词，切合公共场所之责任和义务的特点，体现出了公众性、开放性。根据《侵权责任法》第 37 条的规定，公共安全保障是指公共场所的管理人或群众性活动的组织者，在其生产、经营、管理过程中或组织的活动中，对消费者、潜在的消费者、其他进入场所的人以及活动参与者的人身、财产安全依法承担的安全保障义务。负有安全保障义务的主体如果没有尽到安全保障义务，造成他人损害的，应当承担侵权责任。

（二）公共安全保障的特点

基于前述厘定，我们认为公共安全保障具有如下几个主要特点。

1）公共性。《侵权责任法》第 37 条规定，公共安全保障首先适用于公共场所，包括商业经营性场所和对公众提供公益性服务的场所；其次是群众性活动场所，均具有公共性质。

2）主体的广泛性和不特定性。公共安全保障的主体分为义务主体和权利主体。《侵权责任法》将公共安全保障义务主体的范围界定为宾馆、商场、银行、车站、娱乐场所等公共场所的管理人或者群众性活动的组织者。至于群众性活动的组织者的范围，本法没有规定，我国《大型群众性活动安全管理条例》第 2 条规定："本条例所称大型群众性活动，是指法人或者其他组织面向社会公众举办的每场次预计参加人数达到 1 000 人以上的下列活动：①体育比

---

❶ 杨立新.人身损害赔偿——以最高人民法院人身损害赔偿司法解释为中心[M].人民法院出版社,2004:200.

❷ 王利明.侵权责任法研究(下)[M].中国人民大学出版社,2011:147.

赛活动；②演唱会、音乐会等文艺演出活动；③展览、展销等活动；④游园、灯会、庙会、花会、焰火晚会等活动；⑤人才招聘会、现场开奖的彩票销售等活动。影剧院、音乐厅、公园、娱乐场所等在其日常业务范围内举办的活动，不适用本条例的规定。"对于1 000人以下的群众性活动的安全保障义务，需根据具体情况确定，其确定标准是所组织的活动是否造成了特有的危险以及与其参与者之间是否构成了特殊的信赖关系。针对权利主体，《侵权责任法》未作出具体规定，概括地用了"他人"一词。我们认为，判断权利主体是否属于安全保障义务的保护对象，并不只以其是否与管理人或群众性活动的组织者形成了消费关系或潜在消费关系作为判断标准，还要以其是否因管理人或群众性活动的组织者所造成的危险而受到了威胁为最主要的判断标准，即既包括消费者和其他社会活动的参与者，又包括如到超市上厕所的人、上错了公交汽车又准备下车的人、逛商店又不购买东西的人等潜在的消费者。《最高人民法院关于审理人身损害赔偿案件适用法律若干问题的解释》第6条只规定了人身损害的问题，而没有将财产损害包括在内。《侵权责任法》并没有区分受保护对象的人身与财产权益，因此应认为公共安全保障义务人对保护对象的人身与财产安全均有安全保障义务。

3）保障的主动性。公共场所的管理人或群众性活动的组织者，负有积极、主动作为的义务，以保障不特定消费者群体的人身、财产安全。若未尽到主动作为的义务，则应承担责任。这就表明了公共安全保障责任中，不是公共场所的管理人或群众性活动的组织者的直接侵权行为而承担责任，而是基于其不积极、主动实施保障行为而承担的间接侵权责任。

4）保障义务产生之复合性。公共安全保障既有可能来源于主体双方的约定，也有可能来源于法律的直接规定。在公共安全保障领域，公共场所的管理人或群众性活动的组织者往往基于合同的约定而承担对合同相对人的安全保障义务。此时，若公共场所的管理人或群众性活动的组织者违反约定而没有采取合理的安全保障措施，导致第三人对合同相对人实施侵权行为或者犯罪行为，公共场所的管理人或群众性活动的组织者当然要承担违约责任。即便合同中没有明确约定安全保障义务，但根据公共场所之特性，法官在认定责任划分时也往往对合同进行扩大解释，从而赋予公共场所的管理人或群众性活动的组织者的安全保障义务。公共安全保障的法定性，来源于法律的直接规定。《劳动法》第52条规定，"用人单位必须建立、健全劳动安全卫生制度，严格执行国家劳动安全卫生规程和标准，对劳动者进行劳动安全卫生教育，防止劳动过程中的事故，减少职业危害"。第53条第（1）款规定，"劳动安全卫生设施必须符合国家规定的标准"。《合同法》第302条规定，"承运人应当对运输过程中旅客的伤亡承担损害赔偿责任，但伤亡是旅客自身健康原因造成的或者承运人证明伤亡是旅客故意、重大过失造成的除外"。《消费者权益保护法》第7条规定，"消费者在购买、使用商品和接受服务时享有人身、财产安全不受损害的权利。消费者有权要求经营者提供的商品和服务，符合保障人身、财产安全的要求"。第18条第（1）款规定，"经营者应当保证其提供的商品或者服务符合保障人身、财产安全的要求。对可能危及人身、财产安全的商品和服务，应当向消费者作出真实的说明和明确的警示，并说明和标明正确使用商品或者接受服务的方法以及防止危害发生的方法"。《铁路法》第10条规定，"铁路运输企业应当保证旅客和货物运输的安全，做到列车正点到达"。第43条规定，"铁路公安机关和地方公安机关分工负责共同维护铁路治安秩序。车站和列车内的治安秩序，由铁路公安机关负责维护；铁路沿线的治安秩序，由地方公安机关和铁路公安机关共同负责维护，以地方公安机关为主"。《民用航空法》第124条规定，"因发生在民用航空器上或者在旅客上、下民用航空器过程中的事件，造成旅客人身伤亡的，承运人应当承担责任；但是，旅客的人身伤亡完全是由于旅客本人的健康状况造成的，承运人不承担责任"。第125条规定，"因发生在民用航空器上或者在旅客上、下民用航空器过程中的事件，造成旅客随身携带物品毁灭、遗失或者损坏的，承运人应当承担责任。因发生在航空运输期间的事件，造成旅客的托运行李毁灭、遗失或者损坏的，承运人应当承担责任。旅客随身携带物品或者托运行李的毁灭、遗失或者损坏完全是由于行李本身的自然属性、质量或者缺陷造成的，承运人不承担责任"。《公路法》第43

条第（2）款规定，"县级以上地方人民政府交通主管部门应当认真履行职责，依法做好公路保护工作，并努力采用科学的管理方法和先进的技术手段，提高公路管理水平，逐步完善公路服务设施，保障公路的完好、安全和畅通"。《教育法》第 73 条规定：明知校舍或教育设施有危险，而不采取措施，造成人员伤亡或者重大财产损失的，对直接负责的主管人员和其他直接责任人员依法追究刑事责任。《娱乐场所管理条例》第 8 条第（3）项、《旅馆业治安管理办法》第 3 条和《公共娱乐场所消防安全管理规定》也对住宿和交易场所、文化娱乐场所等向公众开放的场所的安全保障义务问题做了直接或者间接的规定。《物业管理条例》第 47 条明确规定，"物业管理企业应当协助做好物业管理区域内的安全范防工作"。《人身损害赔偿解释》第 6 条中规定了较为准确的处理这种侵权行为的规则："从事住宿、餐饮、娱乐等经营活动或者其他社会活动的自然人、法人、其他组织，未尽合理限度范围内的安全保障义务致使他人遭受人身损害，赔偿权利人请求其承担相应赔偿责任的，人民法院应予支持。""因第三人侵权导致损害结果发生的，由实施侵权行为的第三人承担赔偿责任。安全保障义务人有过错的，应当在其能够防止或者制止损害的范围内承担相应的补充赔偿责任。安全保障义务人承担责任后，可以向第三人追偿。赔偿权利人起诉安全保障义务人的，应当将第三人作为共同被告，但第三人不能确定的除外。"此外，一些行政性法律法规，如《娱乐场所管理条例》《大型群众性活动安全管理条例》《旅行社条例》《高层建筑消防管理规则》等对安全保障也做出了特别规定。

5）保障内容的全面性。一是硬件方面的安全保障，包括：①保证公共场所或组织活动中所需的建筑物或构筑物主体结构符合相关法律、法规的安全标准，不会因其质量问题出现坍塌、脱落等不合理的危险；②保证公共场所或所组织的活动应符合相关法律规定中对消防、疏散、安保等方面的要求；③保证公共场所或所组织的活动中，为经营或服务而使用的设施、设备符合人身安全保障要求。二是服务方面的安全保障，管理人或群众性活动的组织者应保证其所提供的服务是安全的，并积极有效地防止和控制对他人人身、财产造成危险的不安全因素，此外，还应对各种可能出现的危险作出明显的警示。三是因对外来威胁而产生的安全保障，主要指经营者或群众性活动的组织者应当采取措施，防止因第三人的违法行为甚至犯罪行为对消费者可能造成的损害。❶

6）责任承担方式的特殊性。公共场所的管理人或者群众性活动的组织者，未尽到安全保障义务，造成他人损害的，应当承担侵权责任。因第三人的行为造成他人损害的，由第三人承担侵权责任；管理人或者群众性活动的组织者未尽到安全保障义务的，承担相应的补充责任，因而是完全责任和补充责任相结合。这两种责任形式，主要是损害赔偿责任，不存在恢复原状或停止侵害等问题。

三、公共安全保障之侵权责任的归责原则

《最高人民法院关于审理人身损害赔偿案件适用法律若干问题的解释》第 6 条中规定了较为准确的处理这种侵权行为的归责原则，即过错责任原则。而《侵权责任法》第 37 条没有作出明确的"过错"规定，只规定了公共场所管理人或者群众性活动的组织者"未尽到安全保障义务，造成他人损害的，应当承担侵权责任"和因第三人的行为造成他人损害的，公共场所管理人或者群众性活动的组织者"未尽到安全保障义务的，承担相应的补充责任。""未尽到安全保障义务"，这样规定从客观上明确了判断公共场所管理人或者群众性活动的组织者具有过错就应当承担侵权责任，这属于过错推定责任。❷杨立新教授认为，对公共安全保障之侵权责任的过错认定，应当采用过错推定原则。推定的事实基础，就是被侵权人已经证明了侵权人的行为违反了安全保障义务，在此基础上，推定侵权人具有过错。如果否认自己的过错，则过错的举证责任由"未尽到公共安全保障义务"的行为人自己承担，由他证明自己没有过错的事实。如

---

❶ 熊进光.侵权行为法上的安全注意义务研究[M].法律出版社,2007:283.

❷ 王利明在 2010 年的《中华人民共和国侵权责任法释义》一书中认为是一般过错责任。参见：王利明.中华人民共和国侵权责任法释义[M].中国法制出版社,2010:167.王利明教授在 2011 年出版的《侵权责任法研究（下）》一书中又认为，违反安全保障义务的责任是特殊的过错责任，一方面是因为其过错的判断具有特殊性，违反安全保障义务责任的认定采客观标准，即以安全保障义务的违反来认定过错；二是因为其责任的范围具有特殊性，在存在直接侵权人的情况下，安全保障义务人只承担补充责任。参见:王利明.侵权责任法研究(下)[M].中国人民大学出版社,2011:148-149.

果他能够证明自己没有过错，则推翻过错推定，免除其侵权责任；如果不能证明自己没有过错，或者证明不足，则过错推定成立，应当承担侵权责任。[1]

1）过错判断功能的正确界定。《侵权责任法》第 37 条中对于公共安全保障的归责原则没有明确的规定，也没有明确的举证责任分配。如果按照一般侵权的过错责任由受害者承担举证责任，那么这实际上对受害者是很不公平的，因为按照过错责任原则的原理，公共场所往往都是法人或者其他组织等具有较强实力的人，处于强势地位，受害人无论是在经济上还是在对公共场所的控制力上都处于弱者的地位，对于公共场所的管理人或者群众性活动的组织者或者经营者是否存在过错也由受害者来举证，存在困难。那么如果受害者不能举证或是举证不足就要承担不利的后果，这对于受害者来说无疑是雪上加霜。正如王利明教授指出的那样："随着现代社会经济和技术的发展，在许多领域对行为标准的确定越来越具体化，要求用各种技术性的标准来确定人们的行为规则，违反了这些规则不仅表明行为具有违法性，而且表明行为人具有过错。"[2]

2）公平分配举证责任。过错推定是过错责任原则的一种特殊情况，它的特殊性在于实行举证责任倒置。它要求加害人证明自己在主观方面没有过错，并且用来证明自己无过错的证据必须符合法律规定的抗辩事由标准，否则就推定其有过错应当承担侵权责任。把过错推定用于公共安全保障之侵权责任的理由是：违反安全保障义务的侵权属于特殊侵权，而特殊侵权的归责原则适用过错责任原则，且公共安全保障义务人是应该尽到自己的公共安全保障义务的，一旦它违反了此项义务造成受害者损失，推断其主观上存在过错是合理的。当然这并不是说受害人就不承担任何的举证责任了，他对于自己所遭受的侵害还是负有举证责任的。因此，采用过错推定是有利于平衡各方利益的。

3）平衡双方利益。公共安全保障之侵权责任之制度设计，凸显了追求实质平等的理念。从义务本位时期、到权利本位时期、再到社会本位时期的转变，经历了一个由所有主体一律形式上平等到立法上注重对社会弱势群体（如

---

[1] 杨立新.《中华人民共和国侵权责任法》条文释解与司法适用[M].人民法院出版社,2010:226.
[2] 王利明.侵权行为法研究(上)[M].中国人民大学出版社,2004:347.

消费者、劳动者、妇女、儿童等）保护的过程；从人格抽象平等到具体人格平等的过程；从形式平等到实质平等的过程，消费者保护的立法就是一个最好的例子，反映了现代立法取向，也是国际社会立法之趋势。❶一方面要给予受害人必要、充分的保护，以使其受到损害的法定财产权或人身权得到补偿；另一方面，又必须考虑到大量的经常性的巨额赔偿对社会经济所产生的可能的消极作用。就我国目前而言，一方面要保护受害人（如消费者）的利益，给予合理的补偿，另一方面又要考虑目前经济发展的实际状况，考虑到经营者（如企业、商家）的经济赔偿的承受限度。❷因而在公共场所的管理者或者群众性活动的组织者"未尽到保障义务"而有过错时才承担责任。正如德国法学家耶林所言："使人负损害赔偿责任的，不是因为有损害，而是因为有过失，其道理就如同化学上之原则，使蜡烛燃烧的，不是光，而是氧，一般的浅显明白。"❸

4）过错推定的合理限制。过错推定归责原则尊重了公共安全保障义务的自然本质，同时也考虑了我国具体的社会经济生活、人文状态。从现代社会学的观点看，公共场所的管理者或群众性活动的组织者在追求合理利润的同时，必须承担相应的社会责任❹，尽到应有的社会义务，为消费者营造一个安全、可靠、无危险的消费环境。但是公共场所的管理者或者群众性活动的组织者应尽量减少和控制危险源，努力改善经营环境，既需增加消费者进入公共场所进行消费的安全感，又需采取措施对潜在的危险进行排除。因此，由经营主体控制危险更为合理和节省成本。但是，管理者或者群众性活动的组织者对安全风险的控制也必须在一个合理限度之内，对潜在的安全风险超过其认知和控制能力的，或者已经尽到了安全保障义务的，则不能要求其承担责任。

5）公共安全保障之责任保险的强化。公共场所的管理者或者群众性活动的组织者未尽到安全保障之义务则应承担损害赔偿责任，但为了防范风险，分散损害，则必然强化其责任保险意识，这样一旦出现公共安全保障之侵权责任就有了物质保证。正如王泽鉴先生所言，"责任保险与侵权行为法的发展具有

---

❶ 李伟.安全保障义务论[D].华侨大学,2004:16.
❷ 张新宝.中国侵权行为法[M].第二版.中国社会科学出版社,1998:39.
❸ 王泽鉴.民法学说与判例研究（第二册）[M].中国政法大学出版社,1999:150.
❹ 张士元,刘丽.论公司的社会责任[J].法商研究,2001(6):106-110.

相互推展的作用。侵权责任的加重，促进了责任保险的发达，而责任保险制度的建立也使侵权行为法采取较严格的责任原则"❶。

四、公共安全保障之侵权责任的构成要件

（一）公共场所管理者或群众性活动的组织者实施了违反公共安全保障义务的行为

公共场所管理者或群众性活动的组织者在生产、经营、管理或者活动的组织过程中未尽到公共安全保障的注意义务，即构成行为违法，行为人具有过错。如何判断其未尽到公共安全保障的注意义务呢？我们可以从以下几个方面进行判断。

1）从公共安全保障之本身涵义上进行判断。如从安全保障义务的性质、侵权行为的性质和力度、安全保障义务人的保安能力以及发生侵权行为前后所采取的防范、制止侵权行为的措施等方面综合判断，确定义务人是否尽到了安全保障义务。❷

2）依据相关法律、法规的明确规定要求与标准进行判断。如国务院 2007 年颁布的《大型群众性活动安全管理条例》第 7 条规定："承办者具体负责下列安全事项：①落实大型群众性活动安全工作方案和安全责任制度，明确安全措施、安全工作人员岗位职责，开展大型群众性活动安全宣传教育；②保障临时搭建的设施、建筑物的安全，消除安全隐患；③按照负责许可的公安机关的要求，配备必要的安全检查设备，对参加大型群众性活动的人员进行安全检查，对拒不接受安全检查的，承办者有权拒绝其进入；④按照核准的活动场所容纳人员数量、划定的区域发放或者出售门票；⑤落实医疗救护、灭火、应急疏散等应急救援措施并组织演练；⑥对妨碍大型群众性活动安全的行为及时予以制止，发现违法犯罪行为及时向公安机关报告；⑦配备与大型群众性活动安全工作需要相适应的专业保安人员以及其他安全工作人员；⑧为大型群众性活动的安全工作提供必要的保障。"第 8 条规定："大型群众性活动的场所管理者

---

❶ 王泽鉴.侵权行为法(第一册)[M].中国政法大学出版社,2001:8-9.
❷ 杨立新.《中华人民共和国侵权责任法》条文释解与司法适用[M].人民法院出版社,2010:228.

具体负责下列安全事项：①保障活动场所、设施符合国家安全标准和安全规定；②保障疏散通道、安全出口、消防车通道、应急广播、应急照明、疏散指示标志符合法律、法规、技术标准的规定；③保障监控设备和消防设施、器材配置齐全、完好有效；④提供必要的停车场地，并维护安全秩序。"当安全事故发生时，就可以据此判断承办者和管理者是否尽到了安全保障职责。

3）从公共场所安全保障的管理者、经营者或群众性活动的组织者与消费者在不违背法律法规规定的基础上的约定进行判断。如某宾馆向旅客作出的"24小时的保安巡视，确保您的人身安全"承诺就可以用来作为判断宾馆是否对旅客尽到了安全保障义务的标准。

4）在法律没有明确设定标准的情况下，可以依据善良管理人和一般理性人的标准进行判断。如，在"古南都案件"中，古南都饭店为了避免不了解内情的人翻越窗户到达不具备承重能力的平台上发生危险，专门为窗户安装了限位器，以限制窗户的开启幅度，使人不能从窗户进出。可是该案中的受害者钱进（即马青等的亲属）却擅自用螺丝刀破坏了限位器，进入该平台，以致坠楼身亡。在该案中，古南都酒店尽到了对受害者的安全保障义务，因为其有理由相信，一个一般理性之人是不会做出那样愚蠢、莽撞的事情的。根据《最高人民法院关于审理人身损害赔偿案件适用法律若干问题的解释》第6条规定，安全保障义务人应当在合理限度范围内履行安全保障义务，合理限度范围应当根据一般常识来确定。在安全保障义务人已经尽到安全保障义务的前提下，具有完全民事行为能力的人因为自身判断错误导致损害事实发生的，后果由行为人自己承担。❶

（二）公共场所管理者或群众性活动的组织者的行为侵害了消费者的合法民事权益

公共场所管理者或群众性活动的组织者的行为侵害了消费者的合法民事权益，造成其损害，既包括财产损害，也包括人身损害。人身伤害是指人格权之外的对人的生命权、健康权及身体权造成的伤害。财产损害一般限于公共安

---

❶ 马青等诉古南都酒店等人身损害赔偿纠纷案，转自"法律快车网"http://anli.lawtime.cn/xsxfal/2007030 151981.html，最后访问日期：2014年1月24日。

全保障之侵权行为直接造成的财产损失，而不应包括债权等其他财产权中的期待利益的损失。需要明确的是，此处的"消费者"是一个广义的概念，既包括与公共场所管理者或群众性活动的组织者建立了消费关系且受到显性损失的消费者、使用者，也包括因公共场所管理者或群众性活动的组织者的行为受紧迫的威胁或者严重威胁的潜在的消费者和使用者。

（三）损害事实与侵权行为之间具有因果关系

公共安全保障之侵权行为与损害事实之间的因果关系的判断比较复杂，一般可以从以下两个方面进行分析。

1）在公共安全保障之侵权行为直接造成损害的情况下，例如由于场地、设备存在不合理危险或者服务、管理未达到合理标准造成损害，即表明公共安全保障之侵权行为就是导致权利人损害事实的原因。

2）在公共安全保障侵权行为人违反公共安全保障义务导致权利人遭受第三人侵权行为损害的情形下，由于存在介入原因，法律关系较为复杂。学界的观点纷呈。我们认为在第三人侵权的案件中，应该借鉴美国判例法的经验，利用可预见性标准对安全保障义务人的先行行为与损害结果之间是否存在因果关系进行判断。可预见性标准的灵活性不但可以使受害人的权利得到更加有力和充分的保障，而且十分有助于发挥侵权法的预防损害的制度功能，督促拥有资金、管理和信息优势的安全保障义务人采取合理措施预防和减少第三人侵权事件的发生。❶

五、公共安全保障之侵权责任的类型与承担

（一）公共安全保障之侵权责任的类型

根据《侵权责任法》第 37 条之规定，公共安全保障之侵权责任的类型有自己责任、第三人责任、补充责任和替代责任四类。

1. 自己责任

《侵权责任法》第 37 条第（1）款规定，"宾馆、商场、银行、车站、娱乐

---

❶ 孙锋.论违反安全保障义务的侵权责任——兼论我国安全保障立法之不足[D].中国政法大学,2010:23.

场所等公共场所的管理人或者群众性活动的组织者，未尽到安全保障义务，造成他人损害的，应当承担侵权责任"。即公共场所的管理者或群众性活动的组织者因行为人自己的行为造成的人身或财产损害后果的侵权责任，由其承担完全赔偿责任。包含了这样几层含义：一是造成他人损害的公共安全保障侵权行为是行为人自己实施的行为；二是公共安全保障侵权行为人自己实施的行为造成了损害的发生；三是公共安全保障侵权行为人对自己实施的行为所造成的损害，由自己承担责任。[❶]

2. 第三人责任

《侵权责任法》第 37 条第（2）款规定，在宾馆、商场、银行、车站、娱乐场所等公共场所或者群众活动期间，"因第三人的行为造成他人损害的，由第三人承担侵权责任"。即第三人在公共场所或者群众性活动期间因侵权行为致他人人身和财产损害的，在公共场所管理者或者群众性活动组织者尽到了公共安全保障义务的情况下，由第三人直接承担侵权损害赔偿责任。包含了这样几层含义：一是第三人在公共场所或者群众性活动期间实施了侵权行为；二是该侵权行为造成了他人人身和财产损害；三是侵权行为与损害事实之间具有因果关系；四是第三人具有主观过错；五是第三人的侵权行为和所产生的损害事实与公共场所管理者或者群众性活动组织者没有因果关系。

3. 补充责任

《侵权责任法》第 37 条第（2）款规定，"因第三人的行为造成他人损害的，由第三人承担侵权责任；管理人或者组织者未尽到安全保障义务的，承担相应的补充责任"。这就是补充责任的规定。所谓补充责任，是指两个以上的行为人违反法定义务，对一个被侵权人实施加害行为，或者不同的行为人基于不同的行为致使被侵权人的权利受到同一损害，各个行为人产生同一内容的侵权责任，被侵权人享有的数个请求权有顺序的区别，首先行使顺序在先的请求权，该请求权不能实现或者不能完全实现时，再行使其他请求权的侵权责任形态。[❷]如

---

❶ 杨立新.《中华人民共和国侵权责任法》条文释解与司法适用[M].人民法院出版社,2010:235.

❷ 杨立新.论违反安全保障义务侵权行为及其责任[J].河南省政法管理干部学院学报,2006(1):34.

何理解补充责任？我们认为有三点：一是第三人的侵权责任与公共安全保障义务人的补充责任之间具有先后顺序，首先应由第三人承担侵权责任，并对受害人进行足额赔偿，而只有在第三人下落不明或者第三人没有能力足额赔偿、无力赔偿的情况下，才可以由公共安全保障义务人承担相应的补充责任；二是即使在公共安全保障义务人承担相应的补充责任的情形下，其也无需将第三人未能承担的损害赔偿全部承担下来，而仅需在其未尽到安全保障义务的范围内承担赔偿责任，即依据过错大小来承担责任；三是当第三人对被侵权人的损失进行全部赔偿之后，公共场所管理者或者群众性活动组织者的补充责任随之消灭。当然，对于补充责任，学界和司法实务界有着不同的看法，认为违背了责任分配的公平正义原则，加重了公共场所管理者或者群众性活动组织者的责任，也与国际社会之普遍做法相悖。

4. 替代责任

根据《侵权责任法》第 34 条、第 35 条和第 37 条第（1）款的规定，共同构成违反公共安全保障义务侵权责任中的替代责任的法律依据。所谓替代责任，是指公共场所管理人或者群众性活动组织者的工作人员或者雇员，在执行工作任务或提供劳务的过程中，未尽到安全保障义务，造成他人损害的，由公共场所的管理人或者群众性活动的组织者代替具体行为人承担侵权责任。这主要包含四层含义：一是违反安全保障义务的具体行为人是公共场所管理人或者群众性活动组织者的工作人员或雇员；二是违反安全保障义务的行为是在执行工作任务或者提供劳务的过程中发生的；三是公共场所的管理人或者群众性活动的组织者承担侵权责任；四是公共场所的管理人或群众性活动的组织者在承担了侵权责任之后，可以向有过错的具体行为人追偿。❶当然，在公认的《侵权责任法》第 37 条之公共安全保障之侵权责任中不能直接得出替代责任，但是从法律之整体系统和立法旨意的综合思考中，我们可以概括出替代责任之精神与内容，以利司法实践之处理，弥补立法之不足。

---

❶ 孙锋.论违反安全保障义务的侵权责任——兼论我国安全保障立法之不足[D].中国政法大学,2010:28.

（二）公共安全保障之侵权责任的承担

1）公共安全保障之侵权责任的范围。①完全赔偿责任，即人身和财产赔偿责任，分为三类：一是由公共场所的管理人或群众性活动的组织者承担致他人人身和财产损失的全部赔偿责任。但此处之全部赔偿责任，亦必须以损害与未尽到公共安全保障义务之间有因果关系为前提，且没有第三人侵权的介入和受害人不存在过错，因为第三人侵权致人损害由第三人直接承担赔偿责任，受害人对于损害有过错的，公共场所的管理人或群众性活动的组织者可以根据《侵权责任法》第26条之规定适当减轻损害赔偿责任。二是公共场所的管理人或群众性活动的组织者以外的第三人的行为造成他人人身和财产损害的，由该第三人承担全部赔偿责任。三是当第三人侵权致他人损害而受害人无法得到救济时，公共场所的管理人或群众性活动的组织者承担全部赔偿责任。②部分赔偿责任，公共场所的管理人或群众性活动的组织者对于第三人之侵权行为未尽到制止或者对受害人未尽到保护之义务而造成受害人人身和财产损害的，应在第三人承担责任的基础上承担部分的补充责任。

关于赔偿责任，财产性损害赔偿是客观的，可以实际计算出来的，该财产损失以实际损失计算为准，而期待利益之损失则不包括在内。至于人身损害之精神损害赔偿问题，理论界众说纷纭，各国立法实践也存在一定的差异。我们认为，在一般性公共安全保障之侵权责任中，不存在精神损害赔偿问题，但是在该侵权行为构成犯罪时，就存在精神损害赔偿问题。[1]我们倾向肯定说，其理由在于：首先，被害人因他人的犯罪行为而死亡，其近亲属在精神上遭受了巨大的损害，如果不给予任何民事救济及补偿损失，抚慰其精神创伤，是极不合理的。其次，对犯罪分子追究其刑事责任不能完全弥补受害人的精神损害，因为这是两种性质不同的责任。再次，民事权利属于私法范畴的权利，是国家法律赋予的，并通过民事立法加以确定，任何机关和个人都不能予以剥夺。司法

---

[1] 学界有两种观点：一种观点为否定说，认为受害人无此权利，其理由主要是《刑事诉讼法》第99条的规定。据此，他们认为刑事案件不存在精神损害赔偿的问题。因为，刑事责任中没有精神损害赔偿的规定，精神损害赔偿的案件又不能提起附带民事诉讼。另一种观点为肯定说，认为受害人有此权利，理由是《刑事诉讼法》第99条的规定不能作为否定刑事案件受害人精神损害赔偿权利的依据。根据该条规定，只能说明受害人不能通过提起附带民事诉讼的方式获得精神损害赔偿，并不能说明他不能通过其他途径获得精神损害赔偿。

机关只能按照法律的规定对民事权利进行保护，而不能规定对某些受到侵害的民事权利不予保护，这样的规定是欠妥当的。最后，《刑事诉讼法》第99条的规定不能作为否定刑事案件受害人精神损害赔偿的依据。刑事案件受害人的精神损害赔偿权利属于实体权利，而《刑事诉讼法》的该条规定是程序权利。程序权利的欠缺仅表明该实体权利的行使有困难，而不能表明该权利的不存在。因此，刑事案件受害人不能通过提起附带民事诉讼的方式获得精神损害赔偿，但并不能表明他无权通过民事诉讼途径获得救济。只不过在司法实践中，对待公共安全保障之侵权行为问题导致的精神损害赔偿问题，要区别于其他如故意杀人罪之精神损害赔偿问题，应当是补偿性的而不是惩罚性的。❶

2）公共安全保障之侵权责任的追偿权。《侵权责任法》第37条没有明确规定公共场所的管理人或群众性活动的组织者的追偿权，理由在于：一是在公共场所的管理人或群众性活动的组织者自己未尽到公共安全保障之侵权行为而承担完全赔偿责任中，不存在追偿权；二是在存在第三人侵权行为的情况下，由于公共场所的管理人或群众性活动的组织者承担的是与自己未尽到公共安全保障义务相应的责任，当然也不存在对第三人的追偿权。

但是，《最高人民法院关于审理人身损害赔偿案件适用法律若干问题的解释》第6条规定，"从事住宿、餐饮、娱乐等经营活动或者其他社会活动的自然人、法人、其他组织，未尽合理限度范围内的安全保障义务致使他人遭受人身损害，赔偿权利人请求其承担相应赔偿责任的，人民法院应予支持。因第三人侵权导致损害结果发生的，由实施侵权行为的第三人承担赔偿责任。安全保障义务人有过错的，应当在其能够防止或者制止损害的范围内承担相应的补充赔偿责任。安全保障义务人承担责任后，可以向第三人追偿。赔偿权利人起诉安全保障义务人的，应当将第三人作为共同被告，但第三人不能确定的除外"。该司法解释明确规定了追偿权。而《侵权责任法》则没有规定，有前述之理由，但是，从司法实践和权利救济以及责任分配的公平原则角度来看，应当允许公共场所的管理人或群众性活动的组织者在下列情形下享有向第三人

---

❶ 易玲.安全保障义务及其责任研究——以安全保障义务人的补充责任为重点[D].华中科技大学,2007:35-36.

的追偿权：一是第三人的侵权具有故意或者恶意的主观状态时，在公共场所的管理人或群众性活动的组织者承担了赔偿责任后，享有向第三人的追偿权，这符合侵权责任法"令加害人就其侵权行为负责"的立法目的。❶二是在公共场所的管理人或群众性活动的组织者因第三人侵权而受害人得不到有效救济的情形下承担责任后，发现第三人有财产，可以在有效期内向第三人主张追偿权，这符合《侵权责任法》之立法规定和精神。

六、结语

对不作为侵权行为的规制是当今世界各国侵权法的重要内容。实施公共安全保障乃当今社会经济发展和权利保障之必然要求，法律规定之于司法实践的差距在于法律规定本身的模糊性和司法人员本身素质不高的双重作用所使然。因而研究公共安全保障之侵权责任问题具有十分重要的法理意义和现实功效。然而，对于公共安全保障的主体适用范围，《侵权责任法》界定为公共场所和群众性活动及其场所之义务保障人和权利人，没有具体规定其范围，除此之外，如雇佣、劳动契约关系中的安全保障、学校与学生之间的安全保障、出租人与承租人之间的安全保障、制造商和经销商与消费者之间的安全保障、承运人与旅客之间的安全保障、旅游合同中主办者与游客之间的安全保障、消费合同中经营者与消费者之间的安全保障等具体的安全保障问题，以及建立和发展责任保险制度等，有待于逐一讨论，以建构安全保障法律框架。

---

❶ 纪红心.对安全保障义务人因第三人侵权所承担责任的再探讨[J].法学论坛,2008(6):118.

第十一章　网络侵权责任

随着计算机和互联网技术的发展，人类社会进入一个信息爆炸的时代。互联网深刻地改变了人类社会的生活方式，给人类的交往和信息获取、传播带来了巨大的方便。网络广泛收集、存储这些信息，能够将全球成千上万的网站发布的信息加以链接，并可以向全世界传播。网络突破了地域、国家的限制，且具有无纸化、交互性的特点。网络作为 20 世纪最伟大的发明之一，给人们生活带来便利的同时也可能会侵害人们的合法权益，尤其是网络侵权的现象越来越普遍，其所造成的后果也越来越严重。

一、案例举隅及问题的提出

（一）北京市宝鼎律师事务所诉北京谷翔信息技术有限公司、谷歌信息技术（中国）有限公司一般侵权案

2008 年 8 月 10 日，Google 向中国抗诉网发出邮件进行通知，"贵网站很可能正在托管或分发恶意软件。因此，在问题得到解决之前，账户 ID835-676-2021 将被停用。"后 Google 公司将在互联网上搜索"中国抗诉网"及"抗诉"时搜索到的中国抗诉网网站链接上标明"该网站可能含有恶意软件，有可能会危害您的电脑"的字样。宝鼎所就此向 Google 公司进行交涉。

2008 年 8 月 14 日，北京市方正公证处出具（2008）京方正内经字第 07237 号公证书，公证内容为：点击 Google 搜索后，出现"中国抗诉网——再审——申诉——控诉——控告——检察院——北京市宝鼎律师事务所"，链接下方有"该网站可能含有恶意软件，有可能会危害您的电脑"的字样。

2008 年 8 月 29 日，谷翔公司函告宝鼎所，内容为："……在使用中国抗诉网、抗诉等关键词在 Google.cn 上搜索时，中国抗诉网并未被标识该网站'可能含有恶意软件，有可能会危害您的电脑'的字样……"

庭审中，原告诉称："中国抗诉网"是宝鼎所创办的"中国第一家专业抗诉网站"。2008 年 8 月 11 日，宝鼎所工作人员用 Google（谷歌）搜索"中国抗诉网"及"抗诉"关键词时，发现网页上有"该网站可能含有恶意软件，有可能危害您的电脑"字样，并打不开该网站，而用百度等其他引擎搜索均无此现象。因谷翔公司、谷歌公司的侵权行为，给宝鼎所造成信誉、品牌、业务、广告等损失。谷歌公司、谷翔公司作为 Google（谷歌）搜索的经营管理者，其侵权行为严重侵害宝鼎所的合法权益。被告的答辩及其委托代理人辩称：①谷歌公司不是涉案网站的经营者和所有者，涉案网站是 Google.com，这个网站可能是 Google 美国公司的，不是本案谷歌公司经营的，与本案无关；②宝鼎所网站上确实有恶意代码或软件，Google 网络为了保护搜索引擎的安全及客户安全，注意网站自身的安全才设置这样的提示，是善意的，不会损害宝鼎所的声誉；③持续的时间很短，在本案中只有 10 天左右的时间，不会给宝鼎所造成损失；④Google 在收到宝鼎所的告知后，及时进行了核对和回复，尽到了网络服务商的义务；⑤宝鼎所证据记载的搜索行为并非谷翔公司、谷歌公司的网站，而是 Google.com。

北京市海淀区人民法院认为：首先，Google 对中国抗诉网进行了恶意软件提示，该提示通过邮件的方式通知了中国抗诉网，后经过进一步的调查取证，双方认可其争议的焦点即恶意代码专指为存在于中国抗诉网源代码中特定三行代码。结合案件审理情况及证据，对中国抗诉网网站源代码内存在的这三行特定代码为当时被普遍认为是被植入的恶意代码的这一事实的证明已经达到了高度盖然性的标准，本院对中国抗诉网在双方争议期间内存在恶意代码这一事实予以认可。

其次，Google 公司的本职在于为用户提供便捷的信息检索服务，而这种服务应该是健康的、安全的和可靠的。Google 公司实际上承担了一部分社会公共职能，因为诸多用户无法对网站含有病毒等做出相应的保护。Google 此举并不构成有特定指向和目的的侵害。况且，在进行相应提示后，Google 并未将网站屏蔽或是采取其他途径对网站进行实际处置，而是发出通知后协助网站做好相应的检查维护工作。故 Google 因为确实存在恶意代码而进行相应提示并无不当。

海淀区人民法院判决驳回原告北京市宝鼎律师事务所的诉讼请求。宝鼎所不服提出上诉，北京市第一中级人民法院经审理驳回上诉，维持原判。❶

（二）问题的提出

在网络环境下的侵权行为屡见不鲜，虽有别于传统侵权行为，但二者之侵权主体、侵权的主观过错、侵权的内容并无本质区别。为了更好把握上述案例争论的焦点——网络中介服务提供者的侵权责任，有必要把握网络侵权责任的定义、特点、归责原则。

二、法理分析

（一）网络侵权责任的定义

网络侵权作为新型的侵权形态，并非意味着其在归责原则、构成要件、责任承担等方面存在特殊性，而主要是指其发生在互联网上的各种侵害他人民事权利的侵权。网络侵权责任则是指网络用户、网络服务提供者因过错在网络上侵害他人的民事权益所应承担的责任。

（二）网络侵权责任的特点

发生在互联网上的侵权行为具有特殊性，传统的过错侵权无法涵盖，于是《侵权责任法》第 36 条将网络侵权作为过错责任的特殊形态加以规定。但应当看到，网络侵权仍然是传统过错责任形态下的侵权类型，可以说是过错原则在网络环境下的新发展。相较于传统侵权，网络侵权的特点主要表现在以下几个方面：

---

❶ 北京市宝鼎律师事务所诉北京谷翔信息技术有限公司、谷歌信息技术（中国）有限公司一般侵权案，北京市第一中级人民法院民事判决书，〔2009〕一中民终字第 19164 号。

第一，利用网络媒介。众所周知，网络侵权就是发生在互联网上并利用网络发生的侵权。我国《侵权责任法》第 36 条规定网络侵权的特点在于"利用网络"侵权，这是与一般侵权的重要区别。传统侵权形态发生在现实环境中，有时间及地域的限制，易于识别及保留证据。网络环境的虚拟性，导致网络活动实施时往往具有时空的多变性和广泛性，几无时间及地域空间的限制，这就决定了网络侵权认定的困难。由于互联网的开放性和交互性，在网络侵权发生以后，对侵权行为的证据固定也是一个难题。

第二，侵权主体具有一定的复杂隐秘性。虚拟的网络环境下侵权主体具有一定的复杂隐秘性。网络侵权的主体主要是网络用户和网络服务提供者。首先，网络侵权下的侵权责任主体是多元的，表现为网络用户和网络服务提供者单独实施侵权行为及两者结合而导致的损害。就网络用户的行为而言，通常网络服务提供者的不作为使得网络用户的侵权行为发生或扩大。就网络服务提供者而言，多数情况下它可以成为直接的侵权人，也可以是侵权行为的纵容者。其次，网络用户可以自由使用根据自己嗜好所起的名字甚至匿名登录，网名只是一个代号，其在实施侵权行为时往往隐匿了真实身份。网名与真实的个人身份不对应，难以确定行为人，这就给实践中侵权人的认定带来了技术上的难题。

第三，侵害客体的特殊性。传统侵权行为侵害的客体主要包括人身权和财产权。在网络环境下，侵害行为的客体主要是非物质形态的民事权益，具体包括：一是名誉权、肖像权、姓名权。二是著作权，尤其是网络数字化作品、著作信息网络传播权、著作的复制权。三是财产权，包括个人所拥有的虚拟财产、信息财产等。比如个人通过货币购买的虚拟财产，虽不具现实意义，但是在网络环境下却有经济价值。

第四，侵害行为具有特殊性。这表现在以下三个方面：一是手段的多样化。随着互联网的发展，侵权人利用互联网借助传播、植入、复制等方式来侵害他人权益。二是行为的交互性。网络时代，每一个用户均是信息的接收者和传播者。而在传统媒体时代，人们只是被动地接受信息的公众。三是侵权行为隐秘、侵权地域不确定。典型的，如侵权人在网吧以匿名登录的方式发布诋毁他人名誉的信息。

第五，侵害后果影响广泛。网络突破了地理限制，模糊了疆域界限，通过网络手段侵权，则可在网上迅速蔓延，影响极为广泛。以人格权侵害为例，在互联网发布侵害人格权的信息，极短的时间内，全世界就能够共享这一资源。通过赔礼道歉、更正等方式能消除一定的损害后果，但无法恢复到权利未侵害时的状态。

正是因为网络侵权具有以上的特殊性，所以，《侵权责任法》在过错责任原则的指导下针对网络侵权做出了特别的规定。从这个意义上说，网络侵权是特殊类型的侵权。

（三）网络侵权责任的归责原则

《侵权责任法》第 36 条虽然没有明确规定网络侵权责任采用过错责任原则，但从条文的解释来看，可知其采用的是过错责任。根据《侵权责任法》第36条第（1）款，"网络用户、网络服务提供者利用网络侵害他人民事权益的，应当承担侵权责任"。该条在文字上没有出现"过错"，似乎是采用严格责任，但实际上第 36 条第（1）款要结合第 6 条第（1）款来适用，过错责任属于一般原则，只要法律没有例外规定的，就都适用该原则。因此，网络侵权者承担的仍然是过错责任。

三、网络侵权责任的法律适用

《侵权责任法》第36条明确规定了网络侵权责任的两类主体，即网络用户和网络服务提供者。在虚拟世界中，这两类侵权主体实施的侵权行为，一方面分别单独实施，各自承担相应后果；另一方面，特定前提下，两者可能承担连带责任。

（一）单独侵权责任

1. 单独侵权责任概述

《侵权责任法》第 36 条第（1）款规定："网络用户、网络服务提供者利用网络侵害他人民事权益的，应当承担侵权责任。"这就在法律上确认了网络用户和网络服务提供者利用网络侵权的单独侵权责任。所谓网络用户和网络提供商的单独侵权责任，是指网络用户或网络服务提供者因过错而利用网络侵害他人民事权益所应当承担的侵权责任。例如，网络用户在论坛上捏造、发布诋毁他人商誉的帖子，从而应当承担对受诋毁商家的侵权责任。

此类责任主体分为两类：一是网络用户的单独侵权责任。网络用户是使用网络服务提供者提供网络服务的人。网络用户既可以是自然人，也可以是法人。二是网络服务提供者的单独侵权责任。网络服务提供者的单独侵权责任，是指网络服务提供者利用自己所经营的网络侵害他人民事权益，应当承担的侵权责任。网络服务提供者的范围十分广泛，包括提供接入服务、搜索引擎服务、空间存储服务、下载服务等主体。上述案例中的网络中介服务提供者自己并不参与信息交流，其只是提供交流的空间和平台，为他人的信息交流提供服务。但是，如果网络服务提供者利用网络实施侵权行为，就应当对自己的行为后果承担责任。

单独侵权责任的特点主要表现在以下几个方面。

第一，利用网络实施侵权。与一般的侵权不同，此类侵权是利用网络而进行的侵权，如果行为人在网络之外实施侵权，则应受过错责任一般条款的调整。当然，对于网络服务提供者而言，其利用网络服务的单独侵权责任的主体身份也有所差异：其一，利用自己经营的网络侵害他人的权益。例如，某网站植入木马程序，窥探他人隐私信息，并非法使用或公开。其二，利用第三方网络侵害他人的权益，此时，网络服务提供者的身份也就是普通网络用户。

第二，典型的过错责任。严格地说，网络用户与网络服务提供者在网络空间上从事侵权行为，自己知晓其行为的侵权性质，存在直接的过错。应当注意的是，网络用户利用网络空间从事侵权行为，除了具有明显的广泛的侵权事实以外，大多网络服务提供者对侵权的发生并不知情，只有在侵权后果出现、受损方提出请求后，网络服务提供者才负有履行删除、屏蔽、断开链接等义务。

第三，单独侵权责任是自我责任原则的体现。在网络用户或网络服务提供者直接利用网络实施侵权行为的情况下，其实质是对自己的行为负责，体现了自我责任原则。

2. 单独侵权责任的构成要件

1）网络用户或网络服务提供者具有过错。在单独侵权的情况下，责任主体主观上都具有过错，无论故意还是过失，如明知或应知是他人享有知识产权的作品而提供非法下载、链接等服务，就是故意侵犯他人知识产权的行为。

2）受害人遭受了损害。网络用户或网络服务提供者的侵权行为必须导致他人的损害。例如，网络服务提供者侵害他人的隐私权，就属于造成了非财产损害；而网络用户侵害他人的著作权，就属于造成财产损害。

3）网络用户或网络服务提供者的侵权行为与损害事实之间存在因果关系。网络侵权责任也须以因果关系的存在为前提。因果关系的存在是责任正当性的基础，只有存在因果关系才表明归责是正当的。在因果关系的判断方面，也应当适用因果关系判断的一般规则如直接、必然的联系。

3. 责任的承担

根据《侵权责任法》第 36 条第（1）款的规定，在网络用户和网络服务提供者构成单独侵权的情况下，应当由其单独承担侵权责任。在构成单独侵害责任的情况下，网络用户、网络服务提供者直接对其过错行为负责。

（二）连带责任

在网络用户利用他人的网络实施一定的侵权行为以后，网络服务提供者未尽到法律规定的义务，未采取必要措施而造成损害的扩大，网络服务提供者与网络用户应当承担连带责任。对此，《侵权责任法》第 36 条第（2）款和第（3）款作出了明确规定。而承担此种连带责任的前提，需满足"通知规则"和"知道规则"

1. 通知规则

1）通知规则的概念。《侵权责任法》第 36 条第（2）款确立了通知规则。通知规则，是指网络用户利用网络服务提供者提供的网络实施侵权行为在网络服务提供者知道侵权发生之前，只有在受害人通知网络服务提供者要求采取必要措施之后网络服务提供者才有义务采取必要措施以避免损害的扩大。例如，某人在他人的网站中发帖,帖子中散布侵害他人名誉权的文字,受害人知晓后,通知网站该行为侵权,要求删除该帖子。网站接到该通知,未予理睬,一直未删除,该帖子被其他网站转载,造成损害的扩大。受害人起诉网站,要其承担法律后果,法院应依据"通知规则"责令网站承担责任。《侵权责任法》第36条第(2)款规定的通知责任具有如下三方面特点。

第一,该规则确立了网络服务提供者的责任。严格意义上,网络用户的侵权责任容易确定,但是,网络服务提供者并没有直接实施侵权行为,且难以对信息进行甄别,在知道侵权行为发生以前,只有在接到受害人的通知以后,才能够采取必要措施。为此,法律才确立通知规则明确网络服务提供者的责任。

第二,此种责任承担主要是不作为的后果。根据通知规则,网络服务提供者在收到受害人的通知以后,疏于采取必要措施,从而应当为损害的继续扩大负责。也就是说,网络服务提供者是因为未尽到法定的义务而承担不作为的责任。

第三,此种责任是对他人行为的责任。在《侵权责任法》第36条第(2)款规定的侵权责任中,网络服务提供者本身并没有发布侵害他人的信息等行为,只是因为没有避免网络用户利用网络侵害他人,而应承担责任,所以其属于对他人行为承担责任。

2)通知规则适用的必要措施。根据《侵权责任法》第36条,必要措施包括"删除、屏蔽、断开链接",这些具体措施包括:

第一,删除。删除是直接将存在侵权行为的网页内容进行删除,使带有侵权信息的文字、图片、音符、视频等内容不再出现在网页上。

第二,屏蔽。屏蔽的本意指遮挡、遮蔽,在网络技术上是指有针对性地阻止某些网站、网页或信息出现在特定的网站上,因此,屏蔽一般是特定的网站主动针对某些信息做出的技术处理,可以防止本网站对某些侵权信息的扩散。

第三,断开链接。断开链接一般是在难以删除信息的情况下,通过将搜索网站与该网页内容之间的链接切断的形式,阻止该网页具有侵权的信息进一步扩散。断开链接是指断开的范围仅限于含有侵权内容的页面,也就是说,在实施断开链接的情形要尽可能减少对其他网络信息的影响。

3）网络服务提供者的责任。《侵权责任法》第 36 条第（2）款规定："网络服务提供者接到通知后未及时采取必要措施的，对损害扩大的部分与该网络用户承担连带责任。"据此，在网络服务提供者未及时采取必要措施的情况下，其仅仅就损害扩大部分承担连带责任。

第一，责任的范围限于接到通知以后的损害部分。这就是说，确定网络服务提供者的责任，必须要区分损害的发生和扩大。所谓对损害扩大的部分承担责任，就是指在接到通知以后网络服务提供者应当采取必要措施而未采取，对在此之后的损害部分应当承担责任。只有从这个时候开始，因为其不履行法定的义务导致损害扩大，其没有及时采取措施的行为与损害的扩大之间才具有因果关系，所以网络服务提供者就应当对该部分损害负责。

第二，责任的形态是与网络用户承担连带责任。《侵权责任法》第 36 条第（2）款规定：对于损害的扩大部分，网络服务提供者与网络用户承担连带责任。之所以采用连带责任，主要原因在于：一方面，网络服务提供者在接到通知以后，其已经知道了侵权行为的存在，而仍然不采取积极的措施。这实际上为网络用户的侵权行为提供了条件和帮助。另一方面，采用连带责任有利于对受害人的保护。因为在网络环境中，查找网络用户往往比较困难。在此情况下，通过规定连带责任，受害人既可以请求网络服务提供者承担责任，也可以要求网络用户承担责任。

第三，网络服务提供者在承担超出自己份额的责任后，享有对网络用户的追偿权。《侵权责任法》第 14 条第（2）款的规定："支付超出自己赔偿数额的连带责任人，有权向其他连带责任人追偿。"因此，网络服务提供者或网络用户只要承担了超出自己份额的责任，都有权向对方追偿。

2. 知道规则

1）知道规则的概念。《侵权责任法》第 36 条第（3）款规定："网络服务提供者知道网络用户利用其网络服务侵害他人民事权益，未采取必要措施的，应与网络用户承担连带责任。"这就在法律上确立了网络侵权中的知道规则。所谓知道规则，就是指网络服务提供者知道网络用户利用其网络侵害他人的民事权益时，未采取必要措施以避免损害的发生或扩大，对该损害应与网络用户承担连带责任。知道规则具有如下几个特点。

第一，典型的过错责任侵权，甚至是恶意的侵权责任。这就是说，网络服务提供者明知网络用户利用其网络侵害他人民事权益时，不采取措施，表明其明知自己的行为构成侵权，仍然不采取措施加以制止，或者在他人通知以后，仍然拒绝采取必要措施，表明行为人主观上具有故意。

第二，通知规则的例外情形。法律上出于保护网络服务提供者的考虑，通常要适用通知规则，只要在受害人有足够的证据证明网络服务提供者对侵权内容是明知的，才能使用明知规则。由于适用此种规则对受害人的举证责任有较高的要求，因此，该规则也适用于特殊的情况。在适用知道规则的情况下，并不要求受害人向其通知，即便受害人作出了通知，也不影响其依据知道规则请求网络服务提供者承担责任。

第三，行为人的责任。网络服务提供者承担责任的前提是网络用户实施了侵权行为。也就是说，网络用户利用网络实施了侵权行为，而网络服务提供者对网络用户的行为，明知其构成侵权却仍不采取措施。如果网络服务提供者自己实施了侵权行为，则属于《侵权责任法》第 36 条第（1）款的适用范围。因此，违反知道规则的责任属于对他人行为的信任，是对自己责任原则的突破。

之所以采纳知道规则，具有两方面的意义：一方面，网络服务提供者已经知道他人在自己网络上实施侵权行为，而不采取措施，这表明网络服务提供者具有过错。所以，要求其承担侵权责任具有法理基础。另一方面，网络服务提供者既然已经知道网络用户利用其网络实施侵权行为，就应当采取措施以避免损害的发生或扩大。因为网络服务提供者支配了空间网络，其处于最易于避免损害发生的地位。所以，法律要求其承担责任，可以督促其采取措施避免损害。此外，要求网络服务提供者承担责任也可以实现受害人经济与保障网络事业发展之间的平衡。在网络服务提供者知道侵权行为存下的情况下，仍然不要求其承担责任，似乎在两者的利益衡量上有失妥当。

2）知道规则的必要措施。所谓未采取必要措施，一方面是指网络服务提供者没有采取合理的措施以防止损害的发生或扩大。"合理"措施的确定要对侵权行为、受保护的民事权益、网络服务提供者提供服务的形式、措施的适当性等因素进行综合考量。另一方面它是指网络服务提供者采取的措施不及时。网络服务提供者虽然采取了措施，但是，如果没有在合理的时间内采取措施，也会导致受害人损害的发生或扩大。因此，网络服务提供者在接到通知之后，必须及时采取措施，避免更多损害的发生。

3）责任的承担。根据我国《侵权责任法》第 36 条第（3）款的规定，在符合上述责任构成要件的情况下，网络服务提供者与网络用户承担连带责任。如前所述，之所以这样规定，是因为在明知的情况下，网络服务提供者与网络用户之间构成共同过错，因此具备了共同侵权的要件。

在确定网络服务提供者与网络用户之间的责任范围时，应当区分损害的发生和损害的扩大。一是网络服务提供者对损害的发生有过错。如果网络服务提供者通过采取必要的措施可以避免损害的发生，其就要对全部的损害负责。例如，网络用户刚发布裸照，就被网络服务提供者发现，如果其采取措施，损害就不会发生。二是网络服务提供者对损害的扩大有过错。如果网络服务提供者知道侵权行为的存在时，损害已经发生，但是如果及时采取必要措施，可以避免损害的扩大。例如，某人将他人的裸照放在网上之后，网络服务提供者长期没有删除，导致其他网站转载，这就造成了损害的扩大。

因为网络服务提供者和网络用户对受害人承担连带责任，所以就内部关系而言，其各自责任份额的确定，应当适用《侵权责任法》第 14 条，即连带责任人根据各自责任的大小确定相应的赔偿数额，难以确定责任大小的，平均承担赔偿责任。无论网络用户还是网络服务提供者，其支付超出自己赔偿数额的，都有权向对方追偿。

（三）关于搜索引擎服务提供者的侵权责任

关于搜索引擎服务提供者侵权责任的认定，在侵权责任法中具有特殊性。搜索引擎服务提供者只是提供搜索服务，指明相关信息的链接地址，其自身并不提供信息服务。从实践来看，搜索引擎不仅涉及间接侵权，还可能涉及直接侵权的问题，例如，Google 地图、Google 图书等都直接提供信息服务，如果搜索结果链接的信息涉及侵权内容，不能够直接由此判定引擎提供者存在侵权行为。

学界认为虽然是用户而非搜索引擎网站上传或下载未得到授权的版权作品，但搜索引擎网站有意识地为用户提供相应的服务，客观上大大便利了网络用户实施侵权行为。在此情况下，即使搜索引擎网站没有直接实施非法复制行为，但也有可能为第三人的非法复制行为承担责任，法理上称为"间接侵权责任"。也有人认为，搜索引擎的提供者只是提供搜索服务，所以即使搜索的结果有侵权内容也不应当承担责任。笔者认为，搜索引擎网站不应当直接根据《侵权责任法》第 36 条第（3）款的规定负责，但是，仍然要适用通知规则，理由在于，一方面，从搜索引擎的工作方式来看，其只是通过网页的关键字，搜索用户需要知道的内容，其根本无法辨别用户搜索的内容是否侵害他人权益，如果要求搜索服务具有判断搜索结果是否构成侵权的功能，在现在的科技条件下是不可能实现的。另一方面，搜索引擎所提供的链接是大量的，其不可能甄别所有的链接信息。搜索引擎搜索量巨大，如果对如此庞大的信息都要严格审查，否则就要承担侵权责任，那么搜索引擎提供商很难生存发展。即便有些信息可以比较容易地被认定构成侵权，但因为搜索引擎服务的特殊性，也很难采取措施避免损害的发生或扩大。即使要求搜索引擎对其明知的侵权信息采取措施，也无法及时采取必要措施。因此，对搜索引擎服务应慎用知道规则，但是，其应当适用通知规则。

四、结语

伴随计算机及通讯技术的快速发展，互联网络已辐射到社会生活的各个领域，影响了人类的结构、生存及生活，拓展了社会交流空间。但与此同时，行为主体的权益往往受到网络上的各类侵害。据此，我国《侵权责任法》第 36 条专门规定了网络侵权责任。该条规定虽然简略，但是，其确立了网络侵权责任的基本规则，对打击网络侵权具有重大意义。

第十二章　产品侵权责任

商品社会的形成，商品琳琅满目，种类繁多，不断满足着人类生存发展的需要，提高了人们的生活质量。与此同时，其存在的各种缺陷也给人们带来了很多意想不到的损害。产品是生产者经过加工、制作并流通于市场以满足消费者或使用者需要的消费品或使用品即商品，与消费者或使用者的生命财产息息相关，因而构筑产品侵权责任法律制度就具有了十分重要的意义和作用。所谓产品侵权责任法律制度，指调整产品的生产者和销售者由于其生产、销售的产品具有缺陷，造成消费者或者使用者人身或财产方面的损害而应当向受害者承担民事法律责任的法律制度。因产品的生产或者销售行为而产生的责任，有违约责任和侵权责任两种责任方式，本章以产品侵权责任制度研究为主。

一、案例举隅及问题的提出

2011 年 1 月 26 日，原告张某在被告怀化某烟花爆竹有限公司处购进一批烟花爆竹。2011 年 2 月 1 日，原告张某将该批烟花爆竹中的 2 筒 2.5×25 响的"百福大吉"组合烟花出售给黄某，黄某在燃放烟花过程中发生炸筒，造成黄某全身多处烧伤，左眼摘除、右眼视物模糊。在发生产品质量事故后，黄某将张某诉至法院，后经某县人民法院作出民事裁定，认定张某因销售不合格的烟花而造成消费者黄某受伤，并责令张某支付黄某损害赔偿款 6 万余元及法院的案件受理费 5 千余元。判决生效之后，原告张某按照判决书的内容，履行了相应的赔偿义务。《中华人民共和国产品质量法》第 43 条规定，"因产品存在缺陷造成人身、他人财产损失的，受害人可以向产品的生产者要求赔偿，也可以向产品的销售者要求赔偿。属于产品的生产者的责任,产品的销售者赔偿的,产品的销售者有权向产品的生产者追偿",故综合本案的情况,在原告张某履行了赔偿义务之后,有权向该批烟花的批发商怀化某烟花爆竹有限公司进行追偿。原告张某在出售不合格烟花爆竹时,未领取相应的营业执照,未接受相应的安全培训,对于此事故的发生存在一定的过错,原告对该事故承担30%的责任。而在黄某诉张某一案的审理过程中,被告怀化某烟花爆竹有限公司已先行垫付了1万元的医疗费,原告方认可上述事实,应当计算在赔偿范围之内,即原、被告在黄某人身损害一案中共需承担的赔偿数额为8万余元,被告应当支付原告的赔偿款为8万余元×70%-1万元=4万余元。如被告怀化某烟花爆竹有限公司未按本判决指定的期间履行给付金钱义务,应当依照《中华人民共和国民事诉讼法》第229条之规定,加倍支付迟延履行期间的债务利息。❶

在此案件中,张某和怀化某烟花爆竹有限公司因生产销售的烟花爆竹侵害黄某人身权益应承担侵权赔偿责任,那么其认定要件和标准是什么呢? 责任追究的归责原则是什么? 受害人如何追究责任以实现自己权利救济呢? 生产者和销售者承担的侵权损害赔偿责任是何种性质的法律责任?

二、产品侵权责任概述

(一)产品侵权责任厘定

依《侵权责任法》第41条、第42条和第44条的规定,因产品存在缺陷造成他人损害的,生产者应当承担侵权责任。因销售者的过错使产品存在缺陷,造成他人损害的,销售者应当承担侵权责任。因运输者、仓储者等第三人的过错使产品存在缺陷,造成他人损害的,仍应由产品生产者、销售者承担侵权责任。生产者、销售者承担责任后,则可依其与运输者、仓储者之间的合同向后者追偿。为此,我们认为,产品侵权责任是指由于产品有缺陷,造成了产品的消费者、使用者或其他第三人的人身伤害或财产损失,依法应由生产者或

---

❶ 张某某诉怀化某某烟花爆竹有限公司产品销售者责任纠纷案,湖南省怀化市鹤城区人民法院民事判决书,〔2012〕怀鹤民一初字第466号。

销售者分别或共同负责赔偿的一种侵权法律责任。

依据对产品侵权责任的厘定，我们应当把握产品侵权责任的基本特征：

1）产品侵权责任的产品性，即产品侵权责任是基于加工、制作并流通于市场以满足消费者或使用者需要的消费品或使用品即商品而致的责任，建设工程产品除外。但是，建设工程使用的建筑材料、建筑构配件和设备，属于产品范围。实务界和学术界有几种不同意见的产品：①经过初级农业加工的畜牧、家禽、猎物、渔产。有些学者持肯定态度，一些学者则将这类物品排除在外。我们认为不能将这些产品一概排除在外。如我国有些南方地区的人民有食用河豚的习惯，如果有人购买经过加工的河豚食用后中毒，应当允许受害人向产品的提供者索赔。②血液。美国《统一产品侵权责任示范法》将它排除在外，但是美国伊利诺伊州最高法院在一起案件中将血液也作为产品。法院的理由是：血液是一种包含在《侵权法重述》（第二版）第 402A 节的意思内的"产品"；这种产品是被"出售"的；这种血液处于一种对使用者的不合理的危险的缺陷状态。法院这样的目的是使医院承担严格责任，以保护病人。血液不仅应作为产品侵权责任中的产品，而且是一种直接关系到人的生命健康的重要产品。③智力成果，像计算机软件、图书、视听资料等。我国法律尚无这方面的规定。在美国，法院在不存在担心妨碍言论自由的情形下，对错误地提供成文信息者适用严格责任。一例判决曾将航空地图视为产品，判决航空地图的出版商对因信赖该航空地图而造成飞机失事所致伤亡承担严格责任。对于计算机软件，有位美国法官将计算机软件分为以标准件在市场上批量销售的通用软件和依订单专门设计的专用软件。认为通用软件生产商将产品投放于商业流通渠道，处于控制危险的较为有利的地位，分摊产品事故费用的能力比较强，应当承担严格责任。而专用软件是为特定目的设计生产的，生产规模较小，分散损失的可能性比较小，因此不需要对专用软件生产者适用严格责任。在我国，软件市场和软件消费者日益扩大，将通用软件作为产品侵权责任法意义上的产品是有必要的。

2）产品的缺陷性，产品侵权责任是基于产品缺陷而致的责任。

3）产品侵权责任归责原则的混合性，即生产者或者销售者向消费者或使用者承担的责任是严格责任，而在生产者、销售者、运输者、仓储者等之间承担的责任又是依据过错责任原则。

4）产品侵权责任承担主体的多元性，即产品造成消费者或使用者人身或财产损害的，产品的生产者、销售者、运输者、仓储者等均是责任的承担者。

5）产品侵权责任的特殊抗辩性，即产品侵权责任中存在的免责事由与其他侵权责任类型相比具有特殊性，如产品未投入流通、产品投入流通时引起损害的缺陷不存在、将产品投入流通时的科学技术水平尚不能发现缺陷的存在、消费者或者使用者的不合理使用、为使产品符合政府颁布的强制标准而产生的缺陷等。

（二）产品缺陷的认定

产品的适用性、安全性、经济性是产品生产销售与使用的基础与前提。存在产品缺陷是承担产品侵权责任的基础和前提。产品缺陷的认定是追究产品侵权责任以保护消费者或使用者合法权益的关键内容，也是人民法院裁判产品侵权责任案件中必须首先确定的内容，同时也是受害者承担的举证责任的重要内容，因而正确认定产品缺陷具有举足轻重的意义。

产品缺陷的认定，由于产品本身的多样性和复杂性，存在着不同的标准。《欧共体产品侵权责任指令》第 6 条第（1）款规定，"若某产品不能具备人们对产品合理预期的安全性能，该产品即存在缺陷，考虑到一切情形，包括：①对产品的说明；②对产品用途的合理预期；③将产品投入流通的时间"。第2 条规定，"不能仅仅因为后来有更好的产品投入流通而认为（以前的）产品存在缺陷"。欧共体采用的产品缺陷认定标准是产品不具有可合理期待的安全性。美国《侵权法重述》（第二版）第 402A 节对产品缺陷的界定是"不合理危险的缺陷状态"，即"超出了购买该商品的普通消费者以对它的特性的人所共知的常识的预期"。也就是说，如果一般的消费者能够合理预期到产品的危险状态和完全意识到伤害的风险，那么该产品就不具有不合理的危险和缺陷。这就是美国的消费者期待标准，集中运用于对产品设计较简单的产品提起的诉讼,当案件所涉及的产品设计比较复杂时,消费者无法对产品形成安全期待。于此,美国法院在实践中创设了"风险—效用"标准,运用于产品缺陷认定中时可以表述为:如果生产者生产更安全的产品所需付出的成本大于其维持现状所承担的风险,则产品不存在缺陷;反之,则产品存在缺陷。而后,韦德教授又提出了韦德七要素标准使这一标准更加平衡:"①产品的效应和期望值,对使用者和大众的效益;②产品的安全方面,它导致伤害的可能性和伤害的严重性;③替代产品的可行性,满足同样的需求而不那么危险;④生产商减少产品不安全性能的能力,而不破坏产品的有效性或者不因为保持有效性而使价格更贵;⑤在使用产品过程中,通过合理注意避免危险的使用者的能力;⑥因为对产品明显状况的一般公众知悉或者因为合适警告、指示的存在,使用者对产品内在危险和对它们加以避免的预防意识;⑦生产商通过产品价格或者保险责任分配损失的可能性。"❶消费者期待标准和"风险—效用"标准的结合运用,得到了美国很多法院的接受,并越来越多地运用在案件的实际审判中,使消费者的利益得到了应有的保护。

在我国关于产品缺陷的规定中,《民法通则》第 122 条规定,"因产品质量不合格造成他人财产、人身损害的,产品制造者、销售者应当依法承担民事责任"。《产品质量法》第 46 条规定:"本法所称缺陷,是指产品存在危及人身、他人财产安全的不合理的危险;产品有保障人体健康和人身、财产安全的国家标准、行业标准的,是指不符合该标准。" 因而我国的产品缺陷认定标准,根据法律规定只有技术性标准和不合理危险标准,而技术性标准又不以安全性为首要目标,现实中也经常会出现符合技术性标准的产品造成损害的情况。而不合理危险标准在我国的法律中规定得十分模糊,并没有一个确定的判断标准,这使法院在司法实践中找不到法律依据,对案件的审理造成很大的影响。同时,在这种认定标准的影响下,我国法律对产品缺陷的分类并不重视,这也在一定程度上不利于产品侵权责任案件的审理。理论上的探讨是丰富的,有不同的认定标准,但基本一致的看法是,产品缺陷的认定标准可分为制造缺陷、设

---

❶董春华.中美产品缺陷法律制度比较研究[M].法律出版社,2010:88.

计缺陷和警示缺陷等三大类标准。

1）产品制造缺陷标准。产品的制造缺陷是指产品在制造过程中，因质量、原材料或工艺水平等原因而使产品存在不合理的危险。如果一种产品的安全水平与具有常识的普通消费者对该产品安全性的期待相一致，则该产品就没有缺陷，反之，则产品就有缺陷。这就是将消费者期待标准适用于产品制造缺陷的认定，因为任何消费者都有权利期待产品与同一生产线的其他产品具有同样的安全标准，符合既定设计。产品制造缺陷是一种隐蔽瑕疵，普通消费者很难发现，并且在预防产品的制造缺陷上生产者具有绝对的优势。采用这一认定标准，符合我国产品侵权责任法保护消费者利益的立法目的，也为法院审理产品侵权责任案件提供了切实可行并富有效率的判断标准。

2）设计缺陷的认定标准。产品的设计缺陷是指产品因为设计不合理导致产品存在不合理危险。产品设计不具有合理的安全性时，则该产品存在设计缺陷。

3）警示缺陷的认定标准。产品的警示缺陷是指生产者或销售者对产品可能具有的危险没有做出必要的警告或者没有做出如何安全使用产品的指导，从而对消费者构成不合理危险。《产品质量法》第27条第（5）款规定，"使用不当，容易造成产品本身损坏或者可能危及人身、财产安全的产品，应当有警示标志或者中文警示说明"。《消费者权益保护法》第18条第（1）款规定，"经营者应当保证其提供的商品或者服务符合保障人身、财产安全的要求，对可能危及人身、财产安全的商品和服务，应当向消费者作出真实的说明和明确的警示，并说明和标明正确使用商品或者接受服务的方法以及防止危害发生的方法"。美国《统一产品侵权责任示范法》第104条规定，"对与产品有关的危险或产品的正确使用没有给予适当警告或指示，致使产品存在不合理的不安全性"。综上分析，我们认为，从产品缺陷的认定方面，除了依从三大标准外，必须明确警示缺陷应当是设计缺陷的补充，对于违反了技术性标准和国家法律法规规定的产品，可以直接认定存在缺陷。❶

---

❶ 赵鹏.产品侵权责任法律问题研究[D].吉林大学,2012:10.

三、产品侵权责任的归责原则

（一）生产者的严格责任原则

《侵权责任法》第41条规定，因产品存在缺陷造成他人损害的，生产者应当承担侵权责任。即生产者对其制造、加工的产品存在缺陷致消费者或使用者损害的应适用严格责任原则。生产者严格责任原则是我国法律之自始规定，从《民法通则》到《产品质量法》再到《侵权责任法》，均规定为严格责任原则，并对其免责事由作了严格的限制。

根据《牛津法律指南》，严格责任是"指一种比因没有尽到合理的注意而须负责的通常责任标准更加严格的责任标准，责任产生于应该避免的伤害事件发生之处，而不论其采取了怎样的注意和谨慎。但它不是由制定法设定标准的绝对责任，即使承担严格责任，仍有某些有限的对责任的抗辩，不过已经尽到合理注意不在其列"❶。在严格责任原则下，依据《最高人民法院关于民事诉讼证据的若干规定》，因缺陷产品致人损害的侵权诉讼，由产品的生产者就法律规定的免责事由承担举证责任。由此可见，产品质量纠纷适用举证责任倒置原则，产品生产者应举证证明其产品不存在缺陷。产品的消费者或使用者的举证责任仅仅限于证明产品存在缺陷，以及产品的缺陷是在投入市场时就存在的，损害是由产品缺陷造成的。这一责任原则，符合社会经济的发展水平，也符合产品侵权责任法律制度的价值目标，减轻了产品的消费者或使用者的举证责任，有利于消费者权益的保护，实现了效率和公平的有机统一。正如波斯纳所言："在强调公平和强调效率的实证原理之间是没有矛盾的，也许在这个领域，公正就等于效率。"❷

适用严格责任原则，应当具备三个要件：①产品具有缺陷。《产品质量法》第46条规定，"本法所称缺陷，是指产品存在危及人身、他人财产安全的不合理的危险；产品有保障人体健康和人身、财产安全的国家标准、行业标准的，是

---

❶ David M. Walker.The Oxford Companion To Law[M].Clarendon Press,1980:1193.
❷ [美]威廉·兰德斯,理查德·波斯纳.侵权法的经济结构[M].王强,杨媛,译.北京大学出版社,2005:135.

指不符合该标准"。认定产品缺陷采用双重标准，即"不合理危险"和"不符合法定的强制标准"，包括制造缺陷、设计缺陷和说明与警示缺陷。②产品缺陷造成产品的消费者或使用者损害的事实，包括人身损害和财产损害。按照《侵权责任法》第 41 条之规定，此处的损害，是指因产品缺陷而造成的产品本身的损害和产品导致的该产品以外的人身和财产的损害，这三类损害，不仅包括实际的损害，也包括妨害和风险，这就弥补了《产品质量法》规定的不严谨性。③缺陷产品与损害事实之间存在因果关系。根据《侵权责任法》第 41 条的规定，消费者或使用者（即受害人）必须证明因果关系的存在，受害人举证证明其遭受的损害是由于缺陷产品造成的。

但是，我国法律对于生产者严格责任适用于因产品的制造存在缺陷而致害所应承担的责任，至于因设计、警示存在缺陷而致人损害也应承担严格责任吗？法律对此没有细分。一般认为，产品的设计、警示均为产品产生过程中重要的生产环节，应当适用严格责任原则。有学者认为，因设计、警示缺陷而担责，应适用过错责任原则，因为"设计缺陷领域的事故一般是双方性事故，双方性事故最佳的预防方法是双边预防，另外，因为设计缺陷具有普遍性的特征，赔偿的涉及面非常广，经常会出现生产者一夜之间宣布破产的情况，这严重阻碍了社会经济水平的发展和科学技术水平的进步。"因而在中国确立设计、警示缺陷的过错责任原则很必要，这样能更好地保护消费者的合法权益，因为设计缺陷的过错责任原则，兼顾了消费者和生产者的利益，并且也符合市场经济条件下市场主体追求利益最大化的要求。❶

（二）销售者的混合责任归责原则

《侵权责任法》第 42 条第（1）款规定，"因销售者的过错使产品存在缺陷，造成他人损害的，销售者应当承担侵权责任"。但是，《侵权责任法》第 42 条第（2）款又规定，"销售者不能指明缺陷产品的生产者也不能指明缺陷产品的供货者的，销售者应当承担侵权责任"。即销售者无法指明缺陷产品的供货者时，就应当承担严格责任。因而，对于销售者承担侵权责任的归责原则，采用

---

❶ 赵鹏.产品侵权责任法律问题研究[D].吉林大学,2012:10.

混合责任原则。

在理解与适用销售者的混合责任原则时，应当注意：①《侵权责任法》第42条第（1）款规定的过错责任原则，其立法之意是划分生产者与销售者之间的责任界限，销售者在销售过程中因过错导致产品缺陷的，基于此缺陷致他人损害之侵权责任，由销售者向生产者承担，因为生产者对外承担严格责任。同时，《侵权责任法》第43条规定，"因产品存在缺陷造成损害的，被侵权人可以向产品的生产者请求赔偿，也可以向产品的销售者请求赔偿。产品缺陷由生产者造成的，销售者赔偿后，有权向生产者追偿。因销售者的过错使产品存在缺陷的，生产者赔偿后，有权向销售者追偿"。据此，销售者与生产者之间承担的是连带责任。从受害人角度来说，销售者仍然承担的是严格责任，对于生产者和销售者的归责原则不应该相互区别，否则《侵权责任法》之规定就自相矛盾或者失去意义。②《侵权责任法》第44条规定，"因运输者、仓储者等第三人的过错使产品存在缺陷，造成他人损害的，产品的生产者、销售者赔偿后，有权向第三人追偿"。这就明确规定了销售者仍应当对运输者、仓储者等第三人在产品运输、仓储过程中因过错而致他人损害的，向受害人承担相应的侵权赔偿责任，体现了销售者的责任是严格责任，而运输者、仓储者的过错责任是相对于生产者和销售者而言的，他们并不直接对受害人承担责任，受害人也不可能或无法实现对运输者、仓储者的责任追究。③《侵权责任法》第42条和第43条规定的销售者的过错，是生产者向销售者进行追偿而销售者承担过错责任原则，生产者要实现对销售者的追偿，必须证明销售者因过错导致产品出现了缺陷，否则就无法实现追偿。受害人向销售者要求承担侵权赔偿责任，则不必证明销售者是否有过错。

四、产品侵权责任的承担与追偿

《侵权责任法》第43条规定，因产品存在缺陷造成损害的，被侵权人可以向产品的生产者请求赔偿，也可以向产品的销售者请求赔偿。产品缺陷由生产者造成的，销售者赔偿后，有权向生产者追偿。因销售者的过错使产品存在缺陷的，生产者赔偿后，有权向销售者追偿。第 44 条规定，"因运输者、仓储者等第三人的过错使产品存在缺陷，造成他人损害的，产品的生产者、销售者赔偿后，有权向第三人追偿"。

（一）产品侵权责任的权利主体与责任主体

根据《侵权责任法》第 43 条和第 44 条之规定，产品侵权责任的权利主体规定为"受害人"，即产品的消费者或使用者，产品侵权责任的义务主体规定为产品的生产者和销售者。这里生产者是指制造、加工产品的自然人和法人以及其他社会组织，也包括在他人产品上注明自己标识的人。具体而言，生产者包括最终产品的生产者、原材料的生产者、零配件的生产者、在产品上表示名称（或姓名）以及商标或其他标识的人。这里的销售者是指以经营为目的，通过出售、出租、融资租赁等方式经营产品的人。具体而言，销售者包括以保留所有权等方式销售产品者、以融资租赁等方式销售产品者、以易货贸易等方式销售产品者、以其他方式将产品有对价转让给他人者。此外，销售者既包括批发者，也包括零售者，以及以其他方式向消费者销售产品的人。❶至于运输者、仓储者等第三人的过错使产品存在缺陷，造成他人损害的，仍然由生产者、销售者向受害人承担产品侵权责任后，再向有过错的运输者、仓储者等第三人追偿。

《产品质量法》第 43 条规定，因产品存在缺陷造成人身、他人财产损害的，受害人可以向产品的生产者要求赔偿，也可以向产品的销售者要求赔偿。《民法通则》第 122 条规定， 因产品质量不合格造成他人财产、人身损害的，产品制造者、销售者应当依法承担民事责任。运输者、仓储者对此负有责任的，产品制造者、销售者有权要求赔偿损失。可见，我国立法上的基本规定是一致的。

（二）生产者与销售者的产品侵权责任负担

结合《侵权责任法》第 42 条和第 43 条的规定，我们认为，在缺陷产品致人损害的外部关系上，无论是生产者还是销售者，对受害人均承担严格责任；在内部关系上，生产者对销售者的追偿采用过错责任原则，而销售者对生产者的

---

❶ 王利明.侵权责任法研究(下)[M].中国人民大学出版社,2011:249-251.

追偿仍采用严格责任原则，即生产者与销售者对受害人承担的是一种不真正连带责任，这有利于平衡相关主体的利益关系。所谓不真正连带责任，是指数个责任人基于不同的原因而依法对同一被侵权人承担全部的赔偿责任，某一责任人在承担责任后，有权向终局责任人要求全部追偿。在《侵权责任法》中，在产品的生产者造成产品缺陷的情况下，生产者是最终责任者；在因销售者的原因造成产品缺陷的情况下，销售者是最终责任者；在销售者不能指明缺陷产品的生产者或供货者的情况下，销售者成为最终责任者。《侵权责任法》第42条第（2）、（3）款规定销售者和生产者的追偿权，表明承担了责任的主体可以向终局责任人全部追偿。

（三）产品侵权责任的追偿

依据《侵权责任法》第43条和第44条的规定，产品侵权责任的承担者在向消费者或使用者承担了产品侵权损害赔偿责任后，有权向其他责任主体进行追偿。在行使追偿权时，追偿权人可以直接向赔偿义务人请求，也可以向法院提起诉讼而予以追偿。追偿之诉与责任承担之诉可以合并审理，也可以单独审理。

1. 生产者向销售者行使追偿权

在满足以下条件的情形下，生产者有权向销售者行使追偿权：一是生产者有证据证明产品存在缺陷是因销售者的过错使然；二是该缺陷产品致他人损害；三是生产者向受害人承担了赔偿责任。

2. 销售者向生产者行使追偿权

在满足以下条件的情形下，销售者有权向生产者行使追偿权：一是销售者有证据证明致人损害的产品之缺陷是由生产者造成的；二是销售者向受害人承担了赔偿责任。

3. 生产者和销售者向其他责任主体行使追偿权

在满足以下条件的情形下，生产者和销售者有权向运输者、仓储者等第三人行使追偿权：一是生产者、销售者有证据证明运输者、仓储者等第三人造成了产品缺陷；二是运输者、仓储者等第三人基于过错造成了产品缺陷；三是该缺陷产品造成了他人损害；四是生产者、销售者向受害人承担了赔偿责任。因而，生产者、销售者是产品侵权责任的主体，而运输者、仓储者等第三人不是产品侵权责任的主体，他们是依据合同约定和侵权责任法的规定而向生产者、销售者承担赔偿责任。

（四）产品侵权责任的惩罚性赔偿

《侵权责任法》第 47 条规定，"明知产品存在缺陷仍然生产、销售，造成他人死亡或者健康严重损害的，被侵权人有权请求相应的惩罚性赔偿"。一般认为，这就是产品侵权责任的惩罚性赔偿规定。

《消费者权益保护法》第 55 条规定，"经营者提供商品或者服务有欺诈行为的，应当按照消费者的要求增加赔偿其受到的损失，增加赔偿的金额为消费者购买商品的价款或者接受服务的费用的三倍"。《合同法》第 113 条第（2）款规定，"经营者对消费者提供商品或者服务有欺诈行为的，依照《中华人民共和国消费者权益保护法》的规定承担损害赔偿责任"。《食品安全法》第 96 条第二款规定，"生产不符合食品安全标准的食品或者销售明知是不符合食品安全标准的食品，消费者除要求赔偿损失外，还可以向生产者或者销售者要求支付价款十倍的赔偿金"。上述规定显然都是具有惩罚性赔偿性质的规范。

从前述规定来看，《侵权责任法》仅规定了一个总的原则，对受害者请求惩罚性赔偿的具体方式、惩罚性赔偿金数额的确定标准以及在认定是否进行惩罚性赔偿时应考虑的各种因素等问题都没有作出详尽的规定，这使法院在具体审判中仍然没有具体的法律法规可依，因此，我国的惩罚性赔偿制度仍然需要完善。

惩罚性赔偿，对生产者、销售者的损害赔偿金的追究，不仅是对受害人的一种补偿，而且包括对生产者、销售者违法行为的一种惩罚。这种惩罚性质的赔偿，显然对生产者或销售者具有更大的威慑力，能促使其提高产品的安全性能，也更加有利于对消费者合法利益的保护。

惩罚性赔偿是作为惩罚生产者、销售者的一种方式而给予消费者的赔偿，当生产者、销售者的行为是蓄意的，并且令人无法忍受，或具有欺诈性的时候，就可以裁定惩罚性赔偿金。具体而言，要追究生产者、销售者的惩罚性赔偿责任，应当把握好如下几个问题：

1. 生产者、销售者承担惩罚性赔偿责任的主观要件

《侵权责任法》第 47 条规定，产品责任惩罚性赔偿必须以明知为前提。因而生产者、销售者承担惩罚性赔偿责任的主观条件必须以明知产品有缺陷而仍然生产销售为基础，即侵权责任人恶意实施生产、销售行为，或对生产、销售行为有重大过失时，以对行为人实施惩罚和追求一般抑制效果为目的。包括两个方面：一是生产者明知产品有缺陷，即生产者在制造、设计产品的过程中已经发现产品有缺陷，但出于追逐利润等因素而继续生产产品。二是销售者明知产品存在缺陷，即销售者在销售前或者销售过程中发现了产品具有缺陷而仍然进行销售行为，如在销售过程中遇到消费者的投诉、举报等情况时，就能够发现产品存在缺陷，此时就可以构成明知。

2. 生产、销售的产品存在缺陷

如前所述，经过加工、制作，用于销售的产品和建设工程中使用的建筑材料、建筑构配件和设备等存在设计、制造、警示等缺陷，存在危及人身、他人财产安全的不合理危险。

3. 缺陷产品造成了人身伤亡的严重损害后果

《侵权责任法》第 47 条规定，生产者、销售者明知产品有缺陷而仍然生产、销售，造成他人死亡或者健康严重损害的，被侵权人有权请求相应的惩罚性赔偿。具体分为两个方面：一是造成他人死亡，即因产品缺陷使受害人的生命权遭受侵害。二是造成他人健康严重损害，如肢体残缺、主要器官功能丧失或者因伤害而导致受害人的职业发展等重要社会价值受到严重影响等。

《侵权责任法》对于人身伤亡的受害人损害用了"他人损害"一词，那么是否涵盖消费者、使用者和消费者或使用者以外的人？第一种观点认为，"他人损害"的包容性非常广泛，包括缺陷产品本身的损害、缺陷产品以外的人身伤害和缺陷产品以外的财产损害等，因而，都可以通过《侵权责任法》追究生产者、销售者的产品责任。第二种观点认为，尽管《侵权责任法》第 41、42

条规定了"他人损害"，但是《侵权责任法》第5条规定，"其他法律对侵权责任另有特别规定的，依照其规定"。《产品质量法》属于特别法，应当适用《产品质量法》，因而缺陷产品本身的损害不包括在内。第三种观点认为，按照法律适用规则之一，新法优于旧法，对于缺陷产品所致之损害，应当适用《侵权责任法》，且全国人大常委会法制工作委员会的解释是："本法的财产损害，既包括缺陷产品以外的其他财产的损害，也包括缺陷产品本身的损害，这样有利于及时、便捷地保护用户、消费者的合法权益。"❶因而，不管缺陷产品导致何种损害，都可以适用《侵权责任法》，受害人都可以请求损害赔偿，无需受竞合规则的约束。❷我们认为第三种观点合理，有利于减少请求权竞合情况，节约诉讼成本与司法资源，充分保护受害人利益。至于"他人"，一般应包括缺陷产品的消费者、使用者以及其他消费、使用该缺陷产品的人或组织，这既符合立法之精神，有利于促使生产者提高产品质量、促进销售者尽谨慎义务，也有利于保护产品消费者、使用者的合法权益。

对于损害后果，《侵权责任法》第47条仅规定了人身伤亡之损害，这主要适用于惩罚性损害赔偿范围。那么缺陷产品造成人身伤亡以外的损害如何实施救济呢？《侵权责任法》第41条、第42条规定了缺陷产品造成他人损害，这里的损害是指缺陷产品造成了产品本身的损害和产品以外的人身和财产损害，包括三种类型：一是缺陷产品本身的损害，即缺陷产品所致的本身毁损或功能丧失；二是缺陷产品以外的人身伤害，即缺陷产品导致的人身权益损害，包括死亡、生命健康受到侵害，严重的精神痛苦，其他人身权益如名誉、荣誉等不包括在内；三是缺陷产品以外的财产损害，即基于缺陷产品导致的燃烧、爆炸、污染等情形而使缺陷产品以外的其他财产损失，该"财产损害"一般指有体财产损害，至于无体财产损害和纯粹经济损失等是否应当赔偿，应根据是否可预见、因果关系等因素来综合加以确定。❸受害人针对缺陷产品本身的损害，应当适用《合同法》，追究缺陷产品的生产者、销售者的违约责任，要求其恢复

---

❶ 全国人大常委会法制工作委员会民法室.中华人民共和国侵权责任法:条文说明、立法理由及相关规定[M].北京大学出版社,2010:174.

❷ 王利明.论产品责任中的损害概念[J].法学,2011(2):47.

❸ 王利明.论产品责任中的损害概念[J].法学,2011(2):46.

原状、修理、重作、更换、赔偿损失、承担违约责任等；受害人针对缺陷产品以外的财产损害，应当适用《侵权责任法》，追究缺陷产品的生产者、销售者的一般侵权责任，要求其承担赔偿损失、修理、更换等；受害人针对缺陷产品以外的人身伤亡，应当适用《侵权责任法》之惩罚性损害赔偿。至于惩罚性赔偿数额问题，《侵权责任法》和《产品质量法》均未作出明确的规定，因而造成了受害人救济的困难，要么漫天要价，要么得不到足额的赔偿，赋予法官的自由裁量权很大。为此，我们认为，在确定惩罚性损害赔偿数额时，一是要考虑损害结果与生产者、销售者的过错程度相适应；二是考虑生产者、销售者的财产状况和经济条件；三是考虑生产者、销售者从缺陷产品中的获利情况；四是受害人为避免损失或防止损失的扩大而承担的费用；五是生产者、销售者是否愿意对损害进行公正的补偿；六是依据《最高人民法院关于审理人身损害赔偿案件适用法律若干问题的解释》第 17 条之规定，受害人遭受人身损害，因就医治疗支出的各项费用以及因误工减少的收入，包括医疗费、误工费、护理费、交通费、住宿费、住院伙食补助费、必要的营养费，赔偿义务人应当予以赔偿。受害人因伤致残的，其因增加生活上需要所支出的必要费用以及因丧失劳动能力导致的收入损失，包括残疾赔偿金、残疾辅助器具费、被扶养人生活费，以及因康复护理、继续治疗实际发生的必要的康复费、护理费、后续治疗费，赔偿义务人也应当予以赔偿。受害人死亡的，赔偿义务人除应当根据抢救治疗情况赔偿本条第（1）款规定的相关费用外，还应当赔偿丧葬费、被扶养人生活费、死亡补偿费以及受害人亲属办理丧葬事宜支出的交通费、住宿费和误工损失等其他合理费用。该解释第 18 条规定，受害人或者死者近亲属遭受精神损害，赔偿权利人向人民法院请求赔偿精神损害抚慰金的，适用《最高人民法院关于确定民事侵权精神损害赔偿责任若干问题的解释》予以确定。精神损害抚慰金的请求权，不得让与或者继承。但赔偿义务人已经以书面方式承诺给予金钱赔偿，或者赔偿权利人已经向人民法院起诉的除外。

4. 因果关系的存在

对于产品责任中因果关系的认识，学术界有两种见解：一种观点认为，因果关系是指生产者或者销售者明知产品存在缺陷而仍然生产或者销售的行为与损害之间的因果关系。另一种观点则认为，产品责任中的因果关系是指产品缺陷与损害之间的因果关系。我们认为后者更有利于受害人证明产品缺陷与损害之间的因果关系，有利于救济处于弱势的受害人。

五、结语

产品侵权责任制度由于《侵权责任法》和《产品质量法》等法律的规定而日益健全，对于规制产品的生产、流通、交换、消费有着重要作用。但是，随着经济社会的发展和生产者、消费者的逐利性质以及消费者、使用者法律意识、维权意识的逐渐增强，对产品责任制度的构建与完善也提出了更高的要求。检视我国现有的产品责任法律规制，还存在需要完善的地方，如要求生产者、销售者对缺陷产品是明知的，对于有效惩罚故意侵权的侵权行为人和遏制不法的产品责任侵权行为具有重要意义。但是生产者、销售者的重大过失也可以造成消费者、使用者的损害，从而造成产品责任侵权案件的侵权人以重大过失等主观心态进行抗辩和免责，以致不能对其进行惩罚。又如惩罚性赔偿仅限于人身伤亡，把财产损失排除在外，虽然在立法上具有一以贯之的精神，但是对于有关人身健康安全的产品仅从一般产品责任角度进行规制，致使生产者、消费者由于违法成本低而大肆生产、销售，起不到产品规制之效果。再如损害赔偿的数额和标准模糊，尽管有立法机关的解释和说明，但仍然没有一个合理且精确的标准来指导我国的产品责任惩罚性赔偿制度。如此等等，有待于探究和完善，以构建一个科学、具体的规制产品生产、流通环节和实施有效产品责任救济的产品侵权责任制度，以创制市场交易秩序的安全、方便、快捷，高度重视与有力保护老百姓人身财产安全的社会环境。

第十三章　机动车交通事故责任

随着现代交通业的快速发展，机动车事故频发已成为世界性难题，每年因机动车事故致人伤亡和财产损失非常严重，每年法院受理的机动车事故案件在民事案件中的比例居高不下。从 20 世纪 80 年代末中国交通事故死亡人数首次超过 5 万人至今，中国大陆交通事故死亡人数已经连续十余年居世界第一。[1]因交通事故责任纠纷而诉至人民法院的案件在侵权责任案件中所占的比例最高，且呈逐年上升的趋势。对于交通事故侵权责任的法律规制而言，我国自 1987 年《民法通则》至 2009 年的《侵权责任法》的颁布，标志着机动车交通事故法律制度已经建构，对于有效地防范和解决机动车交通事故侵权责任有着重要的法律保障。

一、案例举隅及问题的提出

（一）张某与王某发生交通事故侵权责任案

2010 年 10 月 23 日约 16 时，王某驾驶摩托车由南往北行驶至家具城路口对开路段左转弯时，与张某驾驶的助力车（搭乘被告覃某、林某）发生碰撞，造成张某、林某受伤，两车受损的交通事故。事故发生后，王某被送往市红十字会医院抢救无效死亡，用去医疗费 6 367 元，其中王某家人支付 1 937 元，张某家人支付 4 430 元。张某家人还向王某家人支付丧葬费 15 000 元。

2010 年 11 月 1 日，市公安局交警支队区大队作出交通事故认定书认定：王

---

[1]　"中国交通事故死亡人数已经连续十余年居世界首位"，引自"新浪网"(http://news.sina.com.cn/o/2008-12-07/033314841168s.shtml),最后访问日期：2014 年 2 月 1 日。

某驾驶机动车辆上路行驶至可转弯路段左转弯时妨碍正常行驶的车辆通行，是造成事故的原因之一，王某的行为违反《中华人民共和国道路交通安全法实施条例》第49条第（2）款的规定；张某无机动车驾驶证，驾驶无号牌及载人超过核定人数的机动车辆上路行驶，也是造成事故的原因之一，张某的行为违反《中华人民共和国道路交通安全法》第8条、第19条、第49条的规定。王某、张某承担事故的同等责任；林某、覃某不承担事故责任。黎某是助力车的车主（该车经检验鉴定为轻便摩托车），在发生事故的当天，由林某向其借用该车。林某在借车时，口头承诺"如出现意外事故一切损失由其自负"。

经检验鉴定，肇事车为轻便二轮摩托车，该车属于机动车的范围。机动车必须投保交通事故责任强制险，是法律的强制性规定。黎某作为肇事车车主，未按照法律规定投保交通事故责任强制险，是不履行法定义务的行为，致使无法直接向保险公司主张权利，故黎某应在交强险责任限额范围内先行承担强制保险的赔偿限额，超出赔偿限额的部分，由张某按照责任比例承担赔偿责任。同时，黎某将车借给未成年人使用，还应承担相应的赔偿责任。林某的承诺，不能免除黎某在本案中的责任。张某无机动车驾驶证、驾驶无号牌机动车辆上路行驶，存在过错，应对黎某的赔偿金额承担连带赔偿责任。林某、覃某在本次交通事故中不承担事故责任，因此，不应承担赔偿责任。❶

（二）问题的提出

上述案例中，一是涉及道路交通事故责任的承担主体问题，车主和机动车驾驶人员对于交通事故责任如何承担？"如出现意外事故一切损失由其自负"的承诺是否就可以免除车主的责任？二是交通事故责任强制险的性质是什么？与道路交通事故损害赔偿有着什么关系？三是交通事故责任的归责原则是什么？四是交通事故责任的法律规制比较复杂，如何适用法律是解决交通事故侵权责任的关键。

---

❶ 参见"机动车交通事故责任纠纷案"，广西壮族自治区梧州市中级人民法院民事判决书，〔2011〕梧民三终字第123号。

二、法理分析

在《侵权责任法》实施前，关于机动车交通事故责任，我国一直存在相应的法律、行政法规和规章的规定，如《道路交通安全法》、公安部的《道路交通事故处理程序规定》等。机动车交通事故涉及多个法律关系，其制度的核心有二：一是其归责原则与免责事由；二是涉及其他主体时的责任承担问题。

（一）机动车交通事故侵权责任的构成要件

机动车交通事故侵权责任的构成要件是机动车交通事故损害赔偿最为重大和基本的问题。交通事故侵权责任构成要件除了要符合民法普通侵权行为的一般构成要件外，还要考虑到交通事故自身的特点，从而需要具备一些特别的要件。而在我国《道路交通安全法》中，对机动车侵权责任的归责采用的是无过错责任原则，因此，交通事故侵权责任的一般要件包含：机动车交通事故致损行为的违法性、机动车交通事故致损的事实以及致损行为的违法性与致损的事实二者之间的因果关系三个要件。

1. 机动车交通事故致损行为的违法性

有学者认为，机动车交通事故致损行为的违法性就是指机动车违反了交通管理法规、规章❶，我们认为这种理解过于片面。在机动车交通事故侵权案件中，如严格要求机动车交通事故致害人一方存在违章行为才承担民事责任，势必导致受害人处于极为不利的地位。机动车交通事故发生的原因具有复杂性，如有些情况下损害的发生完全是由机动车一方的违章行为造成的；有些情况则是由于机动车、非机动车或行人的共同违章行为造成的；有些交通事故可能是由机械故障造成的；还有些交通事故则完全可能由于不可抗力、紧急避险或意外事件等造成，在这些情况下，要求机动车致害人一方具有违章行为才承担民事责任，显然不利于保护非机动车和行人的利益。综上，我们认为，应对"机动车交通事故致损行为的违法性"作广义的理解。机动车交通事故致损行为的违法性应当既包括机动车方的违章行为，也包括机动车的机械故障、机动

---

❶ 祝铭山.交通事故损害赔偿纠纷[M].中国法制出版社,2003:53.

车的操作失灵、不可抗力、紧急避险或意外事件，只要机动车一方实施了侵犯他人人身、财产权益的行为，而该行为又不是由非机动车驾驶人、行人故意造成的，就应该认定该行为具有违法性，需要承担相应的民事侵权责任。

2. 机动车交通事故致损事实

损害是侵权行为损害赔偿法律关系赖以发生的基础，是构成侵权行为的前提和必要条件。损害是指受害人因他人的加害行为或者物的内在危险之实现而遭受的人身或财产方面的不利后果。机动车交通事故损害赔偿以发生交通事故为必要条件，如未发生交通事故，即使机动车驾驶员有违章驾驶的事实或有发生交通事故的危险，可能承担其他法律责任，但不会承担交通事故的赔偿责任。交通事故必须是在道路上发生，而关于道路的范围，《道路交通安全法》第119条规定："'道路'，是指公路、城市道路和虽在单位管辖范围但允许社会机动车通行的地方，包括广场、公共停车场等用于公众通行的场所。"而住宅小区内的道路、乡村小道和仅供单位内部使用的路段和场所则不属于《道路交通安全法》中所称的"道路"。道路交通事故必须是机动车所致的交通事故，根据《道路交通安全法》的规定，即是指以动力装置驱动或者牵引，在道路上行驶的供人员乘用或用于运送物品以及进行工程专项作业的轮式车辆。交通事故还必须是车辆在运行过程中发生。机动车的运行不等同于机动车的行车，只要机动车存在于交通当中，则不管是停止还是行车，如果造成了其他相关交通者的危险，均相当于运行，均要依机动车交通事故损害赔偿法规定承担责任。

3. 因果关系

在机动车致损的交通事故中判定加害行为与损害事实之间具有因果关系，是一个颇为复杂的问题。对此，许多大陆法系国家在认定因果关系时采用的是相当因果关系。何谓相当因果关系？日本学者认为，相当因果关系是指若无该行为，通常不会发生该损害的场合；若有该行为，通常会发生该损害的场合。❶同时，在机动车致损的交通事故的责任认定和赔偿中，在德国相当因果关系理论的基础上，日本侵权法学者又发展出了因果关系的推定原则。因果关系

---

❶ [日]平井宜雄.损害赔偿法的理论[M].东京大学出版社,1971:433.

的推定原则是指在一些特殊的案件中，如受害人对行为和损害结果之间的因果关系举证困难或者无法举证，依照一般的社会知识经验作为判断标准，一个行为能够造成这种损害，在实际中这种行为又确实造成了这种损害，即可认定二者之间存在相当因果关系，法官可以推定行为和损害事实之间的因果关系，实行举证责任倒置，由被告举证证明推翻因果关系推定。❶在机动车致损的交通事故中，如果机动车的所有人、使用人或管理人不能证明受害人的损害与己无关，则法律推定损害和行为之间具有法律上的因果关系，必须承担相应的责任。

（二）道路交通事故赔偿责任主体的认定

道路交通事故赔偿责任主体不同于道路交通事故的责任主体，是因发生交通事故依法承担赔偿责任的人。而道路交通事故的责任主体是指在道路交通事故中负有责任的当事人。原因在于，机动车的所有人和实际使用人、管理人可能并不完全一致。如，机动车驾驶人员可能是机动车的所有人或者承租人、受雇人、机动车所在单位的职工，还可能是盗车者或者是与以上人员有特殊关系的第三人，因此确定道路交通事故赔偿责任主体较为复杂。

关于道路交通事故赔偿责任主体认定，德国的机动车致损的赔偿采用的是"保有者责任理论"，由机动车的保有者承担责任。机动车的保有者是指在自己的利益上使用机动车，并以这种使用为前提的对机动车拥有处分权的人。❷而日本的机动车损害赔偿法采用"运行供用者责任"理论，即谁对机动车的运行进行支配并享有运行利益，谁就应该成为损害赔偿的责任主体。❸

我国法学界通说，将运行支配与运行利益作为机动车交通事故赔偿责任主体的认定标准。即机动车交通事故赔偿责任的主体，要同时符合两个标准：一是其对该机动车的运行是否具有支配和控制权；二是其对该机动车的运行本身是否获得利益。这种支配和控制既包括具体的、现实的支配，如车辆所有人自主驾驶、借用人驾驶乃至擅自驾驶的情形；也包括潜在的、抽象的支配，如车

---

❶ 马强："道路交通事故责任问题研究"，引自"北大法律网"(http://article.chinalawinfo.com/Article_Detail.asp?ArticleID=63092),最后访问日期.2014 年 1 月 26 日。

❷ [德]克里斯蒂安·冯·巴尔.欧洲比较侵权行为法(下卷)[M].焦美华,译.法律出版社,2004:462.

❸ 李薇.日本机动车事故损害赔偿法律制度研究[M].法律出版社,1997:23.

主将车辆借给他人、租给他人驾驶等情形。运行利益的归属显然也应该作广义的解释，既应包括直接利益也应包括间接利益；同时还应包括物质利益和精神利益。例如，在好意同乘中，机动车辆所有人对机动车毫无疑问地具有支配权，同时也具有运行利益——搭车人的感激之情。所以在好意同乘情形下，车辆所有人仍然应该是交通事故的赔偿责任主体，应承担相应的赔偿责任。❶

（三）机动车交通事故责任的归责原则

1. 机动车交通事故责任的归责原则——无过错责任原则

《侵权责任法》第 48 条规定，"机动车发生交通事故造成损害的，依照道路交通安全法的有关规定承担赔偿责任"。《道路交通安全法》第 76 条规定："机动车与非机动车驾驶人、行人之间发生交通事故，非机动车驾驶人、行人没有过错的，由机动车一方承担责任。"《道路交通安全法》将无过错责任原则作为交通事故损害赔偿的归责原则。无过错责任原则，是指不管行为人主观上是否有过错，只要行为人的行为给他人造成损害，行为与损害后果存在因果关系，就应承担民事责任的归责原则。

第一，规定机动车致损的道路交通事故责任为无过错责任，体现了法最基本的"公平"的价值理念。正所谓利之所在，损之所归，享有利益者承担风险，符合公平原则。机动车辆所有人和使用人在享受机动车给其带来的便捷服务的同时，理所当然地应该对机动车辆造成的损害承担责任。

第二，机动车致损的道路交通事故责任为无过错责任，体现了法律"保护弱者"的价值理念。法律强调"平等"，但这一平等仅仅是形式上的平等。而在强调形式平等的同时往往会导致实质上的极不平等。在机动车和非机动车、机动车和行人之间的交通事故中，从表面看双方的地位完全是平等的，都是参与交通活动的当事人。但是，机动车在危险控制方面显然优于非机动车和行人，而且在交通事故中，非机动车和行人的损失除财产损失外，更多的是人身损害，和机动车仅仅可能受到的财产损失相比，实质的弱势地位是显而易见的。在机动车致损的交通事故中，保护非机动车和行人的利益显得尤为重要。

---

❶ 彭思颖.论道路交通事故损害赔偿案件中的责任主体[J].西安政治学院学报,2005(2):53.

第三，机动车致损的道路交通事故责任为无过错责任，是危险责任理论的要求。《民法通则》规定了高度危险作业致损的实行无过错责任，而机动车危险性比较高，属于高速交通工具的范畴，机动车致损的交通事故无疑也应适用无过错责任的归责原则，机动车辆所有人应当对机动车危险所造成的实际损害后果承担责任，而无论其是否存在过错。

第四，机动车致损的道路交通事故责任为无过错责任，有助于法律正义的实现。无过错责任与责任保险制度相联系，它不考虑加害方是否有过错，由加害方购买责任保险，在保险事故发生后由保险公司在保险范围内承担责任。在一定程度上，责任保险制度使得机动车一方在交通事故发生时分摊了风险。众所周知，我国作为世界人口大国，非机动车和行人较多，而道路状况和发达国家相比尚有一定差距，汽车产业政策的变化也导致了私家车和"马路杀手"激增，进而交通事故的数量也急剧上升。只有加重机动车辆所有人和管理人的责任，才能尽量减少交通事故，保障人民的生命财产安全。

第五，规定机动车致损的道路交通事故责任为无过错责任，从比较法的角度来看，符合世界立法的潮流。目前虽有不同的立法例，但关于道路交通事故赔偿责任，采取无过错责任原则已成为一种世界性潮流。自 20 世纪以来，许多国家如法国、德国、意大利、荷兰等，对道路交通事故赔偿责任采取无过错责任原则。如德国 1952 年《道路交通法》规定：车辆在驾驶过程中致人死亡、受伤或者损害人的健康和财物时，由车辆所有人就所发生损害向受害人负赔偿责任。如果事故是由于不可避免的事件所引起的，而这种不可避免的事件既不是因车辆故障也不是因操作失灵而起的，则不负赔偿责任。依据该条规定，损害赔偿责任的成立不以车辆所有人或驾驶人一方有过错为条件，所有人或驾驶人一方也不能通过证明自己无过错而获免责。❶

2. 机动车交通事故责任中的过失相抵制度

在无过错责任原则的调整范围内，不考虑加害人的过错并非意味着不考虑受害人的过错。过失相抵，是受害人的过失所导致的损害部分与全部损害相比

---

❶ 于敏.机动车损害赔偿责任与过失相抵[M].法律出版社,2004:159.

从中抵消之意，而并非加害人和受害人的过失相互抵消。过失相抵原则是损害赔偿责任的一般的调整原则，是在一切场合都要适用的。这是因为，受害人的过错是导致其受到损害的原因之一，将自己的过错行为引起的损害责任令行为人承担，有违社会正义。事实上，在《道路交通安全法》第 76 条规定中，已经包含了过失相抵原则的内容。在这一规定中，关于减轻和免除机动车一方的责任的内容包括两个方面：一方面是无过错责任的本来含义，即损害是由非机动车驾驶人或行人一方故意引起的，机动车一方不承担责任；另一方面，是有证据证明非机动车驾驶人、行人违反道路交通安全法律、法规，机动车驾驶人已经采取必要处置措施的，减轻机动车一方的责任，这就是过失相抵原则的内容。另外，《江苏省道路交通安全条例》规定：机动车与非机动车、行人发生交通事故，有证据证明非机动车驾驶人、行人违反道路交通安全法律、法规，机动车驾驶人已经采取必要处置措施的，应当按照以下规定减轻机动车一方的赔偿责任：①非机动车、行人负事故全部责任的，减轻 80%~90%；②非机动车、行人负事故主要责任的，减轻 60%~70%；③非机动车、行人负事故同等责任的，减轻 30%~40%；④非机动车、行人负事故次要责任的，减轻 20%~30%。

3. 无过错责任原则确立的理论依据[1]

世界上主要国家都将无过错责任原则确定为机动车道路交通事故损害赔偿归责原则，这是各国实践摸索的结果，也是各国共同的经验，有其一致的法理依据。

1）危险责任思想和危险控制理论。这种理论认为机动车具备较高危险性。自德国人发明第一辆汽车之后，伴随着汹涌澎湃的工业革命，汽车行业也得到了发展。汽车给人们生活带来巨大便利，所以即便存在危险，也得到了人们的认可。道路交通事故责任正是随着机动车这种危险机器运行过程中所产生的特殊侵权责任。对于这些危险，是由危险物的控制者来控制和避免的，所以理应由能控制、减少危险的危险物的控制者承担责任。因此，机动车的控制人应当对危险物产生的侵害责任承担赔偿责任。同时，让机动车的保有者承担赔

---

[1] 于敏.机动车交通事故损害赔偿责任若干问题研究[M]//民商法论丛(第 11 卷).法律出版社,1998:116.

偿责任，能够促使其提高警惕、谨慎驾驶，尽量避免危险、减少损害。

2）报偿责任理论。报偿责任理论，即"谁享有利益谁承担风险"。这一原则是由罗马法"获得利益的人承担风险"这一法谚发展而来。机动车驾驶者是机动车运行利益的享有者，理所当然应由他们承担因机动车运行所带来的风险。依据经济理性原则和公平、合理的原则，所谓"利之所得，损之所归"，利益享有者自然要对所获的利益付出代价，让追求自己利益之人，同时负担其损失。

3）危险分担理论。此说认为，机动车交通事故是伴随现代文明的风险，应由享有现代文明的全体社会成员分担其所造成的损失。机动车控制人因承担责任所付出的赔偿金，通过提高运费和投保责任强制保险，最终转嫁给了整个社会，这实际上是由全体消费者分担了风险。可见，从表面上看，实行无过错责任，似乎对机动车控制者很苛刻，实际上整个社会的消费者分担了责任，是最公平合理，最符合社会正义的。因此，试图以减轻机动车的赔偿责任，牺牲受害者的赔偿为手段降低事故发生率的做法，不仅有失公平，而且对机动车驾驶人员事故防止发生意识的强化不利。

适用无过错责任原则更能保护受害人的合法权益。如果适用过错责任原则会使许多受害者因举证困难而得不到应有的赔偿。相反，适用无过错责任归责原则不仅能保护受害人得到应有的赔偿而且还能让机动车驾驶人员强化安全意识，谨慎驾驶。

（四）几种特殊情形下的机动车交通事故责任

具体而言，《侵权责任法》第六章用 4 个条文，主要规定机动车发生交通事故造成损害承担赔偿责任的原则规定；因租赁、借用机动车，以买卖等方式转让并交付但未办理所有权转移登记的机动车，以买卖等方式转让拼装的或者已达到报废标准的机动车，盗窃、抢劫或者抢夺的机动车，驾驶人发生交通事故后逃逸等 5 种情形下的机动车所有人和使用人不是同一人时，发生交通事故后如何选择承担赔偿责任问题。

在机动车交通事故责任中，机动车所有人和实际使用人不一致的情形下，损害赔偿责任主体的认定，基本适用"运行支配"和"运行利益"两个原则综合判定，即谁事实上对机动车的运行处于支配地位和谁在获得机动车运行利益，谁就是损害赔偿责任的主体，谁就应该承担损害赔偿责任，与机动车的所有权没有必然的关系。对于合法占有使用机动车的情况下，保险公司才对机动车交通事故在机动车强制保险责任限额范围内承担赔偿责任；对于非法占有使用机动车的情况，保险公司不承担赔偿责任。具体有以下几种情形：

第一，租赁、借用机动车。

依据《侵权责任法》第 49 条之规定，因租赁、借用等情形下，机动车所有人与使用人不是同一人的，发生交通事故后，属于该机动车一方责任的，谁来承担责任呢？首先，由保险公司在机动车强制保险责任限额范围内予以赔偿。其次，因机动车所有人此时丧失对该机动车运行时给他人带来损害的支配力，而承租人、借用人作为使用人对该车具有直接的运行支配力并享有运行利益，所以不足部分，由机动车使用人承担赔偿责任。但是，如果机动车所有人对损害结果的发生有过错的，就其过错应承担相应的赔偿责任。

第二，转让并交付但未办理登记的机动车。

依据《侵权责任法》第 50 条之规定，在转让并交付但未办理登记的机动车的情形下，发生交通事故后，受让人就其应该承担的责任部分，不能以未办理登记手续为由，对抗交通事故受害人的赔偿请求。首先由保险公司在机动车强制保险责任限额范围内予以赔偿；不足部分，由受让人承担赔偿责任，出卖人不承担任何责任。

第三，转让拼装或者已达到报废标准的机动车。

依据《侵权责任法》第 51 条之规定，以买卖等方式转让拼装或者已达到报废标准的机动车，发生交通事故造成损害的，由转让人和受让人承担连带责任。因为以买卖等方式转让拼装或者已达到报废标准的机动车的行为本身已经违反了国家禁止性规定，是违法行为，转让人与受让人皆有过错在先。所以，只要发生交通事故损害的，二者必然承担严格的连带责任，免责事由一般不适用，即有损害后果就需承担连带责任。此种情况没有保险公司的强制保险赔偿责任。

第四，盗窃、抢劫或者抢夺的机动车。

依据《侵权责任法》第 52 条之规定，盗窃、抢劫或者抢夺的机动车发生交通事故造成损害的，车主在一段时间内丧失了对车辆运行时是否会给他人带来损害的支配力，盗窃、抢劫或者抢夺者以非法行为实际控制运行，由盗窃人、抢劫人或者抢夺人承担完全赔偿责任，保险公司不再作为第一责任人。保险公司在机动车强制保险责任限额范围内垫付抢救费用的，有权向交通事故责任人追偿。被盗窃、抢劫或者抢夺的机动车发生交通事故后，肇事者往往逃之夭夭，为使受害者能够及时得到救助，彰显以人为本的理念，要求保险公司在机动车强制保险责任限额范围内预先垫付抢救费用，但保险公司并非赔偿责任的最终承担者，垫付抢救费用后享有代位求偿权，有权向盗窃人、抢劫人或者抢夺人追偿。

三、法律适用

机动车交通事故适用法律法规主要有：《中华人民共和国民法通则》《中华人民共和国侵权责任法》《中华人民共和国道路交通安全法》《中华人民共和国保险法》《中华人民共和国民事诉讼法》《最高人民法院关于审理人身损害赔偿案件适用法律若干问题的解释》《中华人民共和国道路交通安全法实施条例》等。

作为民法典组成部分同时又是民事权益保护基本法的侵权责任法，在施行之后，将会对我国社会生活产生重大影响，也必将全面规范人民法院民事审判活动，实现侵权纠纷案件法律适用统一化。民法通则规定的侵权责任规范比较简单，有很多问题没有规定。尽管在后来的司法解释中做了很多弥补，但仍然存在较多的不统一问题，很多案件各地法院的判决结果不尽一致。侵权责任法规定统一的法律适用规则，就会使法官在审理侵权责任纠纷案件中，适用统一的侵权责任规则，实现法律适用的规范化，保障侵权责任法律规范的统一实施。《侵权责任法》第48条规定：机动车发生交通事故造成损害的，适用道路交通安全法的有关规定。这一条明确了《侵权责任法》和《道路交通安全法》一般与特殊的关系，特别条款优先适用于一般条款的规定。也就是说当发生交通事故时，最先应当适用的法律是《道路交通安全法》，只有在《道路交通安全法》没有规定时才适用《侵权责任法》的相关规定。《侵权责任法》颁布生效后，处理交通事故案件仍需优先适用《道路交通安全法》的规定。

《道路交通安全法》为司法实践中准确地把握和处理道路交通事故损害赔偿纠纷案件提供了更为明确、权威的法律适用的原则依据，对我国传统的道路交通事故处理机制作了较大的改革，主要体现在程序和实体两大方面。在程序方面：一是《道路交通安全法》第 74 条第（1）款规定："对交通事故损害赔偿的争议，当事人可以请求公安机关交通管理部门调解，也可以直接向人民法院提起民事诉讼。"使得原来的前置程序被废除，当事人对交通事故赔偿争议的解决有了更加灵活的选择。二是由于《道路交通安全法》规定了第三者强制责任保险制度和道路交通事故社会救助基金，在交通事故赔偿诉讼的参与者上增加了保险公司这类新的诉讼主体。在实体方面：一是归责原则由传统的过错责任走向了更加多元化的归责原则，即区分交通事故的主体采用不同的归责原则，交通事故的概念也相应进行了调整，不再过分强调交通事故构成要件中的主观过错；二是在赔偿的项目和标准上，采用了新的法律依据，赔偿的项目由《道路交通事故处理办法》规定的 11 项增加到人身损害赔偿司法解释规定的 15 项，增加了后续治疗费、康复费、精神损害抚慰金、营养费 4 项。赔偿的标准也有了大幅度提高。例如，按照原来的规定，交通事故造成死亡的，以 1 人计算，肇事人最多赔偿 5 万元左右，而按照新的标准，这一数字会上升到 40 万元左右。必须指出的是，《道路交通安全法》的上述变化，在司法实践中也产生了一系列亟须解决的问题。学术界、司法界和社会大众就该法的认识和适用问题，特别是围绕其第 76 条的法律适用问题，产生了广泛的争议，机动车损害赔偿责任一时间成为社会争议的焦点。为了解决相应的争议，有的地方人大启动地方立法程序，制定了《道路交通安全法》实施办法，有的地方由高级人民法院或联合检察院、公安机关制定了相应的指导意见。

四、结语

近年来，随着我国经济的发展，城市化的深度变革和国家出台的一系列拉动内需举措的实施，我国的机动车保有量不断上升，有关机动车交通事故案件在民事侵权案件中占到了越来越大的比例。此类案件突发性强，损害形式多样，一些案件存在着不稳定因素，这就要求我们要更准确地适用相关法律及司法解释，进一步探讨交通事故损害赔偿这类侵权案件中存在的具有特殊性和共性的问题。

第十四章　医疗损害责任

据有关统计资料表明，我国每年发生的医疗损害责任纠纷案件超过百万件，平均每家医疗机构约 40 件。从法院受理的诸多医疗纠纷案件来看，医疗损害导致的赔偿问题非常复杂，类型多样，既包括医疗过错致人损害赔偿责任，也包括医疗产品致人损害赔偿责任；既包括因医疗而侵害隐私权的责任，也包括过度诊疗责任等。《侵权责任法》在总结以往有关医疗损害责任法律规制的基础上，专章规定医疗损害责任问题，对于维护医患双方合法权益、促进医疗卫生事业的发展有着重要作用。

一、案例举隅及问题的提出

（一）吴大妈与现代医院医疗事故纠纷案

2009 年 10 月，吴大妈因手腕疼痛在现代医院接受"小针刀"治疗，不料却昏迷至今。经鉴定，吴大妈为一级伤残，生活完全不能自理。从 10 月 12 日起，现代医院先后支付吴大妈医疗费 40 余万元，护理费 2 700 元，但在后续救治阶段却频频停止和拖延医药费。因赔偿费问题与医院协商未果，吴大妈家属将现代医院诉到法院，请求法院判令现代医院赔偿吴大妈各项费用共 2 013 445.24 元。

法院经审理认为，被告现代医院存在伪造、涂改病历等情形。另查明，为原告吴大妈进行治疗的魏某在为吴大妈进行诊疗时并不具备执业资格。因此，被告现代医院应对原告吴大妈的损害后果承担赔偿责任。据此，法院判决被告现代医院支付原告吴大妈医疗费、残疾赔偿金、精神损害抚慰金等各项赔偿共计 656 218.5 元，驳回原告吴大妈的法定代理人误工费、病人用品费及部分过高诉讼请求。宣判后，原告吴大妈家属表示对判决结果基本满意，但将进一步追究肇事医生与医院的刑事与行政责任。❶

（二）熊某诉某医院医疗损害赔偿纠纷案

2011 年 2 月 11 日，熊某因左眼外斜到某医院住院治疗，入院诊断为左眼知觉性外斜，入院期间一直由眼科肖教授检查并确定治疗方案。2 月 14 日，某医院医生在未对熊某做术前验光检查的情况下，将熊某推入手术室，后熊某惊讶地发现主刀的医生并不是对其病情极其了解的权威肖教授，而是李某。2 月 17 日，熊某怀着忐忑不安的心情办理了出院手续。出院后熊某遵医嘱多次到某医院复查，该院医生均说手术不存在任何问题，熊某左眼内斜系其心理作用导致。2012 年 3 月，熊某经多方查找资料及咨询后得知，某医院的医疗行为存在严重过错，导致熊某左眼内斜，且无法复原。为维护权益，熊某到某医院医疗安全办公室封存病历，该医疗安全办公室的医生在仔细查看熊某的左眼后也承认了熊某左眼内斜的事实。熊某认为某医院的医疗行为严重损害了自身的权益。为此，熊某特向法院提起诉讼，请求赔偿。

某医院认为，本院对熊某所患疾病诊断正确，医疗行为符合医疗原则，没有过错；在医疗过程中，本医院向熊某履行了必要的告知义务。在进行手术前，本医院已将手术治疗的必要性和可能发生的各种风险均告知了熊某，手术也是在征得熊某同意后才实行的；在手术中主刀医生换人与事实不符，哪一级手术归哪一级医生做，国家都有相关的规定，熊某没有提交证据证明肖教授承诺在熊某的手术中主刀；医疗损害鉴定书内容合法，鉴定程序合法，鉴定机构具有鉴定资质，在鉴定的时候，熊某眼球的位置是正位的，即便熊某有内斜的情况，也非手术过错。因而本院对熊某的医疗行为没有过错，不同意赔偿。

法院在审理过程中，原、被告双方协商后向法院申请对外委托医疗损害鉴定。2012 年 8 月 21 日，市医学会接受法院委托，出具了医鉴（损害）〔2012〕005 号《医疗损害鉴定书》，结论是医方无医疗过错行为。

---

❶ 参见"老人手腕疼痛治疗后昏迷至今曾单车骑行 20 省市"，载《大河报》，2011 年 7 月 5 日。

法院经审理查明事实，根据《侵权责任法》第 54 条的规定："患者在诊疗活动中受到损害，医疗机构及其医务人员有过错的，由医疗机构承担赔偿责任。"某医院只应在有过错的情况下才对熊某的人身损害承担赔偿责任。而市医学会的《医疗损害鉴定书》的鉴定结论已经表明了某医院对熊某的诊疗行为没有任何过错。因此，熊某以某医院的诊疗行为存在过错为由要求某医院承担赔偿责任的诉讼请求，没有事实依据，亦不符合法律规定，本院不予支持，故驳回熊某的诉讼请求。❶

（三）问题的提出

根据案例，医疗纠纷存在以下问题：一是涉及医疗损害责任所包含的范围问题；二是医疗损害责任的认定问题；三是医疗损害责任的归责原则问题；四是有关医疗纠纷之规制法与合同法、消费者权益保护法等相关法律的关系问题。

二、法理分析

（一）医疗损害责任制度的统一问题

在《侵权责任法》颁布以前，不统一的医疗侵权民事处理机制是解决医患纠纷的一大难题。国务院在 2002 年颁布了《医疗事故处理条例》，其性质属于行政法规，最高人民法院在 2003 年发出《关于参照〈医疗事故处理条例〉审理医疗纠纷民事案件的通知》，其性质属于最高人民法院做出的司法解释。在这两种规范性文件的指导下，我国人民法院在审理医疗损害赔偿纠纷案件过程中逐渐形成由三个双轨制构成的二元化现象。具体体现在：第一，起诉理由的双轨制。既有医疗事故损害赔偿纠纷，又有医疗事故以外的一般医疗损害赔偿纠纷。第二，医疗纠纷鉴定的双轨制。既有卫生行政部门指导下的各级医学会组织进行的医疗事故鉴定，也有统一在司法行政部门登记注册的司法鉴定机构组织进行的医疗损害过错鉴定。第三，医疗损害赔偿的双轨制。既有适用《医疗事故处理条例》进行的医疗事故赔偿，也有适用《民法通则》《人身损害赔

---

❶ 熊某诉某医院医疗损害赔偿纠纷案，长沙市芙蓉区人民法院民事判决书，[2012] 芙民初字第 1349 号。

偿解释》进行的赔偿。

因为医疗纠纷案件在处理过程中呈现上述二元化现象，医疗损害赔偿案件在公正与效率的问题上矛盾突出。在此背景下，社会各界高度关注的《侵权责任法》结束了此混乱局面。

（二）医疗损害责任的认定

医疗损害责任是指医疗机构及其医护人员因为自身的过错，在诊疗活动中对患者造成了损害，从而需要由医疗机构对患者及其家属承担的损害赔偿责任。医疗损害责任的构成要件分别是：一是医疗机构及医务人员的诊疗行为，二是医务人员具有过错，三是患者具有损害后果，四是诊疗行为同患者的损害后果之间具有因果关系。在此情况下，我们应注意以下三种行为一般不认为是诊疗行为：一是医院设施上有瑕疵导致患者在医院摔伤或者在医院自残、自杀，二是医生故意伤害患者，三是非法行医致人伤害。

1. 医疗过错

医疗过错包括医疗故意和医疗过失。前者是指医务人员对患方的损害后果持积极追求的态度，在实务中比较好判断，而后者则较难考察。《侵权责任法》第57 条把是否尽到与当时的医疗水平相应的诊疗义务作为考察是否存在医疗过错的标准，这是我国医疗侵权的一大进步，但是什么样的情况才是与当时的医疗水平相应的诊疗义务在实务中很难准确把握。

长期以来，医疗侵权理论研究都认为，医疗过失的本质是医务人员违反了其对患者的注意义务。医务人员的注意义务是医生及其辅助履行人在实施行为时依据法律、法规、规章制度和具体操作规程，以及职务和业务上的习惯和常理，接受契约或委托的要求等，保持足够的小心谨慎，以预见医疗行为的结果和避免损害结果发生的义务，主要包括结果预见义务和危险结果避免义务两部分内容。[1]结果预见义务是指医生应预见到自己的诊疗行为可能发生的结果，包括采取某种检查方法可能带来的创伤或者漏诊、误诊，做出的诊断结果的误诊

---

[1] 参见"医疗人员在诊疗过程中的义务"，转引自找法网，http://china.findlaw.cn/yiliao/yiliaozhishi/，最后访问日期：2014 年 2 月 1 日。

可能性，采取某种治疗方法的有效性，副作用等。结果预见义务来源于医疗行为的专业性、患者对医生的信赖、医务人员的职业道德等。同时，预见的程度和范围随着医务人员的资质、专业水平的高低和患者的个体性差异而不同。一般来说，资历较高的医务人员，在先进诊疗技术的辅助下可以更大限度地预见诊疗行为的结果。

而危险结果的回避义务是指在遇见了可能发生的危险结果的前提下，采取相关措施，回避危险结果发生的义务。通常情况下，避免危险结果发生有三种方式：一是舍弃危险行为，二是提高注意并采取安全措施，三是危险发生时进行救济。当然，我们应当认识到，履行结果预见义务和危险结果的避免义务的前提是必须有预见和回避的可能性，在现有医疗技术水平下，医疗行为有固有的风险性，不可能保证对疾病百分之百地正确诊断和治疗，任何一种诊疗方法都有其难以避免的损害后果，即使预见了某种危险后果也不一定能够避免，除非放弃治疗。此时对结果预见义务和危险结果回避义务的判断不能单纯地以一句是否发生了生命健康的重大损害结果进行判断，而应该以是否有预见或避免可能性为判断标准。

医疗过错的判断标准体现在《侵权责任法》第 57 条的规定，即医务人员在诊疗活动中未尽到与当时的医疗水平相应的诊疗义务，造成患者损害的，医疗机构应当承担赔偿责任。而"当时的医疗水平"是一个较抽象的概念，具体说来又因为以下几种因素而各有不同。❶

第一，时间因素。在医疗纠纷中，有的损害后果会立即出现，而大多数情况下，损害后果并不会马上出现，而要经过一段时间甚至几十年才会出现，此时判断医疗行为是否存在过错应以实施医疗行为时的医疗水平而非损害后果发生时的医疗水平为标准。

第二，地区因素。英美法中，由于 19 世纪科学、技术及经济发展的不平衡，农村的医疗条件同城市相比有很大的差距，法院因此确定了"地区规则"，即被告医师的注意标准因地区的不同而有所差异。就我国而言，医疗资源分布极

---

❶ 郭明瑞.简论医疗侵权责任的立法[J].政法论丛,2008(6).

不平衡，有限的医疗资源过分集中于大城市的大医院中，而广大农村地区医疗资源不足，技术薄弱。在此特殊国情下，对医师注意义务的判断必须充分考虑城乡和地区的差异。

第三，医务人员资质。在我国，医师根据从医年限和资历分为住院医师、主治医师、副主任医师和主任医师，此时对不同的医师应采取不同的注意义务判断标准。

第四，医疗机构资质。我国对医疗机构采取严格的准入和评级制度，根据卫生部发布的《综合医院分级管理标准（试行）》和《医疗机构基本标准（试行）》的规定，我国的医院根据规模、功能、技术水平和医院质量分为一、二、三级，每级又分为甲、乙、丙三等共十个级别。此时不同等级的医疗机构应有不同的注意义务水平。

第五，紧急情况。在医疗行为中出现紧急情况，由于医疗判断的时间紧促，不能要求医师与平常时期的注意能力一致。

综上所述，对医疗过错的判断标准应做到从医疗行为的实际情况出发，判断医务人员是否违反了医师的注意义务，医疗行为是否具有过错。

在实务中，有些情形是无论如何也不应该归于医疗机构及医务人员注意义务的范围中的，否则对医疗机构便有失公平。这主要有以下几种情形超出医务人员的注意义务❶：

第一，不可抗力。根据《民法通则》第 153 条的规定，"不可抗力"是指不能预见、不能避免并不能克服的情况。《侵权责任法》第 29 条将不可抗力作为侵权行为普遍适用的免责情形。在医疗损害责任中，因不可抗力切断了医疗行为同损害后果之间的因果关系，因此医疗机构不承担赔偿责任。

第二，医疗意外。即由于病情或者病员的特殊体质而发生难以预料和防范的不良后果。当然这里的医疗意外并非是第三者原因介入或不可抗力而导致的。根据《医疗事故处理条例》第 33 条的规定，在医疗活动中由于患者病情或者患者体质特殊而发生医疗意外的不属于医疗事故，也就是说该医疗意外超

---

❶ 刘鑫,张保珠,陈特.侵权责任法"医疗损害责任"条文深度理解与案例剖析[M].人民军医出版社,2010.

出了医师的注意义务范围，此时医疗机构不承担损害赔偿责任。

第三，并发症。即医师在对病患进行诊疗的过程中，由于病患疾病发展的必然结果，导致病患的残疾、器官功能障碍等不良后果。并发症与医疗意外的区别是后者不能预见而前者是可以预见但难以避免的。但我们应当注意的是，并非所有的并发症都是免责抗辩事由。只有并发症的发生是不可避免的，也就是说医务人员虽然采取了措施但损害还是发生了的并发症，医疗机构才可以免责。

2. 医疗机构及医务人员的违法行为

《医疗事故处理条例》第 2 条对违法医疗行为作了明确规定：医疗机构及其医务人员在医疗活动中，违反医疗卫生管理法律、行政法规、部门规章和诊疗护理规范、常规均应视为违法行为。需要注意的有三点：一是主体必须是医疗机构及医务人员；二是时间必须发生在诊疗过程中；三是医疗机构及医务人员的诊疗行为必须具有违法性，此三个条件必须全部满足，否则便不构成医疗损害责任。

医务人员即治疗疾病的人员，一般来讲，就是医师。根据我国卫生部 1988 年《关于〈医疗事故处理办法〉若干问题的说明》的规定，医务人员是指经卫生行政部门考试（考核）合格取得相应资格证书并经卫生行政部门批准从业的各级各类卫生技术人员。由此规定可得出，医务人员除医师之外，还应当包括药剂、护理、检验等专业技术人员。

除此之外，刚从学校毕业处于见习期的诊断、治疗、护理人员，虽没有专业技术职务，但从法律责任的角度看，也应当归入医务人员之列。对于尚未从学校毕业来医院实习的学生来说，他们不具有独立的诊断、治疗、护理的行为能力，他们的行为即应认为是其指导医师的行为，不宜将其归入医务人员之列。

值得探讨的是气功师的地位问题。气功疗法是一种主要通过自我锻炼来疏通经络、调摄心神、平衡阴阳心血而达到祛病强身的医疗保健方法。近年来，各门各派的气功师层出不穷。其中多数人主要是一种"教育家"，因而也不宜纳入医务人员之列。当然，这些人如果从卫生行政部门取得医师、医士资格，则应认定为医务人员。

3. 患者具有损害后果

在实务中，患者具有损害后果多数比较容易判断，但有的损害后果是可以立即显现的，而有的损害后果却需要过几年甚至几十年才能显现，根据民事诉讼"谁主张，谁举证"的原则，此时患者一般都需要去鉴定机构申请鉴定，但是昂贵的鉴定费用令受害患者望而却步，多数情况下受害患者由于无力缴纳鉴定费用而放弃鉴定，如此医疗诉讼纠纷案件便难以查明。

4. 违法行为与损害后果之间具有因果关系

要证明医疗机构及医务人员的诊疗行为同受害患者的损害后果之间具有因果关系，病历材料、处方等都是有力的证据材料。一般情况下，根据过错责任原则，需要由患者一方证明二者间因果关系的存在。但是在实际中，病历材料都是医院负责保管，此时医疗机构便负有提交这些证据的义务，否则便须承担推定医疗机构具有过错的消极后果。

（三）医疗损害责任的归责原则

我国医疗损害责任的外延包括医疗技术损害责任、医疗伦理损害责任和医疗产品损害责任三大类。

1. 医疗技术损害责任

医疗技术损害责任是我们过去所说的医疗事故损害赔偿责任，但是因为《侵权责任法》抛弃了医疗事故的概念而代之以医疗损害的概念，所以将因医疗技术过失造成患者人身损害后果的侵权类型界定为医疗技术损害责任。杨立新教授认为，对于医疗技术损害责任应当适用过错责任原则确定侵权责任，即实行"谁主张，谁举证"的举证责任原则，此时，违法行为、损害后果、因果关系、医疗过错均需由患者举证证明。[1]但在此情形下，我们应注意有以下例外情况：即《侵权责任法》第 58 条规定的三种情形：①违反法律、行政法规、规章以及其他有关诊疗规范的规定；②隐匿或者拒绝提供与纠纷有关的病历资料；③伪造、篡改或销毁病历资料。此三种情况下法官可以直接认定医疗机构

---

[1] 杨立新.中华人民共和国侵权责任法精解[M].知识产权出版社,2010.

具有过错，需要由医疗机构就其诊疗行为无过错负担举证责任，患方则无需证明医疗行为具有过错。这样的规则能够更好地保护受害患者的合法权益，避免严格的举证责任制度对受害患者的赔偿权利造成损害。

2. 医疗伦理损害责任

所谓医疗伦理损害责任，应当包括侵犯患者知情同意权，未经患者同意公开其病历资料而侵犯患者的个人信息权、个人隐私权，过度医疗而侵犯患者财产权、生命健康权五种情形。关于医疗损害伦理责任，杨立新教授认为应实行过错推定原则，即若医疗机构未尽到告知义务或者是保密义务造成患者损害的，由医疗机构对其无过错承担举证责任，若证明不了，法官可直接推定其具有过错。但笔者认为，关于医疗伦理损害责任，仍应实行过错责任。究其原因，我国现行《侵权责任法》第 55 条、第 62 条等相关条文并无对医疗伦理损害责任实行过错推定原则的表述，因此仍然应实行侵权责任的一般举证规则，即"谁主张，谁举证"原则。但我们应注意在以下两种情况是由医疗机构承担举证责任：①对于医务人员履行了向患者一方说明病情、医疗措施、医疗风险、替代医疗方案的义务，应当由医疗机构承担举证责任。②对于《侵权责任法》第 56 条规定的患者生命垂危、无法取得患者一方意见的情况，应当由医疗机构承担举证责任。

3. 医疗产品损害责任

医疗产品损害责任是指医疗机构在医疗过错中使用有缺陷的药品、消毒药剂、医疗器械以及血液制品等医疗产品，造成患者人身损害的，医疗机构或者医疗产品的生产者、销售者所应承担的赔偿责任。医疗产品损害责任实行的是无过错责任，此时，患者只需对医疗损害、医疗产品存在缺陷以及二者间具有因果关系承担举证责任，而医疗机构对《侵权责任法》和《产品质量法》规定的免责事由具有举证责任。

综上所述，笔者认为我国现行侵权责任法的规则体系由过错责任原则、过错推定原则和无过错责任原则构成，过错责任调整一般医疗损害责任，过错推定原则调整《侵权责任法》第 58 条规定的三种情形，无过错责任原则调整医疗产品损害责任。

（四）医疗机构的抗辩事由

1. 患者及其近亲属不配合医疗机构进行符合诊疗规范的诊疗

在此我们应注意，拒不配合诊疗的主体是患者或其近亲属。根据《最高人民法院关于贯彻执行〈中华人民共和国民法通则〉若干问题的意见（试行）》的规定，此处的"近亲属"应当包括配偶、父母、子女、兄弟姐妹、祖父母、外祖父母、孙子女、外孙子女。在实际的医疗情况中，因为患者的近亲属不在身边，往往由患者的朋友将其送到医院，此时医院应十分注意对其身份的审查，否则其拒绝诊疗的行为不能构成对医疗机构的免责事由。此时，若非《侵权责任法》第56条规定的"因抢救生命垂危的患者等紧急情况""经医疗机构负责人或授权的负责人批准，可以立即实施相应的医疗措施"外，医疗机构应当慎重决定是否对患者实施诊疗行为，以免引起不必要的纠纷。在医疗实践中，患者私自停药，不遵医嘱，擅自使用禁止食物，不同意医方建议，拒绝留院观察或拒绝必要治疗等情况，都属于不配合医疗机构进行符合诊疗规范诊疗的情形。

2. 医务人员在抢救生命垂危的患者等紧急情况下已经尽到合理诊疗义务

法谚云：紧急时无法律。即在紧急状态下，可以实施法律在通常情况下所禁止的某种行为，比如正当防卫、紧急避免等。但在此条件下，我们需注意该条规定所适用的绝对条件：紧急状况下，患者生命垂危二者兼具。适用该规定的相对条件：医务人员已尽到合理诊疗义务。只有在满足以上规定的情况下，该条才能作为医疗机构的抗辩事由。在实务中即包括急救诊疗行为，术中大出血，抢险救灾等特殊情况下对生命垂危患者的救治。

3. 限于当时的医疗水平难以治疗

法谚云：法律不强人所难。即法律不强求任何人履行不可能履行的事项。时至今日，尽管医学水平发展迅速，医学理论研究和医学技术水平都有了很大的提高，但是，不容否认的是，医学发展到今天，仍然在许多方面是无能为力的，现阶段的医疗水平仍然有很大的局限性。在此情况下，我们不能勉强医疗机构完成不可能的诊疗。

4. 医疗损害的其他几种抗辩事由

根据民事侵权的基本原理，医疗机构还可以援引以下几种情形作为抗辩事由，要求免除其损害赔偿责任。这些情形诸如不可抗力、正当防卫、紧急避险、受害人同意、受害人故意、第三人过错等。在这些情况下，医疗机构可以根据法律的规定要求免除或减轻其应当承担的赔偿责任。

（五）《侵权责任法》改革医疗损害责任制度的不足之处

1）医疗损害举证责任没有规定举证责任缓和规则，有损受害者一方利益。所谓举证责任缓和规则是指在医患对比力量悬殊的背景下，如果受害患者没有充分的证据证明医疗机构有过失，或者在法律特定的情境下，原告证明达到表现证据规则所要求的标准，或者证明了医疗机构存在法律规定可以推定医疗过失的情形的时候，可以转由医疗机构与一方承担举证责任，实行有条件的医疗过失推定。同样，在因果关系的证明上，也对受害患者一方实行举证责任缓和。可以确定的是，在各国的医疗损害责任的举证责任上，都在坚持过错原则的基础上实行举证责任缓和，以应对医疗资讯严重不对称等造成的对受害患者保护不利的情形。但我国《侵权责任法》除了第 58 条规定的三种法定的过错推定的情形下，并没有其他关于举证责任缓和的规定。[1]

2）只规定"当时的医疗水平"作为过失标准，但没有体现认定过失的差别。《侵权责任法》第 57 条规定确定医疗技术过失的标准是当时的医疗水平，但是并没有规定医生、医院以及地区的差别。实际上，《侵权责任法》草案曾规定了"国家标准+差别标准"，但最后在《侵权责任法》中删除了。我国幅员辽阔，差别巨大，适用统一的医疗过失标准也是不公平的。[2]

3）没有规定医疗损害责任鉴定制度。在司法实践中，按照《医疗事故处理条例》规定的医学会进行的医疗事故责任鉴定是在医学会的指导下进行的，具有浓厚的官方色彩。而司法鉴定机构作出的医疗过错责任鉴定，医疗机构和医务人员都不相信，因为做鉴定的人是法医。在立法过程中，各方都呼吁

---

[1] 王胜明.《中华人民共和国侵权责任法》条文解释与立法背景[M].人民法院出版社,2010.
[2] 杨立新.医疗侵权法律与适用[M].法律出版社,2008.

立法机关在《侵权责任法》中规定基本的医疗损害责任鉴定制度，但都因"实体法不规定程序法"的理由被拒绝，因此究竟是医学会进行鉴定，还是司法鉴定机构进行鉴定抑或二者都可鉴定仍然保持了混乱局面。❶

（六）对医疗损害责任法律规定的建议

在改革后的医疗损害责任中，在受害患者、医疗机构与全体患者的利益关系的平衡方面，仍有不够协调之处，例如在举证责任制度上，彻底扭转了医疗机构不利的诉讼地位，但也在一定程度上损害了受害患者的利益，使受害患者的诉讼地位降低，反过来也违反了诉讼平等原则。又比如在医疗产品损害责任中，将医疗机构比照销售者的地位确定其承担无过错责任，再由医疗机构向有缺陷的医疗产品的生产者追偿。该规定表面看起来对患者有利，实际上可能导致医疗机构消极治疗的弊端从而不利于患者。为了解决上述问题，应该对《侵权责任法》进行司法解释，平衡医患关系。❷

1. 在医疗技术过失和因果关系上实行举证责任缓和规则

前文已叙述过举证责任缓和的概念，在此不再详述。在我国《侵权责任法》第66条规定的环境污染责任因果关系推定，实际上就是举证责任缓和。在原、被告医疗资讯严重不对称的医疗损害责任中，如果原告因为资讯的原因而举证不能达到应达到的证明标准，就判决原告承担举证不足的不利诉讼后果显然是不公平的。因此司法解释可以规定原告在证明医疗过失或者因果关系上具有可能性，因客观原因无法完成高度盖然性的证明标准的，实行举证责任转换，由医疗机构证明自己的医疗行为不存在过失以及医疗行为同损害后果之间没有因果关系。

2. 医疗技术损害责任的证明标准应当考虑差别

由于《侵权责任法》在规定医疗技术过失适用"当时的医疗水平"，没有采取适当的差别政策，因而可能造成对偏远地区的医疗机构及医务人员不利的后果。对此，应当坚持"国家标准+差别原则"。司法解释应规定，确定医疗技

---

❶ 王才亮.医疗事故与医患纠纷处理实务[M].法律出版社,2002.

❷ 马军,温勇,刘鑫.医疗侵权案件认定与处理实务[M].中国检察出版社,2006.

术过失，适当考虑地区、医疗机构资质、医务人员资质等因素，综合判断医务人员是否存在过失。[1]

3. 在医疗产品责任中实事求是地确定医疗机构的赔偿责任

为了避免过分加重医疗机构的赔偿责任，笔者认为应该区别缺陷产品的生产者、销售者以及医疗机构的责任。司法解释应当规定：第一，医疗机构在适用缺陷医疗产品造成患者损害有过失的，适用"不真正"连带责任，即受害患者一方既可以向医疗机构要求赔偿，也可以向缺陷产品的生产者或销售者要求赔偿。医疗机构承担赔偿责任后，可以向有过错的生产者、销售者追偿。第二，医疗机构对于缺陷医疗产品造成损害没有过错的，受害患者只能向医疗产品的生产者、销售者请求赔偿。第三，医疗机构适用缺陷产品造成患者损害，不能确定缺陷医疗产品的生产者或供货者的，应当承担赔偿责任。如此一来既有利于减轻医疗机构的赔偿责任，也有利于患者求偿权的实现。[2]

4. 制定科学的医疗损害责任鉴定制度

如前所述，目前的医疗损害责任鉴定制度存在较大的缺陷。实际上，医疗损害责任鉴定的性质应当是司法鉴定，具体组织责任鉴定的应当是法院或法官而不是医学会。对此，司法解释应当规定对医疗损害责任的鉴定制度，应同其他司法鉴定一样，法官有权组织并进行司法审查，有权决定对鉴定结论是否予以采信。只有这样才能保证医疗损害责任鉴定制度的准确性和合法性，才能充分保护患者的合法权益。

三、法律适用

《侵权责任法》规定，医疗纠纷不再区分医疗事故和非医疗事故，其类型也由三种变成两种：一是医疗服务合同纠纷；二是医疗损害赔偿纠纷。医疗服务合同纠纷，仍然适用我国《合同法》和《民法通则》的相关规定。医疗损害赔偿纠纷，则不再适用《医疗事故处理条例》的规定，而改为适用实施后的《侵

---

[1] 奚晓明.《中华人民共和国侵权责任法》条文理解与适用[M].人民法院出版社,2010.
[2] 赵西巨.医事法研究[M].法律出版社,2008.

权责任法》，关于人身损害赔偿数额的计算除适用《侵权责任法》外，还将适用《最高人民法院关于审理人身损害赔偿案件适用法律若干问题的解释》。

1. 《侵权责任法》的适用

《侵权责任法》对于医疗损害责任进行了专章规定，其内容包括：医疗纠纷的归责原则、医疗机构承担损害赔偿责任的情形、医疗机构的免责事由、侵权责任承担的方式等，对医疗损害赔偿纠纷的处理将产生很大的影响。

1）医疗纠纷的归责原则及举证责任分配。《侵权责任法》第54条规定，患者在诊疗活动中受到损害，医疗机构及其医务人员有过错的，由医疗机构承担赔偿责任。根据该条规定，只要医疗机构有过错，且造成患者人身损害，就可依此要求医疗机构承担损害赔偿责任。医疗侵权行为是否构成医疗事故，不再是医疗事故纠纷索赔的前提。医疗侵权纠纷不再区分医疗事故纠纷和非医疗事故的医疗损害赔偿纠纷，被统一的医疗损害赔偿纠纷所取代。该条规定对于医疗侵权损害赔偿纠纷的归责原则作了明确的规定，即过错责任原则。也就是说，患者要对医疗机构的医疗行为存在过错承担举证责任，在不能举证证明医疗机构存在过错时，患者要承担举证不能的后果。

《侵权责任法》第58条规定，患者因下列情形之一受到损害的，推定医疗机构有过错：①违反法律、行政法规、规章以及其他有关诊疗规范的规定；②隐匿或者拒绝提供与纠纷有关的病历资料；③伪造、篡改或者销毁病历资料。根据该条规定，医疗机构存在以上三种行为时，推定其有过错，不需要患者举证证明医疗机构存在过错，而将举证责任转化给医疗机构，由医疗机构对自己该行为不存在过错承担举证责任，不能举证证明的，承担举证不能的责任后果。

2）医疗损害赔偿的项目及数额。《侵权责任法》第16条规定，医疗机构及其医务人员侵害他人造成人身损害的，应当赔偿的项目有：医疗费、护理费、交通费等为治疗和康复支出的合理费用，因误工减少的收入。造成残疾的，还应当赔偿残疾生活辅助具费和残疾赔偿金。造成死亡的，还应当赔偿丧葬费和死亡赔偿金。该条对于医疗纠纷损害赔偿的项目作了明确的规定，作为侵权责任基本法的《侵权责任法》在侵权损害赔偿上的规定，是损害赔偿的基本依据，其他与该规定有冲突的地方自然被它的相关规定所取代。

医疗损害赔偿纠纷中过错责任的认定和划分，不再依据《医疗事故处理条例》的规定和医疗事故鉴定结论来确定，而是依据《侵权责任法》的规定和医疗过错鉴定（司法鉴定）的结论来判断。关于赔偿数额的计算方法，《人身损害赔偿解释》里已经有了比较客观的规定，因此，医疗损害赔偿数额的计算方法仍然适用《人身损害赔偿解释》里的计算方法。

3）医疗机构的免责事由。《侵权责任法》第 60 条第（1）款规定，患者因下列情形之一遭受损害的，医疗机构不承担赔偿责任：①患者或者其近亲属不配合医疗机构进行符合诊疗规范的诊疗；②医务人员在抢救生命垂危的患者等紧急情况下已经尽到合理诊疗义务；③限于当时的医疗水平难以诊疗。根据该条规定，患者在以上三种情形下所受到的损害，一般情况下，医疗机构不承担责任。但是，该条第（2）款同时规定：前款第一项情形中，医疗机构及其医务人员也有过错的，应当承担相应的赔偿责任。即对于患者或者其近亲属不配合医疗机构进行符合诊疗规范的诊疗的情形，医疗机构及其医务人员也有过错的，应当根据其过错承担相应的责任。

2. 《最高人民法院关于审理人身损害赔偿案件适用法律若干问题的解释》的适用

《侵权责任法》实施后，《最高人民法院关于审理人身损害赔偿案件适用法律若干问题的解释》中关于人身损害赔偿的相关规定，在不与《侵权责任法》相冲突的情形下仍然适用。

四、结语

近年来，医疗侵权责任作为一种特殊的侵权责任备受学界关注，又因它与老百姓的生活息息相关，因此，它已经从一个单纯的学术问题上升为一个社会问题。如果这一问题得不到很好的解决，和谐医患关系的构建就会因这关键环节的缺失而成为一纸空谈。在这一背景下，医疗侵权责任问题的研究，具有重大的现实意义。

第十五章　环境污染责任

环境污染和破坏引发的环境问题日趋严重，甚至成了影响社会经济发展和社会稳定和谐的一个突出因素。党的十八大报告指出："建设生态文明，是关系人民福祉、关乎民族未来的长远大计。面对资源约束趋紧、环境污染严重、生态系统退化的严峻形势，必须树立尊重自然、顺应自然、保护自然的生态文明理念，把生态文明建设放在突出地位，融入经济建设、政治建设、文化建设、社会建设各方面和全过程，努力建设美丽中国，实现中华民族永续发展。"[1]对于如何合理有效地解决环境问题引起的环境侵权纠纷，特别是环境侵权中的损害赔偿救济问题，一直都是环境侵权领域研究的重点。《侵权责任法》第八章"环境污染责任"以专章的形式对环境侵权进行了详细规定，从法律的视角对环境污染者课以责任，是加强环境治理的重要举措。侵权责任法把生活、生态环境损害与传统的财产损害、人身损害相并列，既丰富了侵权损害的形式和内容，也有利于提升全社会的环境责任意识，促进资源节约型、环境友好型社会的构建，这一立法上的规定对于完善和解决环境侵权纠纷具有重要的现实意义。

一、案例举隅及问题的提出

（一）高楼玻璃幕墙的反射光之"光污染"案

由于不堪忍受对面高楼玻璃幕墙的反射光每天长达 10 余小时的照射，家

---

[1] 胡锦涛.坚定不移沿着中国特色社会主义道路前进为全面建成小康社会而奋斗——中国共产党第十八次全国代表大会报告[R],2012-11-8.

住相距高楼玻璃幕墙近百米的居民李某以"光污染"为由，将 A 公司告上了法庭。李某诉称：由于 A 公司的玻璃幕墙及楼顶的金属球的反光从李某的后窗直射进屋，导致室内温度过高。一天 14 个小时的光照，不但使人无法休息，而且让李某及其老伴的高血压、心脏病等病情加重，先后花去医疗费 2 000 余元。为降温，李某家里从早吹到晚使用电扇，几年来，已相继烧坏了 3 台电扇，落地扇也修理过两次。为此李某要求 A 公司立即停止侵权，排除妨碍，并赔偿经济及精神损失共计 28 000 元。但 A 公司认为，自己不应对此承担任何责任。公司大厦按规范要求设计建设，该大厦与李某住房相距百米，其反光不会对人体及财物造成任何损坏；且李某所说的"光污染"，目前尚无法律规定，其诉讼请求于法无据。法院在审理中查明，A 公司大厦顶部的两个金属装饰球确实存在反光现象。但目前我国法律没有关于光污染的规定，因此，A 公司大厦顶部金属装饰球的反光现象是否达到光污染标准？应当承担什么责任？无法定论，且李某不能证明其病情加重及财产损失与反光现象之间存在必然联系。故李某要求被告 A 公司停止侵害、排除妨碍、赔偿经济及精神损失的要求，法院不予支持。一审宣判后，原被告双方均未提出上诉。❶

（二）装修涂料污染案

郭某系某市某小区业主，张某居住于郭某楼上。郭某对房屋进行室内装修，期间曾使用装修涂料。张某以被郭某装修涂料挥发性气体熏染，致头痛头晕无力为由，四次前往某大学第三医院就诊，经该院诊断为"有机溶剂接触反应"。审理中，张某向法院提交到某大学第三医院就诊的门诊病历手册原件一份及医疗费收据复印件 11 张，其中与门诊病历手册记载的就诊时间一致的医疗费共计 2000 余元。另经法院核实确认，上述医疗费收据原件由张某交所在单位用于办理医保报销手续。

某区法院经审查认为，公民的合法权益受法律保护。郭某辩称所有的房屋在室内装修过程中使用了装修涂料，其所述辩解事项不能证明该装修涂料不存在对周围环境的影响。现张某经医院诊断为"有机溶剂接触反应"，郭某不能

---

❶ 田连锋.省城首例"光污染案"居民败诉[N].生活日报,2002-4-9.

证明张某所受损害系其他原因所致，其应对张某承担赔偿责任。故法院对张某主张的相关医疗费损失予以支持。对于张某主张的精神损失费，因其所受损害尚不具备构成精神损害赔偿的条件，法院对此不予支持。最终区法院依法作出判决，郭某赔偿张某医疗费 1 000 余元，驳回张某其他诉讼请求。

郭某不服，提出上诉，认为原判事实认定不清，本案没有证据证明上诉人郭某在装修过程中排放了大量有害气体，对周围环境造成了污染或损害。而上诉人郭某使用的涂料立邦漆为绿色环保产品，符合国家的环境环保标准。一审判决以上诉人郭某进行装修使用了涂料，现不能证明被上诉人张某所受损害系其他原因所致为由，判令上诉人郭某承担责任，于法无据，要求撤销原判、驳回张某的诉讼请求。张某辩称：一审判决认定事实清楚，证据确凿，适用法律正确，同意原判。

市法院审查认为，受害人的损害应当与侵害人的行为存在因果关系。张某身体不适就医，但造成其身体不适存在多种因素的可能，虽然其被医院诊断为"有机溶剂接触反应"，因诊断来源于张某的主述，不是对其不适因素的判断，故不能以此认定张某身体不适是因郭某家装修造成的。张某主张郭某家装修使用涂料的挥发性气体对其身体造成损害，证据不足。张某亦未能就郭某实施了违反环保规定造成环境污染的行为举证证明。因此，对于张某要求郭某对其所受损害承担赔偿责任的诉讼请求，本院不予支持。综上所述，对于郭某的上诉请求，本院予以支持。为此，撤销某区法院民事判决。❶

（三）问题的提出

针对上述两个案例，存在这样几个问题：一是针对环境污染源及其类型如何认定？二是环境污染责任的归责原则是什么？如何认定？三是环境污染责任的举证责任及其后果应该由谁承担？四是环境污染责任中的共同污染行为和环境污染责任中第三人过错污染环境的责任如何认定？责任如何承担？

---

❶ "装修环境污染损害赔偿案"，引自"法律快车网"（http://www.lawtime.cn/cases/assayart_63296.html），最后访问日期：2014 年 2 月 1 日。

二、法理分析

环境侵权作为一种特殊侵权，其构成要件存在多种争议，其中在过错和因果关系的认定上包含较为复杂的技术问题。由于现今科学技术的发展以及社会对工业化的需求，因而对环境污染责任采取特殊的侵权归责原则才能更好地保护较为弱势的被害人的权益。但绝对的无过错责任会过分地加重加害人的责任，增加企业的成本负担，影响社会工业化的进程。我国的侵权责任法和环境污染保护法对此也做了相应的规定，但关于环境侵权制度的构建，学术界存在很大的争议，因此更需要我们从理论上对其加以研究。

（一）相关概念界定

根据《环境保护法》《侵权责任法》等法律规定，结合司法实践，本文述及的环境，是指影响人类生存和发展的各种天然的和经过人工改造的自然因素的总体，包括大气、水、海洋、土地、矿藏、森林、草原、野生生物、自然遗迹、人文遗迹、自然保护区、风景名胜区、城市和乡村等；环境污染，是指由于人为的原因致使环境发生化学、物理、生物等特征上的不良变化，从而影响人类健康和生产生活，影响生物生存和发展的现象，既包括对生态环境的污染，也包括对生活环境的污染；环境污染侵权责任，是指环境污染者因污染环境行为，致使他人应受保护的人身、财产权益遭受侵害，依法应承担的民事法律责任；环境污染侵权行为，是指环境污染者污染环境的行为，由于该行为，致使他人应受保护的人身、财产权益遭受侵害；环境污染侵权，是指因环境污染者的污染环境行为，致使他人应受保护的人身、财产权益遭受侵害的现象；环境污染侵权案件，是指因环境污染者的污染环境行为，致使他人应受保护的人身、财产权益遭受侵害，权益被侵害者向人民法院提起民事诉讼，请求人民法院判令环境污染者承担相应的民事法律责任，保护其应受保护的人身、财产权益的诉讼案件。

（二）环境污染责任的构成要件

环境污染责任是指污染者的行为污染了生活或生态环境，致使被侵权人受到人身损害和财产损害的，污染者应当承担的侵权责任。

对于环境侵权责任的构成要件，目前学术界存在两种不同的主张，即"二要件说"和"三要件说"。"二要件说"认为，环境侵权责任的构成要件有二：一是环境损害事实；二是环境污染行为和损害事实之间具有因果关系。[1]"三要件说"主张环境侵权由三个要件组成，对于这三个要件又有两种不同的观点。第一种观点将之总结为：一是环境污染行为的违法性；二是存在环境污染的损害事实；三是环境污染的违法行为和环境污染的损害事实之间存在因果关系。[2]第二种观点将环境侵权责任的构成要件归结为：一是行为人实施了污染环境的行为；二是存在环境污染造成的损害事实；三是污染环境的行为和损害事实之间存在因果关系。[3]我们同意"三要件说"，认为环境污染行为的构成要件包括污染环境的行为、损害结果的发生以及污染行为与损害结果之间具有因果关系。但三要件中又有一个值得探讨的问题，即要求污染者有污染行为，那是否要求行为违法呢？违法性的判断标准又是什么呢？法院判断污染行为是否违法又应当考虑哪些因素呢？

1. 污染环境的行为

环境侵权的责任承担是否需要以污染行为的违法性为前提，立法和学说都存在分歧。《民法通则》第124条规定："违反国家保护环境防止污染的规定，污染环境造成他人损害的，应当依法承担民事责任。"根据此规定可以推断出，污染行为的违法性是构成环境侵权责任的要件之一，即只有当加害人的污染行为违反了法律的规定才成立环境污染侵权。这一规定和案例一的判决相统一。

我们赞同以"是否侵犯他人合法法益"为行为违法性的判断标准，此种观点类似于学理上的"纠正正义"观点（即排污行为人是否承担损害赔偿责任，系以其行为对于他人是否造成明显损害，作为重要的判断基础。在加害人之排污行为对于他人造成明显损害者，即应负担损害赔偿责任）。国家规定的排污标准只是作为相关部门收取超标费用以及罚款的依据，跟私法利益上的侵权损害

---

[1] 王利明.民法·侵权行为法[M].中国人民大学出版社,1993:455.

[2] 曹明德.环境侵权法[M].法律出版社,2000:164.

[3] 张新宝.中国侵权行为法[M].中国社会科学出版社,1998:345.

不具有实质上的联系，加害人不能以"未违反国家排污规定"为理由拒绝承担侵权赔偿责任。这也是控制企业及工厂排污的一种方法，通过法律赔偿机制的限制，以此增强排污者的社会责任感，督促其改进排污处理技术，从而从源头上降低环境侵权造成的损失，达到立法之保护大众群体的根本利益的目的。

但对法益的侵害必须是明显严重且实际的，社会上普遍存在的"相互妨害行为"（即一个能被大众所接受的一般性的干扰行为）不能成为受害人请求赔偿的侵权理由。美国侵权行为法即说明："在社会上，每个人均必须忍受某种程度的干扰、不便及干涉，且必须承受某种程度的危险，以使吾等得以共同生活。有组织形态的社会之所以存在，在于'互惠原则'及'自己存活并让他人存活'之法则，从而侵权行为法并非在任何人之行为，对于他人造成有害效果时，均课以法律责任或移转损害于他人。法律仅在加害人之行为对被害人造成损害或危险，超越被害人（在系争环境下，无法获得补偿时）所应该承受之范围，始课与加害人责任。"❶因此，我们认为，污染行为的违法性是构成环境侵权的要件之一，只是不以"是否违反国家规定"为违法标准，即上述的"三要件说"的观点。

2. 损害结果的发生

损害结果的发生，是指由于污染者实施了污染环境的行为，受害人的人身、财产权益因污染的环境遭受了损害。所谓污染损害并非指污染行为对被害人造成的损害，它必须符合一定的条件，也具有自身的特点。

1）损害请求必须是基于民事权益的损害。《侵权责任法》第 2 条规定了民事权益的范围，包括生命权、健康权等 19 种权益，只有当污染者的污染行为对此19 种民事权益造成损坏时，受害人才有权以环境污染侵权为理由请求被告承担责任。一般来说，对此种民事权益的侵害都需要考虑行为人的主观过错，即只有行为人在故意或重大过失的情况下，才有必要通过法律对受害者进行救济。

2）污染损害必须达到一定程度。由于排污是工业发展所必须面对的问题，生活中每时每刻都在发生环境污染，因而法律不可能将所有的排污者作为

---

❶ 蔡颖雯.环境污染与高度危险[M].中国法制出版社,2010:8.

惩治对象，只能将其规定在一定的范围之内，法律要求人们在一定的生活环境中要承担相应的容忍义务。通常来看，环境污染达到多少就构成侵权，并没有一个严格的量化标准，环保局所规定的排污标准只是收费或超标排放罚款标准，而并非侵权的量化标准。比如一个建立在偏僻郊区的化工企业，由于性质不同，可能排放的气体污染量要比其他行业多几倍，当它排污超标时，环保局可对其进行罚款，但由于其地处偏僻，并没有给附近的居民或其他养殖户带来损害，则此时它的排污量不能作为其污染侵权的一个核定依据。损害的构成需要综合受害人损害的性质：人身损害或者财产损害，轻重和损害所覆盖范围的公共性以及周边情况来具体判定。当受害人对损害的事实超过正常人容忍的限度范围时，则可以以此为由请求污染者停止侵害，排除妨害或赔偿损失等。

3）损害的发生通常表现出广泛性的特点。环境侵权作为特殊的侵权，其损害不同于一般侵权行为损害后果的特定性，在环境侵权中所造成的损害往往表现为一个区域、众多受害群体以及数个民事权益等。比如有时排放物可能对整条河流产生污染，或对整个村镇造成损害，但却没有具体和实际的受害者。近年来，随着人们维权意识和对环境质量要求的普遍提高，环境公益诉讼制度便应运而生。

我国《民事诉讼法》第 119 规定："原告是与本案有直接利害关系的公民、法人和其他组织"，从而使得公益诉讼的主体面临严重的难题，严重阻碍了我国环境公益诉讼制度的发展。相比之下，环境公益诉讼在国外则得到了很好的发展。美国在 20 世纪 70 年代以来就一直涉及环境的保护，比如它的《清洁空气法》首创了"公民诉讼条款"，其第 304 明文规定：任何人均可以自己的名义对任何人（包括美国政府、政府机关、公司和个人等）就该法规定的事项提起诉讼。欧洲很多国家也有相关规定，例如，法国最具特色和最有影响的环境公益诉讼制度"越权之诉"，即只要申诉人利益受到行政行为的侵害就可提起越权之诉。意大利的"团体诉讼"制度等。我国在公益诉讼领域，也出现了不少获得胜诉的公益判决。❶目前的立法，还需要在公益诉讼制度方面花费更多的

---

❶ 常纪文,杨金柱.国外环境民事起诉权的发展及对我国的启示[M]//别涛.环境公益诉讼.法律出版社,2007:105.

时间和精力，通过对主体资格的扩大和预防性诉讼的研究，进一步提高环境保护的效率。笔者认为，应该加大国家政府机关法律部门对公益诉讼的参与强度，法律可以明确赋予检察院等法律机关代表公益诉讼的权利，以此解决"原告主体不适格"的尴尬境况，从而真正打造一个为民服务的法律平台。

3. 污染行为与损害结果之间具有因果关系

因果关系主要是指以污染行为作为原因，损害事实作为结果，二者之间前者是由后者引起的一种客观关系。作为行为与结果之间的纽带，因果关系起着关键性的作用，往往决定了环境侵权的成立与否。但由于环境污染是较为复杂的侵权案件，对其因果关系的认定需要很多专业性的科学技术，因此在一个案件中对因果关系的证明往往成为了判定事实的关键。

对于污染行为与损害事实之间因果关系的认定，目前没有一个明确的规定，学界大致存在几种说法：盖然因果关系论，疫学因果关系论和间接反证因果关系论。盖然因果关系说认为，受害人只需要证明两点：该地区有此种污染行为，该地区出现了多种同样的损害。而疫学因果关系主要是利用统计学的方法，在调查因素与疫病之间选择相关性较大的因素，对其研究来综合判断有无因果关系。受害人证明因果关系存在时，需要证明以下几点：①污染行为在疫病发生前出现；②污染行为的增加与发病率成正比；③该污染行为与疫病发作前之间在医学规律上并不矛盾。此种方法操作性比较强，被很多西方发达国家所采用。间接反证因果关系论（也称风险理论）相对减轻了受害者的责任，要求其只需证明有污染加害行为和导致了损害后果即可。❶

侵权责任法主张的是"有权利就有救济"，因此判断因果关系时应采用最能减轻弱者责任的方法，弥补加害人和受害人之间的社会经济差距。在环境侵权中，一般情况下，加害人都是具有雄厚实力的企业或厂矿，而受害人往往是一般的普通民众，他们没有能力来举证证明污染行为与损害之间的因果关系。按照一般的侵权责任规定的"谁主张，谁举证"制度显然不利于保护受害者的利益，因此《侵权责任法》第 66 条规定，在因环境污染发生纠纷时，污

---

❶ 梅夏英.中华人民共和国侵权责任法讲座[M].中国法制出版社,2010:297.

染者应当就其污染行为与损害之间不存在因果关系承担举证责任，实行"举证责任倒置"。

同时，由于环境侵权所需的技术鉴定要求高，绝对地强调环境侵权人的举证责任将过分地增加企业的负担，不利于拉动经济的发展。因此，我们认为，在环境侵权因果关系的认定问题上，还应该加大政府部门的义务，通过国家环保部门的限制性排污标准规定，对排污单位进行严格把关，同时也应该规范环境监测机构的检测义务，做到事前防范与事后赔偿的有效结合，进一步减轻受害人的证明责任，为受害人及时有效地得到救济和赔偿提供更有力的制度保障。如我国台湾地区"水污染防治法""大气污染防治法"等法律都明确规定污染受害人得等当地主管机关查明原因后，命令排放污染物立即改善，而我国污染防治法对此重要问题未有任何规定，非常不利于受害人的保护。同时，对于加害人来说，环境监测技术的提高也有利于其否定因果关系的存在，将举证的责任分担一部分给政府部门，利于提升其举证能力，从而免除其赔偿责任。通过科学的手段来提高诉讼的正确率，更加有利于实现法律的公平正义，达到法律效果与社会效果的有机统一。

（三）环境污染责任的归责原则

关于环境污染责任，国外法律曾同时使用过错责任原则和无过错责任原则。随着法律体系的不断完善，立法者和执法者经过反复的实践，最终无过错责任原则成为各国的通例。我国虽然仍然存在对无过错责任原则的争议，但无过错责任原则的适用已成为法律定论，被广大执法者和守法者所接受。

我国《侵权责任法》第65条规定："因污染环境造成损害的，污染者应当承担侵权责任。"由此可见，我国环境侵权责任采用无过错归责原则，即在环境侵权中，只要存在污染者污染环境之行为，并且因此造成了他人人身或财产上的损失，则不管污染者是否具有过错，都必须承担侵权赔偿责任，除非具有法定免责事由。根据有关学者考证，我国最早对环境侵权归责原则明确采用无过错责任原则的法律是1982年的《海洋环境保护法》，该法第42条规定，因海洋环境污染受到损害的单位和个人，有权要求造成污染损害的一方赔偿

损失。❶

归责原则作为案例审理中的关键环节，最终影响着侵权责任的分类，到底案件是属于一般的侵权还是特殊的侵权，这也将决定着上文提到的侵权责任的构成要件的认定、举证责任的承担、免责条件的运用和损害赔偿的数额等因素。以往的过错责任原则产生于经济需求高速发展的年代，同许多初期立法一样，更侧重于保护强者的利益，强调只有在侵权人主观上具有过错的情况下才对受害人承担责任。随着经济的发展，民本思想逐渐形成，人民对自身权益的维护意识不断提高，立法者也不断探寻最能满足社会需求的法律。无过错责任原则适应了我国侵权法"有权利必有救济"的立法要求，更进一步维护了弱者的利益。

无过错责任原则在英美法系中又被称为严格责任，其在构成要件上不考虑加害人有无过错，但污染侵权行为发生时，只要损害与行为之间有因果关系，哪怕加害人是无意为之都必须承担相应的侵权赔偿责任。但这并不意味着不考虑受害人的主观过错，即法律规定的环境侵权人的免责事由。我国《海洋环境保护法》第 90 条第（1）款规定："造成海洋环境污染损害的责任者，应当排除危害，并赔偿损失；完全由于第三者的故意或者过失，造成海洋环境污染损害的，由第三者排除危害，并承担赔偿责任。"

我国《侵权责任法》并没有对加害人的免责事由做出特别规定，这种情况下只能通过其他法律的规定来判断是否属于免责事由，比如《海洋环境保护法》《水污染防治法》《大气污染防治法》等。在现今环境污染日益加剧的今天，怎样来寻求法律的公正，保证加害人的合法权益呢？总结起来，环境污染责任免责事由主要有以下三类。

1. 受害人故意

受害人故意，是指损害的发生不是有污染者的行为导致，而是由受害人故意造成的。《水污染防治法》第 85 条规定："水污染损害是由受害人故意造成的，排污方不承担赔偿责任。"此项规定体现了法律所追求的公平公正原则，如

---

❶ 王莹,史笔,徐晴.侵权行为法典型判例研究[M].人民法院出版社,2004:186.

果损害是由于受害人的行为故意造成而却要加害人来为之负责，则会严重侵害加害人的利益，与"权责一体化"原则相违背。再者，如果此种情况仍然适用无过错责任原则由环境侵权人承担损失赔偿责任，那么会造成社会分配比例的严重失调，给一些人以可乘之机，故意借助企业的排污情况来获得法律的保护，产生"不当得利"。但应注意的是，不能单纯地把受害人故意作为加害人免全责的条件，只有当损害完全是由受害人故意这一因素引起时，才能完全免除环境侵权人的责任。此处仍不能抛弃构成要件中因果关系的认定，如果损害的产生与污染者的行为仍然具有因果关系，损害事实是由受害人的故意与加害人的行为共同造成的，那么污染者也必须承担相应的赔偿责任。

2. 受害人过失

受害人过失，是指受害人对损害的发生存在过失的，污染者可以要求相应地减轻其侵权赔偿责任。《侵权责任法》第 26 条之规定："被侵权人对损害的发生也有过错的，可以减轻侵权人的责任。"与"受害人故意"则免责的规定不同，即使损害完全是由受害人的过失引起的，也不能完全免去加害人的责任，受害人过失只能使环境侵权人减轻责任，降低赔偿。此种情况中包含了一个模糊性的规定，即什么情况下该减轻，怎样减轻？在司法实践中，一定程度上就只能依靠法官运用经验法则来自由裁量。但法官的自由裁量必须符合侵权责任法以人为本的救济法性质，对受害人过失的适用要严格限制，不能笼统地将任何过失情况都作为减轻责任的理由。我们认为，只有当受害人的过失对损害的发生具有决定性作用时才能减轻环境侵权人的责任，因为相对情况下，受害人本身处于弱势地位，自然应该将天平的平衡点向之倾斜。再者，环境侵权人的污染行为本身就是一种不能提倡的行为，即使其污染不侵害任何人的权益，但其本身就对整个社会的公共利益具有危害性，因此当企业等排污者发展此项项目时就应准备好承担相应的产业风险。

3. 第三人的过错

《海洋环境保护法》第 90 条第（1）款规定："造成海洋环境污染损害的责任者，应当排除危害，并赔偿损失；完全由于第三者的故意或者过失，造成海洋环境污染损害的，由第三者排除危害，并承担赔偿责任。"在实务案例中，多人共同侵权广泛存在，这使得认定侵权责任中的第三人因素显得相对复杂。首先要判定出是共同侵权还是完全由第三人的因素而引发的损害。区别就在于共同侵权要求侵权人间具有意思联络，而因第三人的因素则要求第三人与污染者之间不能存在意思联络，第三人必须是一个孤立的介入主体，不能属于侵权人与受害人任何一方。

在纠纷中，如果污染者能够证明损害完全是由第三人的因素引起，污染者本身的污染行为与损害事实之间不具有因果关系，那么污染者可以免责。但是由于环境侵权中侵权人与受害人往往处于不平等的社会地位，受害人一般都是普通大众，缺乏经济和实力，往往侵权过后即使拿到判决书也很难最终得到赔偿。基于此，为了更好地保护被侵权人的权益，《侵权责任法》第68条赋予了被侵权人对救济对象的选择权，即若因第三人的过错污染环境造成损害的，受害人既可以向污染者请求赔偿，也可以向第三人请求赔偿，而污染者赔偿后可以向第三人追偿。在此，如果被侵权人选择污染者赔偿，污染者不得以损害由第三人造成为由，向被侵权人进行抗辩。因为污染者的污染行为虽没有法律上的责任，却与被侵权人的损害之间存在社会上而非法律上的因果联系，因此从某种意义上说，污染者有义务保障被侵权人获得侵权赔偿的期待权。此时，污染者实际上也只是义务的过渡者，最终承担赔偿责任的是有过错的第三人。法律对被侵权人这项权利的赋予从一定程度上加强了被侵权人获得救济的可能性，减少了"判而不得"的司法现状。同时将污染者作为一个义务的过渡者，也增强了污染者的注意义务，使得企业等排污者更加规范自身的排放行为，以从源头上减少污染造成的损害。

三、法律适用

环境污染侵权案件适用的主要法律规范为两类：实体性法律规范和程序性法律规范。就实体性法律规范和程序性法律规范的区别而言，实体性法律规范主要解决的是环境污染侵权的责任依据、责任构成、减免责情形等问题；而程序性法律规范主要解决的是环境污染侵权的责任追究问题，即环境污染侵权发生时，如何寻求司法救济，以及寻求司法救济和实现司法救济所要满足的条件、要求，经历的程序环节、阶段等。环境污染侵权案件适用的实体性法律规范主要有：《民法通则》《环境保护法》《海洋环境保护法》《水污染防治法》《大气污染防治法》《固体废物污染环境防治法》《环境噪声污染防治法》《放射性污染防治法》等。这些是《侵权责任法》施行前环境污染侵权案件适用的主要实体性法律规范。《侵权责任法》施行之后，当然也包括《侵权责任法》。环境污染侵权案件适用的程序性法律规范主要是《民事诉讼法》。同时，在实体性法律规范中，也存在大量程序性规范内容，如《环境保护法》第 66 条规定："因环境污染损害赔偿提起诉讼的时效期间为三年，从当事人知道或者应当知道受到污染损害时起计算"。《水污染防治法》第 86 条规定："因水污染引起的损害赔偿责任和赔偿金额的纠纷，可以根据当事人的请求，由环境保护主管部门或者海事管理机构、渔业主管部门按照职责分工调解处理；调解不成的，当事人可以向人民法院提起诉讼。当事人也可以直接向人民法院提起诉讼。"第 87 条规定："因水污染引起的损害赔偿诉讼，由排污方就法律规定的免责事由及其行为与损害结果之间不存在因果关系承担举证责任。"第 88 条规定："因水污染受到损害的当事人人数众多的，可以依法由当事人推选代表人进行共同诉讼。环境保护主管部门和有关社会团体可以依法支持因水污染受到损害的当事人向人民法院提起诉讼。国家鼓励法律服务机构和律师为水污染损害诉讼中的受害人提供法律援助。"等等。对于这些存在于实体性法律规范中的程序性规范内容，应特别注意。

对于环境污染侵权案件中程序性事项的法律适用，需要强调的是必须对存在于实体性法律规范中的程序性规范内容特别关注并优先适用。除此之外，适用于环境污染侵权案件的其他程序性法律规范与一般民事案件适用的程序性法律规范并无大的区别，统归民事诉讼法律规范调整；其中最主要的就是《民事诉讼法》，以及最高人民法院关于民事诉讼的相关司法解释。最常适用的有《最高人民法院关于适用〈中华人民共和国民事诉讼法〉若干问题的意见》《最高人民法院关于民事诉讼证据的若干规定》等。

对于环境污染侵权案件中实体性事项的法律适用，由于环境污染侵权实体性法律规范主要体现的是环境污染侵权责任不同于一般民事侵权责任的特殊性，在适用法律时，应特别注意全面、比较、综合、统一适用法律。全面，指的是应注意对各种类别、内容、性质等不同的法律规范全面掌握；比较，指的是在对各种类别、内容、性质等不同的法律规范全面掌握的基础上，应注意对各种法律规范之间的差别和不同进行比较分析研究；综合，指的是在对各种类别、内容、性质等不同的法律规范全面掌握并比较分析研究的基础上，应注意对比较分析研究的结果进行归纳总结；统一，指的是在前面全面掌握、比较分析研究、归纳总结不同法律规范基础上的最终法律适用，即将确定性法律适用于具体案件，将具体案件带入确定性地适用法律的过程与结果。全面、比较、综合、统一适用法律，具有顺序上的先后性和层次上的递进性，不能随意而为，否则，容易导致法律适用的偏颇，进而导致对立法价值取向、立法目的把握不准确，就不能体现立法本意，实现立法目的。例如，《民法通则》第 124条"违反国家保护环境防止污染的规定，污染环境造成他人损害的，应当依法承担民事责任"，《海洋环境保护法》第 90 条"造成海洋环境污染损害的责任者，应当排除危害，并赔偿损失；完全由于第三者的故意或者过失，造成海洋环境污染损害的，由第三者排除危害，并承担赔偿责任"的规定，以及《水污染防治法》《大气污染防治法》《固体废物污染环境防治法》《环境噪声污染防治法》《放射性污染防治法》等的类似规定，对于司法实践中，正确、依法认定环境污染侵权事实，正确、依法进行责任归责、认定减免责情形、判定责任承担等，均具有重要的法律适用意义。需要特别强调的是，《侵权责任法》施行后，虽然《侵权责任法》对环境污染责任做了专章规定，体现了立法对环境污染责任的高度关注与重视，但显然总共四条的专章规定，即使加上《侵权责任法》中的原则性、一般性规定，仍显得过于粗疏、简单。考虑到环境污染侵权案件的特殊性、复杂性，司法实践中，必然存在关于事实认定、法律适用等方面的诸多疑难点，对于这些疑难点的处理，必须结合所有相关法律规范进行全面、比较、综合、统一的适用，包括但不限于适用前面已经列出的主要实体性和程序性法律规范。

四、结语

环境侵权作为特殊的侵权方式，还处在不断地探索和适应阶段，不论是对因果关系及违法性构成要件的深刻研究，还是规则制度的完善，最终都是为了探索出一条有效的道路，建立合理且完善的救济制度，最大限度地保护被侵权人的利益。环境侵权制度的道路任重而道远，我们认为，只有凝聚立法、执法以及守法者三方的力量，才能切实保障此项制度的建立与运行。

第十六章 高度危险责任

高度危险责任是侵权责任法之重要责任类型。随着经济社会的不断发展，社会上危险因素也随之增加，因此而承担的责任常常有诸多表现形式：一是因从事高空、高压、地下挖掘活动、使用高速轨道运输工具等对周围环境具有高度危险性的活动而造成他人损害应承担侵权责任；二是因高度危险物而造成他人损害应承担侵权责任，如民用核设施发生核事故、航空器和易燃、易爆、剧毒、放射性等高度危险物以及遗失、抛弃、非法占有高度危险物造成他人损害的，经营者或者使用者应当承担损害赔偿责任。按照《侵权责任法》第1条之规定，设置高度危险责任也是为保护民事主体的合法权益，明确侵权责任，预防并制裁侵权行为，目的在于使受害人恢复到受侵害前的状况，其价值核心是恢复原状和损害赔偿，体现了以人为本、解决与人民群众利益相关的现代经济社会发展带来的风险与责任。

一、案例举隅及问题的提出

（一）罗某诉航空港建设七队等高度危险作业侵权损害赔偿纠纷案

2008年12月，航空港建设七队承建某机场跑道延长段场道土石方及端净空处理工程。并设立了被告机场项目部，项目部从2008年12月进场施工，2009年年底完工，在施工过程中实施有爆破行为。罗某的养猪场坐落在该工程附近，占地1 500平方米，总投资40余万，于2007年修建完工并投入使用，养殖场为砖木结构，顶上盖的玻纤瓦，投入使用后，部分玻纤瓦逐渐出现裂缝，裂缝扩大后甚至成片地往下掉，打坏了圈舍内的部分排污管道。2009年因预防五号病毒侵袭，养猪场母猪被销毁并被政府补偿，现罗某养殖场无存栏母猪。机场项目部在施工过程中开山爆破，由于养殖场距该工程较近，受爆破震动的影响，罗某的圈舍严重受损，所养殖的母猪因爆破震动而导致流产，给罗某造成一定的经济损失。事后罗某找到相关部门解决此事未果，故诉至法院，请求判令航空港建设七队和某机场对损坏的圈舍建筑设施恢复原状，并赔偿罗某 27 头母猪流产损失 155 520 元。

被告航空港建设七队和某机场认为，根据爆破施工方案和《爆破安全规程》计算的安全范围，损失赔付范围锁定在红线外 200 米以内，原告罗某的养殖场距离我们的施工地点相距 600 多米，爆破震动不会造成影响。原告罗某养殖场上面盖的是玻纤瓦且修建多年，玻纤瓦本来就易破损，原告罗某所称损失被告均不知情也未听说，请求法院判决驳回原告罗某的诉讼请求。

法院于 2010 年 6 月 17 日查看了圈舍，并向原告释明是否对原因力和损坏范围进行鉴定，原告认为举证责任在被告，表示不申请司法鉴定。

爆破作业属高度危险作业，原告罗某主张高度危险作业侵权，需就侵权事实承担举证责任，即举证证明航空港建设七队和某机场有高度危险作业的行为、罗某有损害事实的存在、损害事实与危险作业之间存在因果关系。法院经庭审查明，被告航空港建设七队和某机场实施了爆破行为以及原告罗某圈舍有部分损坏和母猪死亡属实，因此争议的焦点是原告罗某圈舍的损坏和母猪死亡是否系爆破震动所致，即因果关系的成立。原告罗某主张 27 头母猪流产损失，该 27 头母猪已死亡，无证据证明母猪是否怀孕以及怀孕流产的事实，更无证据证明母猪流产系爆破震动所致。原告罗某称玻纤瓦垮塌并打坏了部分排污管道系航空港建设七队和某机场爆破震动所致，也未提供证据证明。因原告罗某未提供任何证据证明因果关系的成立，应承担举证不力的后果，故法院对原告罗某的诉讼请求不予支持。❶

（二）问题的提出

从上述案例，针对爆破作业等高度危险作业致害问题如何处理，《侵权责

---

❶ 罗某诉航空港建设七队等高度危险作业损害赔偿纠纷案，重庆市黔江区人民法院民事判决书，〔2010〕黔法民初字第 01104 号。

任法》传承《民法通则》进行了较为明确具体的规定，但是在法律实施过程中仍有需要进一步探讨的问题。一是高度危险责任制度设置法理基础及其价值取向问题，二是如何认定高度危险责任问题，三是高度危险责任的归责原则，四是高度危险责任的举证责任问题，五是经营管理者在经营管理高度危险物或者实施高度危险行为应尽到何种义务等，需要一一解读。

二、理论分析

（一）　高度危险责任与法的价值、正义

法的价值的含义之一是指它的评价准则，即在非同类价值之间或同类价值之间发生矛盾时，法根据什么标准来对它们进行评价。[1]高度危险责任适用无过错原则是法评价高度危险责任的标注，也是法的价值的体现。法律在调整各种利益关系矛盾的原因可能是多方面的，不限于责任主体一方的利益受到损害而产生的矛盾。由于法的价值与正义，法在调节各种利益关系矛盾的时候要求兼顾多数利益与少数利益，高度危险责任的责任主体因为其享有的利益特殊性，因此属于较少数的群体利益，而被侵权人往往是一般主体，属于多数群体利益。无过错责任保护的就是多数人，即被侵权人的利益，而高度危险责任当中的免责与减轻责任的条款则保护的是另一部分少数人，即侵权主体的利益。[2]法在调节利益关系，也即在缓解利益与正义的矛盾中，具有极为重要的作用，是处理这种矛盾的一个重要手段。《侵权责任法》在调整高度危险责任的规范中所适用的无过错责任就很好地缓解了利益与正义的矛盾。

（二）外国法律关于高度危险责任的理论研究

一般认为，1838年《普鲁士铁路企业法》开现代高度危险作业赔偿制度之先河。该法规定："铁路公司所运输的人及物，或因转运之事故对别的人及物造成损害，应负赔偿责任。容易致人损害的企业虽企业主毫无过失，亦不得以无过失为免除赔偿的理由。"它规定了被侵权人的范围、侵权人的无过错责

---

[1] 沈宗灵,张文显.法理学[M].第二版.高等教育出版社,2004:65.

[2] 谢邦宇,李静堂.民事责任[M].法律出版社,1991:366.

任，甚至指出这种无过错责任应适用于包括铁路公司在内的一切"容易致人损害的企业"。这是人类立法史上的一个创举。❶在德国，学者称其为危险责任。该理论形成于 19 世纪，主要倡导学者为 Wilda、Brunner、Stobbe、von Amira 等人。德国的危险责任理论建立在放弃早期日耳曼法和地方法中过错要件的基础上。基尔克对日耳曼法中结果责任的研究发挥了重大作用。德国主要通过特别立法来规定危险责任，如《帝国责任法》（Das Reichhaftpflichtgesetz, 1871）等，由于立法众多且两部法律之间相隔近一百年，导致危险责任的结构、要件、适用范围等殊不一致，过于凌乱。近年来德国立法机关亦进行了修正，以期能去芜存菁，但争议仍然较大。❷法国的危险责任理论由学者 Salelles 和 Josserand 于 19 世纪末提出。关于危险责任的学说有两种：利润危险说和危险产生说，它们的分歧主要在于判令责任人承担危险责任的着眼点和依据不同。由于《法国民法典》对于侵权行为的规定主要采取简单列举加概括式的方法，仅有 5 条是侵权行为法规范，所以危险责任的引入主要是通过判例建立起来的。1896 年拖船爆炸致雇员伤害案和 1925 年卡车撞伤行人案，标志着法国最高法院开始在司法中运用危险责任。除对《法国民法典》第 1384 条做扩大解释外，仅有少数特别法涉及了铁索道持有人、航空器持有人以及原子装置经营者的危险责任问题。❸

《苏俄民法典》首次在民法典中规定了高度危险责任。法学界认为，在一定科学技术发展的前提下，有些物品在使用、经营过程中具有不受人控制或不完全受人控制的有害性，其结果是这些物品将对周围的人造成危险，这种危险就是所谓的"高度危险"。《苏俄民法典》的模式对危险责任在我国的创设，无论是称谓还是立法操作上，都具有较大的影响。❹我国台湾地区主要通过"民法"第 191 条与 191 条之 3 款对危险责任进行规范，在对某些公害事件的调整上，后者适用范围大于前者。其他特别法如"矿业法""民用航空法""核子损

❶ 王泽鉴.民法学说与判例研究（第二册）[M].修订版.中国政法大学出版社,2005:131.
❷ [德]卡尔·拉伦茨.德国法上损害赔偿之归责原则[M].//王泽鉴.民法学说与判例研究(第五册),1987:275.
❸ 中国人民大学法律系民法教研室.外国民法论文选(一)[M].305-307.
❹ [苏]B.格里巴诺夫,等.苏联民法(下册)[M].法律出版社,1986:406.

害赔偿法"也规定了危险责任。❶

（三）　高度危险责任的界定

高度危险致人损害责任，简称高度危险责任，是指因从事高度危险作业致人损害或者保有高度危险物品致人损害而承担的侵权责任。❷高度危险责任的概念来源于德国法，在德国法上是指企业经营活动具有危险性的装置、物品、设备的所有人或者持有人，在一定的条件下，不问其有无过失，对于因企业经营活动、物品、设备本身所具有的危险引发的损害，承担侵权责任。❸我国《侵权责任法》第九章专章规定了高度危险责任，确立了我国高度危险责任的丰富内容。高度危险致人损害责任具有以下特征：

第一，高度危险责任属于危险责任。

危险责任是德国法中的专用术语，大致相当于美国法中的严格责任，通常也被称作无过错责任。❹德国法中，危险责任范围相当得广泛，包括动物致害、环境污染、产品责任、铁路或悬浮轨道致害、机动车致害、航空器致害、核技术致害、能源设施致害、开挖矿山、开发基因技术等责任。❺在我国，高度危险责任通常是指高空、高压、高速运输工具、易燃、易爆、剧毒、放射性等危险活动或者危险物品致人损害的责任，产品责任、环境污染责任乃至饲养动物致害责任一般不被列入高度危险责任。所以，我国法上的高度危险责任不能等同于国外的危险责任，高度危险责任仅仅是危险责任的特定类型。

第二，高度危险责任是对合法行为承担的责任。

高度危险责任所规范的高度危险作业是一种合法行为，至少不是法律所禁止的行为。人类为了享受现代科技文明所带来的巨大经济利益，就必须允许从事高空、高压、易燃、易爆、剧毒、放射性以及高速运输工具等的存在和发展，并赋予它们以合法性。在德国法上，区分不法与不幸，过错责任以侵权人不法侵

---

❶ 王泽鉴.侵权行为法(第一册)[M].中国政法大学出版社,2001:16.

❷ 张新宝.侵权责任法[M].第二版.中国人民大学出版社,2010:294.

❸ 参见《德国民法典》第823条第（1）款：故意或过失侵害他人民事权利的人对由此引起的损害负赔偿义务。

❹ 王泽鉴.侵权行为法——特殊侵权行为[M].中国政法大学出版社,2006:281.

❺ [德]马克西·米利安克.侵权行为法[M].齐晓琨,译.法律出版社,2006:259.

害他人合法权益为前提，危险责任则是对不幸损害的分配，并非对违法行为的制裁。

第三，高度危险责任是无过错责任。

高度危险责任自从被法律规范开始就是一种典型的无过错责任，很大程度上也被等同于无过错责任。但是在我国侵权法上，高度危险责任不等于全部的无过错责任。一方面是因为高度危险责任仅仅是无过错责任的一个类型，另一方面无过错责任也不限于危险责任。根据我国《侵权责任法》，监护人责任、用人者责任都是无过错责任，而这些责任绝对不是危险责任。危险责任是无过错责任的主要类型而不是全部类型。

（四）高度危险致人损害责任的分类

传统意义上对于高度危险责任的分类可以分为两类：对危险活动的责任和对危险物的责任。[1]这种区分的依据在于危险来源的不同，高度危险作业致人损害责任的危险来源于经营者的作业不同，高度危险物品致人损害的危险来源于物品自身的危险性。因为危险的来源不同，相关责任主体的确定规则也不同。当然，对危险活动的责任和对危险物的责任之间并无绝对的区分。例如核设施致害责任，我国《侵权责任法》将之归入危险活动责任，而德国则将其归入危险物责任。同样的，石油、天然气、电力的运输，既可以从行为角度将其归入高度危险作业，也可以从客体的角度将其认定为高度危险物品。[2]

《侵权责任法》第70条规定："民用核设施发生核事故造成他人损害的，民用核设施的经营者应当承担侵权责任，但能够证明损害是因战争等情形或者受害人故意造成的，不承担责任。"第71条规定："民用航空器造成他人损害的，民用航空器的经营者应当承担侵权责任，但能够证明损害是因受害人故意造成的，不承担责任。"这些条文规定了高度危险作业致人损害责任，理解高度危险作业责任，应该从以下方面来把握：①高度危险作业致人损害的情形。《侵权责任法》列举了六类高度危险作业，即经营核设施、经营民用航空器、经营

---

[1] 王泽鉴.侵权行为法——特殊侵权行为[M].中国政法大学出版社,2006:263.
[2] 王利明.中华人民共和国侵权责任法释义[M].中国法制出版社,2010:350.

高速轨道运输工具、高压作业、高空作业和从事地下挖掘活动。考虑到第 69 条规定了高度危险致人损害责任的一般条款，《侵权责任法》的列举应当认为是不完全列举。比如，《侵权责任法》第六章所规定的机动车交通事故责任当然属于高度危险作业致人损害。事实上，驾驶机动车、火车、飞机、都属于经营高速运输工具的情形。法院也可以根据具体情形来确认其他的高度危险作业。②高度危险作业致人损害的责任人是相关活动的经营者。六类高度危险作业致人损害的责任人都被《侵权责任法》设定为"经营者"。所谓"经营者"，应当是指为自身利益从事相关经营活动的公司企业，比如核电公司、航空公司、铁路局、施工队等市场主体。"经营者"的概念说明了相关高度危险作业是一种职业活动、工商活动，与高度危险作业致人损害责任属于行为责任的性质相符。③不同高度危险作业致人损害责任的责任减免事由不同。因为不同的高度危险作业性质不同，难以统一规定责任减免的事由，所以《侵权责任法》根据危险程度高低设置了不同的责任减免事由。从核事故责任到航空器致害到高空、高压等普通作业，责任减免的事由逐渐增多。❶

第一，民用核设施致人损害责任。

经营民用核设施致人损害责任，是指民用核设施发生核事故致人损害，其经营者应当承担的侵权责任。除了《侵权责任法》第 70 条的规定以外，我国另有《民用核设施安全监督管理条例》《放射性污染防治法》《核电厂核事故应急管理条例》等法律法规，来规范经营民用核设施致人损害责任，形成了比较完整的规范内容。核事故是最危险、最严重的高度危险作业致人损害责任。虽然核事故的发生概率比较低，但其危害后果却是极为严重，如原苏联切尔诺贝利核事故与美国三哩岛核事故都造成了巨额损失。我国向来重视核能源的利用，大力发展核电事业，核设施在中国有广泛的应用，尽管历史上很少发生核事故，但是核事故从法律上严加规范的重要性不言而喻。

民用核设施造成的侵权责任主体是经营者。经营者，在《民用核设施安全监督管理条例》中被称作"营运单位"，在《关于核事故损害赔偿责任问题的

---

❶ 张新宝.侵权责任法[M].第二版.中国人民大学出版社,2010:302.

批复》中被称作"营运者",其实质含义相同,均指"依法取得法人资格,营运核电站、民用研究堆、民用工程实验反应堆的单位或者从事民用核燃料生产、运输和泛燃料储存、运输、后处理且拥有核设施的单位"。在经营民用核设施致人损害责任中,由经营者对被侵权人的损害承担责任,经营者可以像其他责任主体追偿。为了保证经营者的赔偿能力,我国对经营核设施实行强制责任保险制度。

根据《侵权责任法》第70条的规定,经营核设施致害的免责事由有二:一是战争等情形,二是被侵权人故意。被侵权人故意是适用于所有侵权责任的免责事由,具有不言自明的正当性。法律并没有一般地规定不可抗力属于经营核设施致害责任的免责事由,而是将其限制在战争等情形。如此,仅在战争、暴乱等极端严重的情形,经营者才能免除责任,而一般的不可抗力,如洪水、台风,则不能免责。

对于经营民用核设施致人损害责任,国务院《关于核事故损害赔偿责任问题的批复》第 7 条规定:"核电站的营运者和乏燃料贮存、运输、后处理的营运者,对一次核事故所造成的核事故损害的最高赔偿额为 3 亿元人民币;其他营运者对一次核事故所造成的核事故损害的最高赔偿额为 1 亿元人民币。核事故损害的应赔总额超过规定的最高赔偿额的,国家提供最高限制额为 8 亿元人民币的财政补偿。对非常核事故造成的核事故损害赔偿,需要国家增加财政补偿金额的由国务院评估后决定。"该条规定一方面确认了经营核设施致害责任的赔偿限制,另一方面又规定了国家的财政补偿措施。此处的财政补偿是在赔偿限额之外的补偿,与我国台湾地区因为经营者财力不足而进行的赔偿限额内的财政补偿不同。❶

第二,经营民用航空器致人损害责任。

经营民用航空器致人损害责任的责任主体是经营者。这一点与经营民用核设施责任主体是一样的。《民用航空法》第 158 条第(2)款规定:"前款所称经营人,是指损害发生时使用民用航空器的人。民用航空器的使用权已经直接

---

❶ 王泽鉴.侵权行为法——特殊侵权行为[M].中国政法大学出版社,2006:312.

或者间接地授予他人，本人保留对该民用航空器的航行控制权的，本人仍被视为经营人。"

《侵权责任法》只规定了一项经营民用航空器致人损害责任的免责事由，即被侵权人故意。所以，《民用航空法》第 161 条第（1）款的规定"依照本章规定应当承担责任的人证明损害是完全由于受害人或者其受雇人、代理人的过错造成的，免除其赔偿责任；应当承担责任的人证明损害是部分由于受害人或者其受雇人、代理人的过错造成的，相应减轻其赔偿责任"不再适用。

我国经营民用航空致人损害责任实行责任限额制度。《民用航空法》第 129 条规定了国家航空运输的责任限额，中国民航总局更新了国内赔偿限额的标准，将旅客的赔偿限额提高到 40 万元。

第三，从事高空、高压、地下挖掘或者高速运输工具致人损害责任。

从事高空、高压、地下挖掘或者高速运输工具致人损害责任是一组高度危险作业致人损害责任，延续了《民法通则》第 123 条规定的高空、高压、高速运输工具的主要情形，又增加了地下挖掘责任。这四种高度危险作业致人损害责任与经营核设施致人损害责任、经营航空器致人损害责任不同，属于生活中常见多发的高度危险作业致人损害责任，《侵权责任法》第 73 条规定了多样化的责任减轻与责任免除的事由。其中，不可抗力与被侵权人故意属于免责事由，被侵权人与有过失属于责任减轻的事由。一些单行法也规定了高度危险作业致人损害责任的责任免除或者责任减轻的事由。这些责任减免的事由需要根据《侵权责任法》的精神来判断能否适用。如《铁路法》第 58 条第（1）款规定："如果人身伤亡是因不可抗力或者由于受害人自身的原因造成的，铁路运输企业不承担赔偿责任。"此类规定将被侵权人过错作为免除责任的事由而不是减轻责任的事由，与《侵权责任法》的规定相悖，因此不能被适用。❶从这里可以看出北京地铁案为什么会"三上三下"，其原因就不难理解了。

第四，高度危险物品致人损害责任。

高度危险物品致人损害责任，是指因易燃、易爆、剧毒、放射性等高度危

---

❶ 王利民,周友军,高圣平.中国侵权责任法教程[M].人民法院出版社,2010:699.

险物品造成他人损害，相关主体应当承担的侵权责任。《侵权责任法》第72条列举了"易燃、易爆、剧毒、放射性"这四种对于周围环境有高度危险的危险物品，当然这是一种概况性的列举，并不全面，只是几种日常生活中最常见的危险物品，实质上高度危险物品并不是仅仅只有这四种。❶高度危险物品致人损害责任与高度危险作业致人损害责任同属于物品高度危险责任的重要类型，但是两者在性质上却存在重要区别。危险物品致人损害属于物品造成的损害，为准侵权行为之一种，危险作业致人损害则属于"行为责任"的范畴。此外，高度危险物品的责任与普通物件致人损害的责任不同。普通物件致人损害一般适用过错责任原则，危险物品的保有者对危险物品致人损害承担无过错责任。危险物品由法律和行政法规专门规定，未列举的物品不属于危险物品。

1）合法占有、使用高度危险物品致人损害责任。在占有、使用高度危险物品致人损害责任中，免责事由有二：不可抗力和被侵权人故意。被侵权人故意使其失去了获得保护的正当性，占有人、使用人自然不用承担责任。就不可抗力而言，考虑到高度危险物品的危险程度低于经营核设施和民用航空器，法律规定所有不可抗力均可以免责，而不限于战争等情形。被侵权人过失可以减轻责任，但是仅仅限于重大过失，如果是一般过失，则不能减轻责任。

2）非法占有、使用高度危险物品致人损害责任。《侵权责任法》第75条规定了非法占有高度危险物品致人损害的责任。在高度危险物品致人损害，责任人承担责任的原因在于风险控制，所以保有人即是责任人。无论保有人是所有人、管理人，还是非法占有人，都应当控制、管理危险物品。如果所有人、管理人不能证明对防止他人非法占有尽到高度注意义务，则需要与非法占有人承担连带责任。这里规定了举证责任倒置，所有人、管理人需要证明自己对防止他人非法占有尽到了高度注意义务，否则就要承担连带责任。当然对危险物品被非法占有的情况下的特殊规定，有关免责事由仍然适用《侵权责任法》第72条。

第五，遗失、抛弃的高度危险物品致人损害责任。

---

❶ 张新宝.侵权责任法[M].第二版.中国人民大学出版社,2010:313.

《侵权责任法》第 74 条作了关于遗失、抛弃的高度危险物品致人损害责任的规定，由所有人承担侵权责任。所有人将高度危险物品交给他人管理的，由管理人承担侵权责任，所有人有过错的，与管理人承担连带责任。该条规定根据风险控制理论和利益风险理论确定了所有人和管理人对遗失、抛弃的高度危险物品造成他人损害承担的责任。所有人作为危险物的控制着和利益享有者，理当承担无过错责任。在大多数情况下，所有人与管理人之间不存在意思联络，从性质上说，所有人的责任是过错责任，而管理人的责任是无过错责任，双方承担连带责任仅仅是法律出于保护被侵权人的目的而特别设计的，并不以构成共同侵权为必要。《侵权责任法》第 74 条是对危险物品遗失、抛弃情况下的责任主体的特殊规定，有关免责事由仍然适用第 72 条。

三、法律适用

（一）　我国法律对高度危险责任的规范

《民法通则》第 123 条规定："从事高空、高压、易燃、易爆、剧毒、放射性、高速运输工具等对周围环境有高度危险的作业造成他人损害的，应当承担民事责任；如果能证明损害是由受害人故意造成的，不承担民事责任。"该条规定是对"高度危险作业"进行的一种列举式的规定，但它又是一种不完全性的列举，这在前面已经有提到过。

除了《民法通则》第 123 条以外，我国还有不少特别法针对特定类型的高度危险致人损害责任作出了规定，如《道路交通安全法》规范机动车事故责任，《铁路法》规范了火车致害责任，《民用航空法》规范了民用航空器致害责任等。此外，还有不少行政法规和司法解释对高度危险致人损害责任作出了具体规定。[1]

《侵权责任法》在总结以往经验的基础上，借鉴国外立法例对我国高度危险责任作出了全面的规定。该法既列举规定了高度危险致人损害责任的常见情形，又特别确定了高度危险责任的一般条款。

---

[1] 张新宝.侵权责任法[M].第二版.中国人民大学出版社,2010:297.

（二） 各国有关高度危险责任的立法体例

从各国立法来看，对高度危险作业范围的确定，基本上有三种立法体例[1]：

1. 列举式

在基本法中大致列举高度危险作业的范围，如《苏俄民法典》中列举了交通运输企业、工业企业、建筑企业等 15 类高度危险来源。但是随着科学技术的进步，在面对新型高度危险时，这一立法模式却无法给予有效的回应，受到越来越多的批评。

2. 概括式

表现为应对新型的高度危险事故而设置一般条款。在一般条款中通过列举高度危险作业类型的方式来界定高度危险责任的适用范围，这一立法模式与我国《民法通则》的立法思路相同，其不足上文已有论述，在此无需赘言。

3. 设定要件式

《美国侵权行为法第三次重述（草案）》规定认定某一行为属于高度危险行为需满足两个条件，完全从高度危险活动本身即技术层面来界定异常危险行为。这种模式能够使法官准确地理解"高度危险"的内涵，使其在面对新型高度危险责任时及时地作出反应，缺陷在于赋予法官过高的自由裁量权。

四、结语

在《侵权责任法》实施后，重新审视高度危险作业侵权责任在侵权法中的地位及其立法模式，无论在立法技术、侵权法理论还是实务上都具有极强的现实性。我们应当以现实生活中出现的问题为先导，利用《民法通则》及《侵权责任法》的一般性规定的开放性来完成对高度危险作业侵权责任制度的总括设计，结合保险制度和单行立法之间的共生关系，分析实施过程中各种制度之间产生的张力，从而更好地完善高度危险作业侵权责任制度的法律体系。

---

[1] 苏文健.浅析侵权责任法中高度危险的内涵[J].科海故事博览,2011(1):61.

第十七章　物件损害责任

随着经济社会的高速发展，物件侵权风险突增，物件致人损害侵权纠纷频发，引起了社会各界的广泛关注。1987 年的《民法通则》第 125 条、第 126 条分别规定了地面施工致害和建筑物坠落倒塌致害，《民法通则意见》第 155 条规定了堆放物品倒塌损害责任，2003 年的《人身损害赔偿解释》第 16 条等规定了工作物致人损害的责任、堆放物致人损害的责任、树木致人损害的责任等。2010 年颁布的《侵权责任法》第 11 章第 85~91 条规定的物件损害责任，既涵盖了传统的物件侵权形态，又吸取了国外一些颇有争议的物件侵权形态，包含范围甚广。《侵权责任法》规定的物件损害责任并没有规定一般性条款，而是直接规定了七种不同的物件损害责任，这决定了我国物件损害责任制度具象列举有余、抽象概括不足、过错认定的技术匮乏、司法实践的不统一等突出性特征。[1]物件损害责任制度的定位是救济法，以保护被侵害的民事权益为宗旨，在类型化研究的基础上，以归责原则为统摄、从构成要件、举证规则、责任形态等具体制度体系，体现社会主义法治建设的终极人文关怀，是物件损害责任制度构建的目标。[2]

一、案例举隅及问题的提出

（一）赵某与某公司物件坠落损害责任纠纷案

2011 年 6 月 21 日 14 时 30 分许，赵某及其妻子陈某途径本市某公司店门口时，该门店上方的巨型店招突然坠落，将赵某及其妻子陈某等多人压伤。赵

---

[1] 谷艳辉.物件损害责任制度评析[J].前沿,2012(11):95.
[2] 王利明.我国侵权责任法的体系构建——以救济法为中心的思考[J].中国法学,2008(4) .

某被送至本市同济医院住院治疗，诊断为腰椎体骨折。于 2011 年 6 月 23 日在全麻下行腰 2 骨折后路切开复位内固定术，同年 7 月 29 日出院。后经司法鉴定为腰 2 椎体粉碎性骨折等，相当于道路交通事故九级伤残。某公司作为该店店招的所有人，应对店招的安全、稳固承担严格的管理责任。现该店招坠落导致赵某受伤，侵犯了赵某的生命健康权，令赵某精神遭受严重打击，要求某公司赔偿赵某护理费人民币 9 707.30 元（以下币种均为人民币），住院伙食补助费 760 元，营养费 3 600 元，交通费 500 元，误工费 30 000 元，衣物损失费 500 元，残疾赔偿金 144 290 元，精神损害抚慰金 20 000 元，律师代理费 10 000 元，鉴定费 1 930 元；保留要求后续医疗费、护理费、住院伙食补助费、营养费、交通费、误工费等的法律权利。

某公司对赵某受伤的事实无异议，但公司将该店的装潢工程承包给"某工程公司"，赵某发生损害系在工程施工期间，应由"某工程公司"承担赔偿责任。

经双方协商无果，遂诉至法院。法院在查明事实后认为，建筑物、构筑物或者其他设施及其搁置物、悬挂物发生脱落、坠落造成他人损害，所有人、管理人或者使用人不能证明自己没有过错的，应当承担侵权责任。本案赵某被某公司管理、使用的店招坠落砸伤，现某公司未提供证据证明自己没有过错，应当对赵某的合理损失承担赔偿责任。某公司提出应由工程承包单位承担赔偿责任的抗辩，其未提供相应的证据证明该事实；即便该事实成立，并不能因此而免除某公司的责任，故法院对某公司的抗辩理由不予采信。依照《中华人民共和国侵权责任法》第 85 条，《中华人民共和国民法通则》第 106 条第（2）款、第 119 条、第 134 条第（1）款第 7 项之规定，法院作出判决：某公司应于本判决生效之日起十日内赔偿赵某护理费人民币 9 707.30 元、住院伙食补助费人民币 760 元、营养费人民币 3 150 元、交通费人民币 300 元、误工费人民币 25 984 元、衣物损失费人民币 500 元、残疾赔偿金人民币 144 290 元、精神损害抚慰金人民币 10 000 元、鉴定费人民币 1 930 元。如果未按本判决指定的期间履行给付金钱义务，应当依照《中华人民共和国民事诉讼法》第 229 条之规定，加倍支付迟延履行期间的债务利息。❶

---

❶ 赵某诉某公司物件坠落损害责任纠纷案，上海市普陀区人民法院民事判决书，〔2012〕普民一（民）初字第 3189 号。

（二）问题的提出

根据物件损害责任之诸多案例，必须弄清楚如下几个问题：一是《侵权责任法》规定的物件损害的类型及其归责原则问题；二是物件损害的举证责任问题；三是物件损害赔偿的法律关系问题，即物件的所有人、管理人或者使用人对物件损害赔偿的不真正连带责任问题；四是物件损害责任的免责事由问题，等等。

二、物件损害责任的法理分析

（一）物件损害责任的概念和特征

1. 物件损害责任概念厘定

对于物件损害责任，有着广义和狭义之义。广义的物件致害责任包括产品质量责任、机动车交通事故责任、环境污染责任，高度危险责任、动物致人损害责任，狭义的物件损害责任即《侵权责任法》之专章规定的范围。本专题研究的物件损害责任是从狭义上进行分析的。

对于物件损害责任，学界有着不同的定义。有的学者认为："为自己管领下的物件致害负责的特殊侵权行为，这种特殊侵权行为也称作对物的特殊侵权行为。基于物件致害侵权行为所产生的侵权责任，称为物件致害责任。"[1]有的学者认为，物件损害责任是指"因物件造成他人财产或人身损害，所有人、管理人等依法应当承担的侵权责任"[2]。有的学者认为，物件损害责任，是指为自己管领下的建筑物等人工构造物、人为悬置物以及树木等物件发生倒塌、脱落、坠落、倾倒、折断而造成的他人人身以及财产上的损害，应当由物件的所有人、管理人或者使用人等责任主体承担的特殊侵权责任。[3]综上，我们认为，物件损害责任是指由于人力形成或能够被人力所控制的有形动产和不动产由于其本身的内在危险性而发生倒塌、脱落、坠落、倾倒、折断而造成的他人人身以及财产上的损害，应当由物件的所有人、管理人或者使用人等责任主体承担的特

---

❶ 杨立新.类型侵权行为法研究[M].人民法院出版社,2006:688.
❷ 王利明.侵权责任法研究(下)[M].中国人民大学出版社,2011:619.
❸ 杨彪.动物损害与物件损害[M].中国法制出版社,2010:109-110.

殊侵权责任。

2. 物件损害责任的特征

1）物件损害责任是一种特殊侵权责任。在特殊侵权责任中，一类是对他人的行为负责的特殊侵权责任，一类是对自己管领下的物件致他人损害负责的特殊侵权责任。物件致人损害事实的发生并不因为人的意志而直接产生，而是由于人对物件的设置、维护、管理不当，导致物在自然力的作用下（或他人行为介入后）致害。❶这里的"物件"，是指人力形成或能够被人力所控制的有形动产和不动产。❷

2）物件损害责任是为物件的损害负责。物件损害责任是责任人对其占有、使用或者管理的物件由于未尽到谨慎的管理与使用义务而致人损害所承担的替代责任，造成损害的是物件，而承担责任的是物件所有人、管理人或者使用人，是典型的对物替代责任。

3）物件损害责任归责原则的多元化。《侵权责任法》主要采用过错推定的归责模式，同时兼采一般过错原则、无过错责任和公平责任原则。一旦物件造成他人损害，通常推定物件的所有人、管理人或者使用人具有过错。所有人、管理人或者使用人必须举证证明自己没有过错才能免责。这是为了更好地保护被侵权人的合法权益，使损害能够得到及时赔偿，同时也不使物件所有人、管理人、或者使用人承担过重的责任，是兼顾双方利益的责任形式。

4）物件损害责任主体多元化，是占有、管理或者使用物件即能够控制物件的人，包括所有人、管理人或者使用人。物件的所有人、管理人或者使用人对于致害物享有支配权，在事实上具有支配致害物的权利，或者说他对该致害物件的危险具有控制力。各国法律对承担责任的主体规定不尽相同。我国《侵权责任法》沿用《民法通则》的概念，使用物件所有人、管理人或者使用人的表述，确定为致害物件的所有人、管理人或者使用人，即明确了责任人对于致害物的支配地位和承担替代责任的依据。虽然致害物件是所有权人所有，但是其不在所有权人的支配之下，而是在使用人的支配之下，则所有权人不是致害

---

❶ 王占明.动物损害与动物致害侵权法律应用指南[M].法律出版社,2010:68.
❷ 王利明.侵权责任法研究(下)[M].中国人民大学出版社,2011:620.

行为的责任人，使用人才是致害行为的责任人。

5）物件损害责任的理论依据是危险责任理论与权利救济理论的结合，物件之所有人、管理人或者使用人因物件之内在危险性而应承担赔偿责任，受害人因他人之物件遭受损害而有权请求权利救济，是《侵权责任法》之"保护民事主体的合法权益，明确侵权责任，预防并制裁侵权行为，促进社会和谐稳定"立法宗旨与目的的体现。

（二）物件损害责任的归责原则

物件损害责任是一种古老的侵权责任，从罗马法之最初设定而"一路走来"，不断发展、演绎，至今已相当成熟。从单一的过错原则到混合责任原则再到多元化责任体系的构建，表明由于物件类型的不断产生而导致物件损害责任的复杂化。我国《侵权责任法》中物件损害责任在多元化体系中主要采用的是过错推定责任原则。

在《侵权责任法》第85~91条规定物件损害责任的条文中，除了第89条之外，都规定了过错的要求，即"不能证明自己没有过错"、"能够证明自己不是加害人"等，都是过错推定原则的要求。第91条规定的施工人"没有设置明显标志和采取安全措施"的构成要件，具有过错的因素。受害人只要证明具备这一构成要件，即可推定施工人在主观上具有过错，因而主观过错的要件并不要求受害人证明。同样，法律准许"施工人"证明自己已经设置了明显标志和采取了安全措施而免责。这是因为，如果"施工人"能够证明自己设置了明显标志和采取了安全措施，那么受害人致害就是因为其自己的疏忽所致，而不是因为"施工人"的过错所致，因而"施工人"就没有过错，当然可以免责。"这一条也是过错推定，不能证明没有过错，就要承担民事责任"的意见是正确的。显然，对于客观责任只以加害人实施了法定义务为免责理由，加害人主观上无过错不能使其免责的看法，是不正确的。❶

---

❶ 对于《侵权责任法》第91条的解释，学界一直存在争议，一种学说认为，地面施工责任属于推定过错责任，参见:杨彪.动物损害与物件损害[M].中国法制出版社,2010:240.

特殊的过错推定责任，参见:尹志强.物件及动物致害责任例解与法律适用[M].人民出版社,2010:126-127.

或者法定过失责任，参见:王占明.动物损害与动物致害侵权法律应用指南[M].法律出版社,2010:120.

所谓过错推定，按照通说，如果受害人能够证明其所遭受的侵害是由于物件所有人、管理人或者使用人所管领的物件造成的，则法律上推定物件的所有人、管理人或者使用人有过错，并且因此承担相应的侵权责任，除非物件所有人、管理人或者使用人能够举证证明自己不存在过错才可以免于承担侵权责任。之所以要采用过错推定原则主要是基于加强受害人合法权益保护的考虑。处于弱势群体的受害人，由于其对于工作物致害、地面施工致害等很难获取证明加害人有过错的证据，同时物件的所有人、管理人或使用人由于其与物件本身的特殊联系进行举证相对而言更为合理和经济；在适用方法上，过错推定原则使用的是举证责任倒置。❶

对于《侵权责任法》第 86 条规定的建筑物、构筑物或者其他设施倒塌致人损害侵权责任的归责原则，有的学者主张适用无过错责任原则，认为对建筑物、构筑物或者其他设施倒塌致人损害责任的构成和承担，无需考虑有关单位或者个人有无过错，只要建筑物、构筑物或者其他设施倒塌造成他人损害，那么就符合建筑物、构筑物或者其他设施倒塌致人损害责任的构成要件，受害人无须举证证明加害人是否有过错，法律也无须推定加害人是否有过错而径行判定侵权人的相应责任。❷但我们认为，建筑物、构筑物或者其他设施倒塌致人损害侵权责任的归责原则还是过错推定原则，应当允许责任人通过证明自己没有过错而免责。❸

《侵权责任法》第87条抛掷物或者坠落物致人损害责任的归责原则相对复杂一些。当难以确定侵权人并且可能的加害人也无法证明自己不是侵权人的情况下，法律规定由全部可能的加害人共同承担给予受害人补偿，此乃公平责任原则，其理由在于：一是《侵权责任法》第 87 条采用了"补偿"一词，意即为补偿责任，是侵权人在没有过错的情况下而基于公平考虑依法给予受害人适当的补偿责任；二是由于责任主体是可能的加害人，而非真正的侵权人，不能依据过错推定原则使可能的加害人承担全部赔偿责任；三是从立法目的上

---

❶ 范丽红.我国物件损害责任研究[D].华东政法大学,2012:39.

❷ 范丽红.我国物件损害责任研究[D].华东政法大学,2012:40-41.

❸ 王利明.侵权责任法研究(下)[M].中国人民大学出版社,2011:654.

看，此条之设置在于不幸损害发生后，对于可能的加害人给予受害人的适当补偿有利于分担损失，对受害人更为公平，有利于受害人获得适当的救济。当可能的加害人并不多，就可以适用过错推定原则。❶

对于《侵权责任法》第89条规定的公共道路障碍物责任的归责原则，有学者认为是无过错责任原则，在公共道路上设置路障本身是法律、法规和其他规定所明确禁止的行为，违反这些规定本身就意味着设置人存在过错，而不属于过错推定。❷有的学者认为，应适用过错责任原则，因为由于公共道路情况复杂，采用过错推定责任原则，会增加公共道路管理人的管理成本，不利于公共产品作用之管理运营，应当按照违反安全保障义务的责任，在性质上是一种过错责任。❸

（三）物件损害责任的构成要件

根据《侵权责任法》之规定，建筑物、构筑物或者其他设施及其搁置物、悬挂物、堆放物、抛掷物、妨碍通行物和林木等由于设置缺陷或者未得到谨慎的管理和维护义务，造成他人致害的，物件所有人、管理人或者使用人应当承担侵权责任。

1）须有物件致害行为。构成物件损害责任，须具备物件致害行为的要件。对这种行为，法律规定了倒塌、脱落、坠落、抛掷、折断、妨碍等主要方式，但这并不是全部，如索道崩断、表面剥落等亦为致害方式。

2）须有受害人的损害事实。物件损害事实，既包括人身伤害，也包括财产损害。物件倒塌、脱落、坠落等，造成受害人人身伤害或者财产损害，即构成此要件。人身伤害，包括致人轻伤、重伤致残或死亡，其侵害的是生命健康权，造成财产的损失，赔偿范围按照人身伤害的赔偿范围确定。财产损害，应当包括直接损失和间接损失。

3）损害事实须与物件致害行为之间有因果关系。物件与损害事实之间的因果关系，是这二者之间的引起与被引起的关系。物件倒塌、脱落、坠落等，直

---

❶ 王利明.侵权责任法研究(下)[M].中国人民大学出版社,2011:674-675.
❷ 范丽红.我国物件损害责任研究[D].华东政法大学,2012:41.
❸ 王利明.侵权责任法研究(下)[M].中国人民大学出版社,2011:695.

接造成受害人的人身伤害或财产损害，为有因果关系；倒塌、脱落、坠落等的物理力并未直接作用于他人的人身、财产，而是引发其他现象，致使他人的人身、财产受损害的，亦为有因果关系。物件致人损害有其他原因的，例如自然力的原因、他人的原因等，这种原因并不构成物件损害责任，物件损害责任中的因果关系并不是指这种因果关系。❶其他引起物件损害的，由有因果关系行为的行为人承担责任。此外，《侵权责任法》第87条规定了因果关系的推定。"被告想要免责，应当通过举证证明来推翻行为与损害结果之间没有因果关系，即推翻因果关系的推定。"❷

4）须物件所有人或管理人有过错。物件损害责任构成要件的主观过错，是指通过设置或管理、管束不当或缺陷，设计、施工缺陷等表现出来的行为人主观心态，主要是过失。因此，这种过失就是不注意的心理状态，是违反注意义务的过失。故意以物件致人损害是直接侵权行为，属于一般侵权责任，应当适用《侵权责任法》第6条第（1）款的规定，不构成这种特殊侵权责任。这种过失的心理状态，是疏忽或者懈怠。其确定形式，采推定方式。凡物件致人损害，首先推定物件所有人、管理人或者使用人有过失，认定其未尽注意义务，无须受害人证明。即过错推定采取举证责任倒置，倒置的内容是所有人、管理人或者使用人对其无过错承担举证责任，物件所有人、管理人或者使用人只有证明自己已尽相当注意，即无过失，才能推翻推定，免除自己的赔偿责任。不能证明自己没有过失的，其所有人、管理人或者使用人即构成赔偿责任。

（四）物件损害责任的赔偿法律关系

物件损害责任的赔偿权利主体是受害人，其可以直接向该赔偿法律关系的责任主体索赔。按照《侵权责任法》的规定，物件损害责任的赔偿责任主体是物件的所有人、管理人或者使用人。在一些特殊情况下，施工人、堆放人等行为人也可以作为责任主体。判断物件损害责任的主体，其标准是在法律上或者事实上对于物件本身的控制力。

---

❶ 杨立新.类型侵权行为法研究.人民法院出版社,2006:697.
❷ 王利明.侵权责任法研究(下)[M].中国人民大学出版社,2011:675.

1）所有人。物件的所有人，是物件致人损害最直接的赔偿责任主体。当物件的所有人直接占有、管理该物时，该物件致人损害，该所有人应当承担赔偿责任。

2）管理人。物件由非所有人管理时，其赔偿责任主体不再是所有人，而是由管理人作为赔偿责任主体。根据委托关系为所有人管理物件的人，也是管理人。

3）使用人。所有人依意思表示或者法律上、事实上将物件交由他人使用，使用人对其使用的物件造成他人损害的，应当承担赔偿责任。例如，国家财产交由国有企业、事业单位经营，即所有权与经营权相分离的情况。国有企业、事业单位依照法定的经营权，对国家所有的物件进行经营管理，该物件致害他人，该国有企业、事业单位应作为使用人，承担赔偿责任。

4）设置人。设置人主要是指基于法律规定的特定行为而确定的责任人。如《侵权责任法》第86条第（1）款规定的建设单位、施工单位；第88条规定的堆放人；第89条中"有关单位和个人"中的堆放人、倾倒人和遗撒人；第91条第（1）款中的施工人。这一类型的责任人主要是因为其行为本身引起了物件致人损害的风险，因此对物件造成的损害承担责任。

5）其他占有人。其他占有人作为赔偿责任主体，分为两种情况。①依承包、租赁等法律行为经营、使用他人物件的，由所有人承担还是占有人承担赔偿责任，应由双方约定，由约定的责任者承担赔偿责任；没有约定的，原则上由承包者、租赁者承担责任，但如果承包者、租赁者能证明其管理没有过错或者为防止损害发生已尽必要注意时，则应由所有人承担赔偿责任。②原则上其他占有人不对物件损害他人承担赔偿责任，如旅店不得以旅客占有某房间或者旅客有过失为由，拒绝承担旅店地上物致害的赔偿责任。

（五）免责事由

1）物件的所有人或管理人无过错。依照《侵权责任法》第85~91条的规定，所有人、管理人或者使用人能够证明自己无过错的，免除其赔偿责任。此处规定的"证明自己没有过错"指的是"管理或使用上的过错"，而不仅仅是指对物件"倒塌、脱落、坠落"事实本身在行为上的直接过错。物件所有人、管理人或者使用人证明自己无过错，是否定自己的过错要件，既然不存在过失的要件，因而不构成物件损害责任。

2）不可抗力。如果物件造成损害是因不可抗力造成的，依照《侵权责任法》第 29 条，应当免除所有人、管理人或者使用人的赔偿责任。应当注意的是，物件造成他人损害，有时候是由于自然力的原因导致，而该自然力的原因并非构成不可抗力。对此，应当适用因果关系的规则，自然原因是引起物件损害的全部原因，物件所有人、管理人或者使用人没有过失，则因自己无过失而免责，因不具有原因力而免责，而非不可抗力。

3）第三人过错。由于第三人的过错造成物件损害他人的，应当适用《侵权责任法》第 28 条，损害是由第三人造成的，第三人应当承担侵权责任，物件所有人、管理人或者使用人免责，赔偿责任应由第三人承担。如果第三人过错行为与物的所有人、管理人或者使用人的过错行为相结合而发生损害结果，构成共同侵权责任的，承担连带责任；不构成共同侵权责任的，按照第 12 条规定承担按份责任。

4）受害人故意或者受害人过失。由于受害人自己的故意造成物件损害的，依照《侵权责任法》第 27 条，免除物件所有人、管理人或者使用人的赔偿责任；完全由于受害人自己的过失造成物件损害的，尽管《侵权责任法》第 27 条没有规定，但基于损害的过错和原因力均为受害人一方，物件所有人、管理人或者使用人没有过失，也没有原因力，因此，其当然不承担责任。如果是由双方过错行为造成的，则依《侵权责任法》第 16 条的规定实行过失相抵。

三、物件损害责任的法律适用

（一）建筑物等物件脱落、坠落致人损害责任

《侵权责任法》第 85 条规定："建筑物、构筑物或者其他设施及其搁置物、悬挂物发生脱落、坠落造成他人损害，所有人、管理人或者使用人不能证明自己没有过错的，应当承担侵权责任。所有人、管理人或者使用人赔偿后，有其

他责任人的，有权向其他责任人追偿。"本条规定的是建筑物等物件脱落、坠落损害责任。

建筑物，是指建筑物、构筑物或者其他设施及其搁置物、悬挂物因设置或保管不善而脱落、坠落等，给他人人身或财产造成损害，物件所有人、管理人或者使用人应当承担损害赔偿责任的特殊侵权责任。其特点主要表现在：

1）建筑物、构筑物或者其他设施及其搁置物、悬挂物是造成损害的物件。全国人大常委会法工委民法室给出的定义如下："所谓建筑物是指人工建造的、固定在土地上，其空间用于居住、生产或者存放物品的设施，如住宅、写字楼、车间、仓库等。"[❶]建筑物、构筑物或者其他设施的概念范围很广，应当是建造的且是有计划建造的，对建筑物进行工程上的改变，并与建筑物有一定结合关系，包括房屋、烟筒、水塔、电视塔、电线杆、纪念碑、桥梁、涵洞、窗户、天花板、楼梯、电梯以及其他设施等。在这些物件上安放的搁置物、悬挂物，也是本条所规定的致害物。除此之外，未完成的建筑物以及建筑物的废墟等致人损害的情况，也应当属于建筑物等物件损害的责任范围。[❷]至于由于自然的而非人为的原因产生的搁置物、悬挂物，例如自然悬挂于建筑或者其他设施上的冰柱、积雪。对于这种情况，应当区分不同情况处理。因自然原因形成的悬挂物倒塌、脱落、坠落造成他人损害的，如果双方都没有过错，则由双方当事人分担责任。如果一方有过错，则由有过错的一方承担责任。

2）建筑物等物件损害责任是由其脱落、坠落所致。脱落是指附着物件上的组成部分与物件之主体相互分离而下落；坠落则是指搁置于或悬挂于建筑物上的物件离开建筑物而掉落。脱落、坠落通常不是指人力原因所致，而是因建筑物等物件本身在建造时就具有瑕疵，或者因使用人、管理人或者使用人的维护瑕疵而致。[❸]

3）建筑物等物件造成他人损害。建筑物等物件因为脱落、坠落直接作用于建筑物等物件所有人、管理人或者使用人以外的受害人的人身、财产而致其

---

❶ 全国人大常委会法制工作委员会民法室.中华人民共和国侵权责任法:条文说明、立法理由及相关规定[M].北京大学出版社,2010:344.

❷ 王洪亮.交往安全义务基础上的物件致损责任[J].政治与法律,2010(5):54-55.

❸ 王利明.侵权责任法研究(下)[M].中国人民大学出版社,2011:636.

损害，侵害了受害人的合法权益。

4）建筑物等物件损害责任适用过错推定责任原则。《侵权责任法》第 85 条的规定，清晰地表明了"所有人、管理人或者使用人不能证明自己没有过错的，应当承担侵权责任"，构成了过错推定责任。

5）责任主体的复杂性。建筑物等物件脱落、坠落损害责任的主体，包括一般民事主体，也包括国家机关、企业事业单位。在建筑物等物件脱落、坠落损害责任中，其责任主体自然是建筑物、构筑物或者其他设施的所有人、管理人或者使用人。在搁置物、悬挂物造成他人损害的，并不是作为搁置物、悬挂物致人损害的场所的所有人、管理人或者使用人，而应当是搁置物、悬挂物的所有人、管理人或者使用人承担侵权责任。如果建筑物、构筑物或者其他设施与建筑物、构筑物或者其他设施上的搁置物、悬挂物的所有人、管理人或者使用人并非一人，被侵权人不能确定建筑物、构筑物或者其他设施及其搁置物、悬挂物的所有人、管理人或者使用人究竟是谁，并且向建筑物、构筑物或者其他设施的所有人、管理人或者使用人主张损害赔偿，可能遭遇建筑物、构筑物或者其他设施的所有人、管理人或者使用人主张自己不是建筑物、构筑物或者其他设施及其搁置物、悬挂物的所有人、管理人或者使用人而拒绝赔偿，那么，被侵权人的损害就不能得到或者不能及时得到赔偿。因此，对"所有人、管理人或者使用人"的理解，应当理解为建筑物、构筑物或者其他设施的所有人、管理人或者使用人，以其作为建筑物、构筑物或者其他设施及其搁置物、悬挂物损害责任的赔偿责任主体。如果出现了建筑物、构筑物或者其他设施的所有人、管理人或者使用人与搁置物、悬挂物的所有人、管理人或者使用人并非一人的情形，应当参照《侵权责任法》第 44 条关于"因运输者、仓储者等第三人的过错使产品存在缺陷，造成他人损害的，产品的生产者、销售者赔偿后，有权向第三人追偿"规定的精神，首先由建筑物、构筑物或者其他设施的所有人、管理人或者使用人承担赔偿责任，在建筑物、构筑物或者其他设施的所有人、管理人或者使用人承担赔偿责任之后，有权向建筑物、构筑物或者其他设施及其搁置物、悬挂物的所有人、管理人或者使用人追偿。《侵权责任法》第

85 条后段规定的"所有人、管理人或者使用人赔偿后，有其他责任人的，有权向其他责任人追偿"，就反映了这一规则。❶

6）责任的承担与追偿。建筑物等物件损害责任主体的复杂性，导致了责任承担与追偿的复杂性。既有单独责任，如所有人因自己所有之建筑物等物件脱落、坠落致他人损害而向受害人承担的赔偿责任，也有连带责任，如依据《侵权责任法》第 86 条，受害人可以选择建设单位或者施工单位，或者同时选择这两者作为被告，请求其中一人或两人共同承担侵权损害责任。我国法律规定了建筑等物件致人损害时的责任主体为所有人、管理人或者使用人，这三种类型的责任主体是性质完全不同的三种人，三者之间如何分担责任，法律没有明确规定。当所有人即是管理人、使用人时（三者合一），当然应该由所有人承担赔偿责任；但若所有人与管理人、使用人相分离时，三者之间存在一定的连带关系，否则将造成所有人和使用人相互推诿责任，受害人无法实现赔偿。但连带责任是加重责任，只有在法律有明确规定时才能认定连带责任的存在，不宜直接将所有人、管理人和使用人的责任认定为连带责任。笔者认为，首先应当由直接占有人（使用人）、管理人承担责任，因为其是直接控制、管理物件的人，有能力预防损害的发生，在经济上是最有效率的。但若损害是因为隐蔽瑕疵造成的，则如果仍然由占有人、管理人承担责任则显得不妥当，若直接占有人不能承担赔偿责任，其所有人应当承担责任。从这个意义上说，所有人、管理人和使用人之间应当是一种不真正的连带责任。❷

（二）建筑物等物件倒塌致人损害责任

《侵权责任法》第 86 条规定："建筑物、构筑物或者其他设施倒塌造成他人损害的，由建设单位与施工单位承担连带责任。建设单位、施工单位赔偿后，有其他责任人的，有权向其他责任人追偿。"本条规定的是建筑物等物件倒塌致人损害责任。

建筑物等物件倒塌致人损害责任，是指建筑物、构筑物或者其他设施因倒

---

❶ 全国人大常委会法制工作委员会民法室.中华人民共和国侵权责任法:条文说明、立法理由及相关规定[M].北京大学出版社,2010:344.

❷ 范丽红.我国物件损害责任研究[D].华东政法大学,2012:51.

塌造成他人损害，包括国有建筑物、构筑物或者其他设施的管理缺陷或者设置缺陷致人损害，建筑物、构筑物或者其他设施的建设单位与施工单位应当承担连带责任的物件损害责任。其主要特点体现在：

1）造成损害的物件须为建筑物、构筑物或者其他设施。损害不是侵权人直接实施的行为所致，而是由物件所致。建筑物、构筑物或者其他设施，是指为自己使用或者公共使用目的而建筑或者构筑的不动产。建筑物，是民用或者公用的房屋、写字楼、商厦等建筑物。构筑物，包括道路、桥梁、隧道、堤防渠堰、上下水道、纪念碑馆、运动场馆、公园、名胜古迹等一切构筑物。设施应当包括其附属设备，例如，道路应包括护路树、路灯、涵洞等，纪念碑应包括围栏、台阶等。

2）建筑物、构筑物或者其他设施须为建设单位及施工单位建造。建设单位和施工单位对建造建筑物、构筑物或者其他设施负有建造的高度注意义务。建造，是指对建筑物、构筑物或者其他设施的设计、制造、施工和装置，其对象，系指建筑物、构筑物或者其他设施的有体物本身，而不包括人。建设单位和施工单位对建筑物、构筑物或者其他设施的建造负有高度谨慎义务，对建筑物、构筑物或者其他设施的设计、建造、施工和装置，均须以善良管理人的注意为标准组织进行。例如，在居民小区中，建筑物区分所有人对房屋享有所有权是所有人，房屋倒塌造成他人损害，其实与建筑物所有权人也就是业主没有关系，他也是受害者，因此，必须将建设单位和施工单位作为侵权责任主体。

3）建筑物等物件致人损害须为倒塌。建筑物、构筑物或者其他设施致害的原因，为建筑物等物件倒塌。倒塌针对的是建筑物、构筑物或其他设施的整体[1]，即建筑物等物件的结构的破坏、所依托的框架不复存在，如建筑物的整体坍塌。建筑物等物件倒塌有其建造缺陷的原因，即建筑物、构筑物或者其他设施建造上的不完全、不完备状态，即存在设计不良、位置不当、基础不牢、施工质量低劣等不完备的问题，因而致该建筑物、构筑物或者其他设施缺少应具备的安全性。由于这种建造瑕疵而导致建筑物等物件倒塌，建设单位及施工

---

[1] 王洪亮.交往安全义务基础上的物件致损责任[J].政治与法律,2010(5):55.

单位应承担责任。

4）须有因建筑物等物件倒塌致人损害的事实。建筑物、构筑物或者其他设施的倒塌，在一般情况下，所造成损害限于人身或财产的损害，不会造成其他诸如自由、名誉、姓名乃至债权、无体财产权的损害，损害事实不应扩大。建筑物等物件倒塌造成他人人身、财产损害，二者之间应有因果关系。建筑物、构筑物或者其他设施的倒塌，须是人身、财产损害发生的原因，而人身、财产损害的发生，须为建筑物、构筑物或者其他设施缺陷所引起的结果。所应注意的是，在这一因果关系链锁中，建筑物等物件倒塌是损害发生的唯一原因。但当建筑物等物件倒塌与台风、地震、洪水等自然事实以及第三人的行为或被害人自己的行为相结合而发生损害之结果者，建设单位及施工单位只要没有证据证明建筑物等物件由建造缺陷的原因造成，或者有证据证明是由于第三人或者受害人原因造成的，建设单位及施工单位就应当免责。

5）因建筑物等物件倒塌致人损害适用过错推定原则。建设单位及施工单位不能证明自己没有过错，就应当对建筑物等物件的倒塌致人损害承担责任。

6）责任主体相对较为复杂，包括两种：一是对建筑物、构筑物或者其他设施的整体结构和内在品质负有瑕疵担保义务的建设单位及施工单位。此时建设单位及施工单位是间接支配和控制致害物安全状态的人。二是对建筑物、构筑物或者其他设施负有维护管领义务的所有人、管理人或者使用人。此时，所有人、管理人或者使用人是直接支配和控制致害物安全状态的人，即《侵权责任法》第 86 条第（2）款规定的"其他责任人"。建筑物等倒塌可能有很多原因，有的是因为工程质量不合格（"豆腐渣"工程），有的是因为超过合理使用期限又未进行适当加固和维护，有的是因为所有人、管理人或者使用人擅自变更建筑物内部承重结构。只有工程质量不合格或者设计上存在缺陷的才可归咎于建设单位和施工单位。其他原因造成倒塌的，原则上由实际支配和控制房屋的人承担责任。需要特别注意的是，在《侵权责任法》第 86 条中，规定了两种不同指向的"其他责任人"。第（1）款规定的"其他责任人"主要包括竣工验收人、项目监理人等，和这里所说的第（2）款规定的"其他责任人"含义

并不相同。●

7）责任承担与追偿。《侵权责任法》第 86 条中规定的建筑物等物件倒塌致人损害，由建设单位和施工单位应当按照《侵权责任法》第 13 条和第 14 条规定承担连带责任。如果建筑物、构筑物或者其他设施倒塌致人损害，并非为建设单位和施工单位的责任所致，而另有其他责任人，按照第 86 条规定，也仍然由建设单位和施工单位先承担连带责任。承担了赔偿责任之后，建设单位和施工单位对其他责任人取得追偿权，有权对其起诉，对造成建设单位和施工单位的所有损失，都应当予以赔偿。

（三）抛掷物、坠落物致人损害责任

《侵权责任法》第 87 条规定，"从建筑物中抛掷物品或者从建筑物上坠落的物品造成他人损害，难以确定具体侵权人的，除能够证明自己不是侵权人的外，由可能加害的建筑物使用人给予补偿。"这里规定的就是抛掷物、坠落物损害责任。

确立抛掷物、坠落物损害责任规则，是基于公平考虑，给予的是适当的补偿，是为了更好地预防损害，制止人们高空抛物，有其深厚的法理基础：一是同情弱者是民法的基本立场。抛掷物、坠落物造成受害人损害，受害人就是受法律保护的弱者，救济其损害是侵权责任法的根本宗旨。即使没有确定具体的加害人，但加害人的范围是确定的，抛掷物、坠落物就是在这座建筑物中抛掷、坠落的，那么这座建筑物的占有人就应当承担责任。●二是民事责任的财产性，是决定抛掷物、坠落物致害责任规则的基础。在民法替代责任中，行为人是加害人，责任人并不是加害人，但其却要为行为人的行为造成的损害承担责任，就是基于民事责任是财产责任，既然责任人与行为人具有一定的特定关系，那么就责令责任人承担责任。这种形式上的不公平，恰恰说明民法的本质公平。这样，使与行为有特定关系的责任人承担财产责任，既不伤害责任人本身，又使受害人的损害得到了有效的救济。●三是出于保护公共安全的需要。尽管抛掷物、

---

❶ 范丽红.我国物件损害责任研究[D].华东政法大学,2012:28.
❷ 麻锦亮.抛掷物侵权责任[J].判解研究,2004(2).
❸ 杨立新.对建筑物抛掷物致人损害责任的几点思考[J].判解研究,2004(2).

坠落物造成损害的后果总是特定的人的损害，但是，在抛掷物、坠落物没有发生损害之前，威胁的并不是特定的人，而是不特定的任何人，是公共利益或者公众利益。面对公共利益或者公众利益受到的威胁和社会不安全因素，立法必须确定严格的保护措施，使行为人受到制裁，加以警戒。因此，通过责令建筑物的占有人承担连带责任的形式，达到了保护公共利益的目的。这正是罗马法规定这一制度所体现的"在于确保公众集会场所、道路交通的公共安全，并在加害人不明时，扩张赔偿责任人，以使无辜的被害人得到赔偿"的宗旨。在司法实践中，适用抛掷物、坠落物损害责任应当遵守以下规则：

1）责任主体是可能加害的建筑物使用人。建筑物的抛掷物、坠落物致人损害，难以确定具体加害人的[1]，应当由可能加害的建筑物使用人承担责任。目前城市居民住宅或者写字楼都是区分所有的，在现实中，建筑物抛掷物责任难以处理，正是由于建筑物被区分所有造成的。因此，确定建筑物抛掷物致害责任，就应当按照建筑物区分所有的思路来考虑其具体规则。

2）责任主体承担的责任是补偿责任。补偿责任不是赔偿责任，意味着确定抛掷物、坠落物损害责任不是按照损失的数额全部赔偿，而仅仅是根据实际情况，作出适当补偿。这个补偿责任在有可能的加害人之间如何承担，没有明确规定。有人认为按份责任有所不妥，一方面对于共同共有来说，共有关系没有解体，就无法确定个人的份额；另一方面，在无法确定具体加害人的时候，将全体嫌疑人都作为共同被告，事实上也无法确定各自的份额，无法实行按份责任。[2]我们认为，承担按份责任较为适当。依照《侵权责任法》第12条关于按份责任的规定，难以确定责任大小的，平均承担补偿责任中自己的份额，不必连带负责。

3）责任主体能够证明自己不是加害人的免除责任。抛掷物、坠落物损害责任的承担，凡是能够确定致害物的使用人即侵权人的，应由致害物的所有人或者管理人承担责任。事实上，确定建筑物抛掷物损害责任是非常困难的，其

---

[1] 王利明认为，难以确定侵权人，一方面通过既有的侵权责任制度难以确定责任人，另一方面是受害人的举证难以达到民事诉讼法所要求的证明标准，无法证明具体的侵权人。参见：王利明.侵权责任法研究(下)[M].中国人民大学出版社,2011:665.

[2] 王改芹.高空坠落物致人损害的民事责任问题研究[D].西南政法大学,2008:15.

立法基础在于将全体建筑物使用人视为加害的嫌疑人。凡是能够证明自己没有加害行为的建筑物使用人，应当免除其侵权责任。证明自己没有实施使建筑物中的物抛掷或者坠落的行为，有以下几种情况：①证明在发生损害的时候，自己没有在该建筑物之中。②证明自己所处的位置无法实施该种行为。③证明自己即使实施该种行为，也无法使抛掷物或坠落物到达发生损害的位置。④证明自己根本就没有占有该种造成损害的物。

4）适用过错推定原则。《侵权责任法》第 87 条对于高空抛物致人损害，难以确定具体侵权人的，除能证明自己不是侵权人的外，由可能加害的建筑物使用人给予补偿，属于过错推定原则。但是，有学者认为，在抛掷物、坠落物致人损害的侵权中，不论在对受害人施以保护的层面，还是在内涵表述层面都能够说明该类案件并不能适用过错推定的归责原则，应当适用无过错责任原则，有利于案件的准确审理、双方当事人利益的全面维护、衡平正义的理念的实现。❶

5）责任承担。《侵权责任法》第 87 条规定，由可能加害的建筑物使用人给予补偿。这是公平责任的体现。如果发现了真正的行为人，可能加害的建筑物使用人在给予补偿后，可以向真正的行为人追偿。

（四）堆放物致人损害责任

堆放物损害责任，是指由于堆放物滚落、滑落或者倒塌，致使他人人身或者财产权益受到损害，由所有人、管理人或者使用人承担赔偿责任的物件损害责任。《人身损害赔偿解释》第 16 条第（2）项规定，"堆放物滚落、滑落或者堆放物倒塌致人损害的"，"适用民法通则第 126 条的规定，由所有人或者管理人承担赔偿责任，但能够证明自己没有过错的除外"。《侵权责任法》第 88 条以这个司法解释作为蓝本，规定了堆放物倒塌损害责任，"堆放物倒塌造成他人损害，堆放人不能证明自己没有过错的，应当承担侵权责任"。

1）须有堆放物的致害行为。在实践中，这种物件损害责任情况比较常见。堆放物致害行为只能是滚落、滑落或者倒塌三种方式致人损害，在对堆放物的这

---

❶ 吴昊.高空抛物致人损害侵权责任研究[D].黑龙江大学,2011:22-25.

三种致害方式的理解上，滚落是指高处的堆放物滚下；滑落是指高处的堆放物滑下；而倒塌是指堆放物全部或者部分倾倒、坍塌。

2）须有受害人损害事实。堆放物滚落、滑落或者堆放物倒塌，造成受害人人身伤害或者财产损失。

3）损害事实须与堆放物致害行为之间有因果关系。堆放物滚落、滑落或者倒塌，直接造成受害人的损失，为有因果关系；滚落、滑落或者倒塌等物理力并未直接作用于他人的人身，而是引发其他现象，致他人的人身受损害，亦为有因果关系。堆放物致人损害，自有其原因，例如自然力的原因、他人的原因等，堆放物致人损害的因果关系，并不追究这种原因。

4）堆放物损害责任的归责原则，应当适用过错推定原则。受害人请求赔偿，无须举证证明堆放物的所有人、管理人或者使用人对致害有过错，只需举证证明自己的损害事实，该损害事实为物件所有人、管理人或者使用人的堆放物所致，以及所有人、管理人或者使用人对该物件的支配关系，即从损害事实中推定所有人、管理人或者使用人在主观上有过错。所有人、管理人或者使用人主张自己无过错的，应当举证证明。不能证明或者证明不足，则推定成立，即应承担损害赔偿责任；确能证明者，免除其损害赔偿责任。

5）责任主体。堆放物损害责任的赔偿权利主体是被侵权人，其可以直接向该赔偿法律关系的责任主体索赔。堆放物损害责任的赔偿责任主体是堆放物的所有人、管理人或者使用人。当堆放物是由堆放人堆放的，而堆放人与所有人、管理人或者使用人不一致时，因堆放人的原因导致堆放物致害的，堆放人也是损害赔偿责任主体。

6）堆放物损害责任的免责事由。①堆放物的所有人、管理人或者使用人无过错。依照《侵权责任法》第 88 条，所有人、管理人或者使用人能够证明自己无过错的，就不构成侵权责任，当然免除其赔偿责任。②不可抗力。如果堆放物的滚落、滑落、倒塌是因不可抗力造成的，免除其所有人、管理人或者使用人的赔偿责任。在此，应当适用《侵权责任法》第 29 条的规定。③第三人过错和受害人过错。完全是由于第三人的过错造成堆放物致害他人的，所有人、管理人或者使用人免责，损害赔偿责任应由第三人承担。如果第三人的过错行为与堆放物所有人、管理人或者使用人的过错行为相结合而发生损害结果，依共同侵权责任规则处理。堆放物的损害完全是由受害人自己的过错造成的，免除堆放物所有人、管理人或者使用人的损害赔偿责任；损害是由双方过错行为造成的，则依过失相抵规则处理。

（五）障碍通行物致人损害责任

障碍通行物致人损害责任，是指在公共道路上堆放、倾倒、遗撒妨碍通行的障碍物，造成他人损害的，实施该行为的有关单位或者个人应当承担损害赔偿等责任的物件损害责任。对此《侵权责任法》第 89 条作出了明确规定，表明障碍通行物致人损害责任的是在公共道路上堆放、倾倒、遗撒的妨碍通行的物品，对于堆放、倾倒，行为人的主观心理状态可能是放任损害发生的间接故意，或者是懈怠的过失；而遗撒行为人的主观心理状态则为过失，不可能是放任的间接故意。该障碍物妨碍通行，同时造成了他人损害，可以是人身损害，也可以是财产损害，为此承担责任的人是有关单位或者个人，其承担的侵权责任的方式主要是损害赔偿，也包括停止侵害、排除妨碍等。

1）障碍通行物致人损害责任的归责原则是过错推定原则。只要具有在公共道路上设置妨碍通行的障碍物，造成受害人人身或财产伤害的事实，并且设置障碍通行物的行为与被侵权人的损害事实之间具有因果关系的，就无需被侵权人证明，直接推定障碍物有关单位或者个人有过失，认定其未尽应当尽到的注意义务；如果行为的有关单位或者个人主张自己无过错，则须自己承担举证责任，即举证责任倒置，证明自己无过错。能够证明自己无过错的，不承担侵权责任；不能证明自己无过错的，过错推定成立，应当承担损害赔偿等侵权责任。

2）责任人的确定。《侵权责任法》第 89 条规定在公共道路上堆放、倾倒、遗撒物件的行为人是有关单位或者个人。堆放或者倾倒，有可能比较容易确定行为人，而对于遗撒的行为人，则较难确定，因为遗撒可能是不经意、不在意而为之，并非都是有意遗撒。那么，在无意遗撒的行为人并不知道已经遗撒，可能早就离开现场时，造成损害，被侵权人无法找到遗撒的行为人，此时，对遗撒的障碍物存在管理职责的人是应当承担侵权责任的人。当有关单位或者个人在承担了赔偿责任之后，对遗撒障碍物的行为人享有追偿权。这个追偿权的诉讼时效，应当从确定遗撒障碍物的行为人的时候起算，但应当适用 20 年的最长诉讼时效。

（六）林木致人损害责任

林木致人损害责任，是指林木折断，造成他人人身损害、财产损害的，由林木所有人或者管理人承担损害赔偿等责任的物件损害责任。《侵权责任法》第90 条规定："因林木折断造成他人损害，林木的所有人或者管理人不能证明自己没有过错的，应当承担侵权责任。"

1）须有林木的致害行为。林木致害行为只能是林木倾倒、折断致人损害。至于林木果实坠落致人损害责任，可以比照《侵权责任法》关于坠落物致人损害责任的规定，也可以比照林木致人损害责任的规定处理。

2）须有被侵权人的人身或者财产的损害事实。林木折断造成的人身伤害，包括致人轻伤、重伤致残和死亡，其侵害的是生命权、健康权、身体权。造成的财产损失，包括已经造成的一切财产损失。

3）损害事实须与林木折断行为之间有因果关系。林木折断直接造成被侵权人的人身伤害或者财产损失，为有因果关系；林木折断致人损害等物理力并未直接作用于他人的人身，而是引发其他现象，致使他人的人身受损害，亦为有因果关系。

4）林木致人损害责任的归责原则。根据《侵权责任法》第90 条的规定，林木致人损害责任的归责原则应适用过错推定责任原则。在实行过错推定的时候，受害人请求赔偿，无须举证证明林木所有人或者管理人对造成损害有过错，只需举证证明自己的损害事实，该损害事实为所有人或者管理人的林木所致，且所有人或者管理人对该林木有支配关系，即从损害事实中推定林木所有人或者管理人在主观上有过错，即疏忽或者懈怠的过失心理状态。所有人或者管理人主张自己无过错者，应当举证证明。不能证明或者证明不足的，则推定成立，即应承担损害赔偿责任；确能证明者，免除其损害赔偿责任。

5）免责事由。①林木的所有人或管理人无过错。依《侵权责任法》第 90 条规定，林木所有人或者管理人能够证明自己无过错的，不成立赔偿责任。②不可抗力。如果林木折断是因不可抗力造成的，免除其所有人、管理人的赔偿责任。在此，应当严格区分不可抗力与一般自然力原因的区别，例如，一般的风把本该修剪的枯枝吹落致人人身损害，是一般自然力致害，林木的所有人或管理人应当承担损害赔偿责任；而台风使林木折断致人损害为不可抗力，林木的所有人或管理人可以免责。③第三人过错和受害人过错。完全由于第三人的过错造成林木折断致害他人的，其所有人、管理人免责，损害赔偿责任应由第三人承担。如果第三人过错行为与林木的所有人、管理人的过错行为相结合而发生致害结果，应当依照《侵权责任法》第 11 条关于"二人以上分别实施侵权行为造成同一损害，每个人的侵权行为都足以造成全部损害的，行为人承担连带责任"的规定处理。完全是由于受害人自己的过错，致使林木折断造成自己损害的，免除林木所有人、管理人的损害赔偿责任。如果损害是由双方过错行为共同造成的，则依《侵权责任法》第 26 条关于过失相抵的规则确定责任分担。

（七）地下工作物损害责任

地下工作物损害责任，是指在公共场所或者道路等的地表以下挖坑、修缮、安装地下设施等形成的地下工作物，以及窨井等地下工作物，由于其施工人或者管理人没有设置明显标志和安全措施，或者没有尽到管理职责，造成他人人身或者财产损害，施工人或者管理人应当承担赔偿损失责任的物件损害责任。《侵权责任法》第 91 条规定："在公共场所或者道路上挖坑、修缮安装地下设施等，没有设置明显标志和采取安全措施造成他人损害的，施工人应当承担侵权责任。""窨井等地下设施造成他人损害，管理人不能证明尽到管理职责的，应当承担侵权责任。"

1）致害物件为地下工作物。根据《民法通则》第 125 条和《侵权责任法》第 91 条的规定，地下工作物仅指在公共场所或者道路上挖坑、修缮、安装地下设施、窨井等形成的工作物。因此，地下工作物是在地下空间形成的，都须以空间的形式与土地的地表相连，即在原土地形态、面貌上有所改变，留下位处地面以下的空间。如果工作物虽与土地相连，但在地面或地面上留有其形体，且没有与地面相连的地下空间，则不属于地下工作物的范围。同时，对于地下工作物所处地点的要求，不仅包括公共场所、道旁或通道上，还应当包括一切有人员出入可能性的场合，只要在这样的场合中设置地下工作物，有造成他人损害可能的，均具备这一要件。因此，在自己院内挖坑，在农田中挖井，若有人掉入坑内或者井中，受到伤害，也构成地下工作物损害责任，不能按一般侵权行为确定责任。但是施工中形成的工作物或者施工中正在使用的地下工作物，窨井等应当是工作物本身。

2）须对"设置明显标志和采取安全措施"或者"管理职责"作为义务不履行。《侵权责任法》第 91 条赋予地下工作物的施工人或者管理人以特别的作为义务，是对有可能致人损害的地下工作物在施工中必须设置明显标志和采取安全措施，在日常运营中必须善尽管理职责。未按法律规定履行作为义务，即构成不作为的违法行为。设置明显标志和采取安全措施这两种作为义务应当同时履行，只履行其中一项义务而未履行另一项义务，仍未尽作为义务，其行为仍具违法性，造成损害仍须承担赔偿责任。未尽管理职责，应采善良管理人注意的标准。

3）造成的后果是人身损害但不排除财产损失的可能。地下工作物造成的损害，主要是被侵权人的人身损害，但也存在造成被侵权人财产损害的可能。

4）地下工作物致人损害责任适用过错推定原则。在主观过错的要件上实行推定，只要未设置明显标志、未采取安全措施，就直接推定有过错，不必由原告证明被告的过错。被告主张自己没有过错的，应当证明自己设置了明显标志、采取了安全措施。如果是管理人承担责任，则由被告证明自己已尽管理职责，否则为有过错。

5）赔偿责任主体为地下工作物的施工人或者管理人。正在地面施工中的地下工作物致人损害，应当由施工人承担责任。施工人在承担了赔偿责任之后，如果地下工作物所有人对于损害的发生有过错，则比照《侵权责任法》第

68 条以及第 83 条关于第三人造成损害的规定，有权向地下工作物的所有人追偿。如果施工人或者管理人施工中或者管理中致使地下工作物造成他人损害，是由于地下工作物所有人的定作、指示过失所致，则完全符合定作人指示过错责任的规则要求，应当由地下工作物所有人承担损害赔偿责任。地下设施由于管理人未尽管理职责，造成他人损害，由管理人承担损害赔偿责任。

6）免责事由。①地下工作物的施工人或管理人无过错。依《侵权责任法》第 91 条规定，地下工作物的施工人或者管理人能够证明自己已经设置明显标志并采取安全措施，或者证明自己已尽管理职责，即为无过错，因此不成立赔偿责任。②不可抗力。如果地下工作物造成损害是因不可抗力引起的，免除其施工人、管理人的赔偿责任。③第三人过错和受害人过错。完全由于第三人的过错造成地下工作物致害他人的，其施工人、管理人免责，损害赔偿责任应由第三人承担。如果第三人过错行为与地下工作物施工人、管理人的过错行为相结合而发生损害结果，应当依照《侵权责任法》第 11 条关于"二人以上分别实施侵权行为造成同一损害，每个人的侵权行为都足以造成全部损害的，行为人承担连带责任"的规定处理。完全是由于受害人自己的过错，致使地下工作物造成自己损害的，免除地下工作物施工人、管理人的损害赔偿责任。如果损害是由双方过错行为造成的，则依《侵权责任法》第 26 条关于过失相抵的规则进行责任分担。

四、结语

《侵权责任法》专章规范物件损害责任，在规制物件损害方面发挥了重要的作用，但是，在立法和司法实践中仍有需要完善的地方：一是使用的"物件"概念过于宽泛，且在所规定的几种责任类型中有产生概念混淆之嫌；二是仅规定具体的物件损害形态，缺乏对于物件损害责任的一般规定，既不符合立法之一般要求，也不能涵盖尚未明确规定的其他物件损害情形；三是体系较乱，各条文之间缺乏条理性和逻辑性；四是把行为责任与物件责任放在一起规定不合理。我们期待《侵权责任法》的司法解释或者该法修订完善物件损害责任之规制。

　　由于《侵权责任法》对物件损害责任的规定比较原则，因而对于司法实践中发生的一些特例应当本着公平公正的法律理念来处理。例如对于确实因意外事件造成的物件损害，尽管所有人、管理人或者使用人不能免责，但应当适当减轻其责任；但对物件造成损害有过错的，则应当完全赔偿。同时，也应当区分物件的所有人、管理人和使用人之间的责任关系。

参考文献

一、著作

[1]　刘敏.基本法律价值[M].山东人民出版社,2000.

[2]　王利明.民法·侵权行为法[M].中国人民大学出版社,1993.

[3]　叶孝信.中国民法史[M].中国法制出版社,2009.

[4]　王泽鉴.民法学说与判例研究(第一册)[M].清华大学出版社,2008.

[5]　何勤华,等.新中国民法草案总揽(上卷)[M].法律出版社,2002.

[6]　王泽鉴.侵权行为法(第 1 册)[M].中国政法大学出版社,2001.

[7]　杨立新,朱呈义.侵权法篇[M].中国人民大学出版社,2006.

[8]　杨立新,等.侵权法行为法[M].中国法制出版社,2008.

[9]　张新宝.侵权责任法立法研究[M].中国人民大学出版社,2009.

[10]　王泽鉴.民法学说与判例研究[M].中国政法大学出版社,1998.

[11]　张新宝.中国侵权行为法[M].中国社会科学出版社,1998.

[12]　王利民.民法的精神构造:民法哲学的思考[M].法律出版社,2010.

[13]　[德]卡尔·拉伦茨.德国民法通论(上)[M].王晓晔,等,译.法律出版社,2003.

[14]　张新宝.侵权责任法[M].第 2 版.中国人民大学出版社,2010.

[15]　王泽鉴.法律思维与民法实例[M].中国政法大学出版社,2001.

[16]　奚晓明.中华人民共和国侵权责任法条文理解与适用[M].人民法院出版社,2010.

[17]　王利明.中华人民共和国侵权责任法释义[M].中国法制出版社,2010.

[18]　[德]克雷斯蒂安·冯·巴尔.欧洲比较侵权行为法(下)[M].焦美华,译.法律出版社,2001.

[19]　梅夏英.中华人民共和国侵权责任法讲座[M].中国法制出版社,2010.

[20]　兰花.消费者权益保护案例[M].山西教育出版社,2004.

[21]　万文志.侵权责任法理解与办案全书[M].法律出版社,2010.

[22]　张新宝.侵权责任法[M].第二版.中国人民大学出版社,2006.

[23]　董春华.中美产品缺陷法律制度比较研究[M].法律出版社,2010.

[24]　[美]威廉·兰德斯,理查德·波斯纳.侵权法的经济结构[M].王强,杨媛,译.北京大学出版

社,2005.

[25] 王利明.侵权责任法研究[M].中国人民大学出版社,2011.

[26] 曹明德.环境侵权法[M].法律出版社,2000.

[27] 蔡颖雯.环境污染与高度危险[M].中国法制出版社,2010.

[28] 王莹,等.侵权行为法典型判例研究[M].人民法院出版社,2004.

[29] 沈宗灵,张文显.法理学[M].第二版.高等教育出版社,2004.

[30] 谢邦宇,李静堂.民事责任[M].法律出版社,1991.

[31] [德]马克西米·利安克.侵权行为法[M].齐晓琨,译.法律出版社,2006.

[32] 王利明,周友军,高圣平.中国侵权责任法教程[M].人民法院出版社,2010.

[33] 杨立新.类型侵权行为法研究[M].人民法院出版社,2006 .

[34] 杨彪.动物损害与物件损害[M].中国法制出版社,2010.

[35] 王占明.动物损害与动物致害侵权法律应用指南[M].法律出版社,2010.

[36] 尹志强.物件及动物致害责任理解与法律适用[M].人民出版社,2010.

[37] 全国人大常委会法制工作委员会民法室.中华人民共和国侵权责任法:条文说明、立法理由及相关规定[M].北京大学出版社,2010.

[38] [德]U.马格努斯.侵权法的统一:损害与损害赔偿[M].法律出版社,2009.

二、论文

[39] 杨立新.《侵权责任法草案》的鲜明特色[J].检察风云,2009 (3).

[40] 刘士国.制定侵权责任法的方法论思考[J].法学论坛,2009 (1).

[41] 杨立新.制定我国侵权责任法应当着重解决的问题[J].法律适用,2006 (10) .

[42] 吴占英,尹士国.我国立法的价值取向初探[J].甘肃政法学院学报,2009 (3).

[43] 张铁薇.侵权法的文化意蕴——兼论侵权法与文化的关系[J].求实学刊,2011 (6).

[44] 王利明.侵权行为概念之研究[J].法学家,2003 (3).

[45] 张民安.替代责任的比较研究[J].甘肃政法学院学报,2009 (04).

[46] 孙启河.侵权行为含义探讨[J].河南司法警官职业学院学报,2009 (9).

[47] 刘珊.侵权行为一般条款研究[D].郑州大学,2005.

[48] 孙昌庭.关于家装污染所致责任的法律分析[D].兰州大学,2011.

[49] 沈虓天.侵权行为之概念研究[J].四川理工学院学报(人文社科版),2011 (5).

[50] 罗结珍.法国民法典规定的侵权行为辨析[J].法学杂志,2012 (1).

[51] 王利明.违约责任和侵权责任的区分标准[J].法学,2002 (5).

[52] 李沙沙.侵权责任与刑事责任竞合关系研究[D].江西财经大学,2010.

[53] 杨立新.论侵权行为一般化和类型化及其我国侵权行为法立法模式选择[J].河南省政法管理干部学院学报,2003 (1).

[54] 曹险峰.论侵权责任法规范适用[J].社会科学战线,2012 (1).

[55] 曾祥生.论独立的侵权责任法与相邻法域的冲突域协调[J].武汉大学学报(哲学社会科学版),2010 (6).

[56] 陈现杰.《最高人民法院关于审理人身损害赔偿案件适用法律若干问题的解释》的若干理论与实务问题解析[J].法律适用,2004 (2).

[57] 张新宝.工伤保险赔偿请求权与普通人身损害赔偿请求权的关系[J].中国法学,2007 (2).

[58] 王秉瑞.论民事侵权赔偿与工伤赔偿的关系[J].社会保险法,2011 (2).

[59] 吕惠琴.工伤保险与民事侵权赔偿适用关系立法模式选择[J].广东行政学院学报,2010 (3).

[60] 王利明.论责任聚合[J].判解研究,2003 (2) .

[61] 张旭.民事责任、行政责任和刑事责任——三者关系的梳理与探究[J].吉林大学社会科学学报,2012 (2).

[62] 胡肖华,徐靖.行政主体行政责任与民事责任竞合的数理分析[J].行政法学研究,2007 (2).

[63] 李伟.安全保障义务论[D].华侨大学,2004.

[64] 兰跃军.论被害人民事赔偿优先执行[J].甘肃政法学院学报,2010 (7).

[65] 何荣添.刑事附带民事诉讼制度的缺陷及其完善[D].厦门大学,2009.

[66] 丁建文.从案件实务看违约责任与侵权责任的竞合[D].兰州大学,2012.

[67] 杨解君.论行政法自由意志理念——法律下的行政自由裁量、参与及合意[J].中国法学,2003 (2).

[68] 卢玉红.我国刑事附带民事诉讼制度的完善——以被害人权益保护为视角[D].吉林大学,2012.

[69] 张新宝.侵权责任法立法的利益衡量[J].中国法学,2009 (4).

[70] 王竹,张恒.劳务派遣工作人员的侵权责任——兼论"不真正补充责任"的确立与扩展适用[J].法学,2013 (2).

[71] 陈春琴.个人劳务关系中侵权责任归责原则及承担——以《侵权责任法》第35条为视角[J].法制博览,2012 (6).

[72] 安建须.《侵权责任法》上自然人雇主替代责任前提条件探讨[J].法律适用,2010 (11).

[73] 常爱芳.不容忽视的劳动侵权[J].探索,2009 (9).

[74] 谈志远,邹见剑.对现行劳动纠纷解决方式的思考[J].中国政法大学学报,2011 (2).

[75] 王海涛.我国劳动争议处理制度研究[D].中国政法大学,2005.

[76] 顾雅兰.劳动争议处理问题研究[J].广东工业大学学报,2007 (5).

[77] 杨立新.论违反安全保障义务侵权行为及其责任[J].河南省政法管理干部学院学报,2006 (1).

[78] 周福勇.劳动争议案件举证责任分配新论[J].福建师范大学福清分校学报,2009 (4).

[79] 杜万华,王林清.关于审理劳动争议案件适用法律若干问题的解释(三)的理解与适用[J].人民司法·应用,2010 (19).

[80] 李玲娟,杜智涛.侵权法的正义理念研究[J].江西社会科学,2011 (7).

[81] 李晓.劳动侵权的法律适用问题研究[J].法制天地,2011 (12).

[82] 高汶溪.论雇主责任的归责原则[J].中国劳动,2012 (1).

[83] 杨文东,殷莉.对现行劳动纠纷解决方式的分析[J].法学研究,2012 (7).

[84] 刘大卫.用人单位替代责任研究[J].中国人力资源开发,2010 (6).

[85] 徐振华.中国近代侵权法之理论创新及评析[J].西南政法大学学报,2012 (14).

[86] 梁慧星.侵权责任法解说[J].中国政法大学学报,2009 (12).

[87] 高勇.雇佣关系中侵权法律问题之探讨[J].检察日报,2010 (4).

[88] 赵丹妮.用人单位责任浅析[J].经济研究导刊,2012 (18).

[89] 储军.论违反安全保障义务的责任承担[D].安徽大学,2011.

[90] 刘文文.论公共场所管理人的安全保障义务[D].复旦大学,2012.

[91] 赵鹏.产品侵权责任法律问题研究[D].吉林大学,2012.

[92] 王利明.论产品责任中的损害概念[J].法学,2011 (2).

[93] 朱旭东."人民调解"试解医患死结[J].瞭望,2010 (2).

[94] 谷艳辉.物件损害责任制度评析[J].前沿,2012 (11).

[95] 王利明.我国侵权责任法的体系构建——以救济法为中心的思考[J].中国法学,2008 (4) .

[96] 范丽红.我国物件损害责任研究[D].华东政法大学,2012.

[97] 王洪亮.交往安全义务基础上的物件致损责任[J].政治与法律,2010 (5).

[98] 麻锦亮.抛掷物侵权责任[J].判解研究,2004 (2).

[99] 杨立新.对建筑物抛掷物致人损害责任的几点思考[J].判解研究,2004 (2).

[100] 王改芹.高空坠落物致人损害的民事责任问题研究[D].西南政法大学,2008.

[101] 吴昊.高空抛物致人损害侵权责任研究[D].黑龙江大学,2011.